»Eine Szene, die ich nicht vergessen kann« – unter diesem Motto wandten sich die »Vereinigung der Kinder des Holocaust in Polen« und die renommierte Warschauer Zeitschrift »Polityka« am Vorabend des 50. Jahrestages des Warschauer Gettoaufstands 1993 an die Leser der Vorkriegsgeneration mit der Bitte, Erinnerungen, die sich mit der Ermordung der Juden während der faschistischen Okkupation verbinden, zu Papier zu bringen. Mehrfach wiederholt und von anderen Zeitungen übernommen, war dieser Appell überaus erfolgreich. Nicht nur aus ganz Polen, aus allen Teilen der Welt – aus Dänemark, Holland, Schweden, Frankreich, Deutschland, Großbritannien, aus den USA und aus Israel – wurden Texte eingesandt. Nach Jahrzehnten erzwungenen Schweigens meldeten sich erstmals in großem Umfang Menschen aus den »Kresy«, den besonders leidgeprüften östlichen Grenzgebieten Polens, zu Wort.

Erinnerungen an die Ermordeten versammelt dieses Buch, an die eigene Errettung und an Menschen, die geholfen, gerettet haben – Erzählungen aus »schwarzen Jahren«.

Schwarze Jahre

Zeugen des Holocaust erinnern sich

Mit einem Vorwort von Władysław Bartoszewski

Aus dem Polnischen ausgewählt und übertragen
von Karin Wolff

RECLAM VERLAG LEIPZIG

Herausgegeben mit Unterstützung des Sächsischen
Staatsministeriums für Wissenschaft und Kunst

ISBN 3-379-01602-0

Reclam-Bibliothek Band 1602
1. Auflage, 1997
Reihengestaltung: Hans Peter Willberg
Umschlaggestaltung: Matthias Gubig unter Verwendung einer
Photographie der Agentur » Światowid« (1929), in: Stanisław
Markowski: Krakowski Kazimierz. Kraków: Arka, 1992, S. 79
Gesetzt aus Meridien
Satz: abg satz und bild GmbH, Altenburg
Druck und Bindung: Ebner Ulm
Printed in Germany

Ein Kampf zwischen Gut und Böse

Ein furchtbarer, weil mitleidloser, verbissener Kampf
zwischen Gut und Böse: um Menschenleben, um
Menschenfreiheit, um die Würde eines jeden Menschen, ist für mich – zumindest in der europäischen
Dimension – eines der wichtigsten Stigmata des Jahrhunderts, das eben zu Ende geht. Ein besonderer Ausdruck des Bösen war, was als Holocaust oder Shoa
definiert, ganz einfach die Massenvernichtung einer
bestimmten Kategorie von Menschen bedeutete, in die
Tat umgesetzt in den Jahren 1941–1945 von dem
damaligen deutschen Staat, dem Dritten Reich, vornehmlich auf dem Territorium des besetzten Polen, der
Ukraine, Belorußlands und der baltischen Staaten.

Kriege werden immer von menschlichem Unglück
begleitet, doch keiner der uns aus der neuzeitlichen
Geschichte Europas bekannten Kriege hatte die physi-
sche Ausrottung eines ganzen Volkes zum Ziel, Frauen,
Kinder, Säuglinge und Greise inbegriffen, allein um
ihrer Zugehörigkeit zu einer religiösen oder nationalen
Gemeinschaft willen. Zweifellos aufgrund seiner Sin-
gularität bemächtigt sich dieses Phänomen auch noch
nach mehr als einem halben Jahrhundert nach Beendigung des Zweiten Weltkriegs der Gemüter, setzt es
Phantasie in Bewegung und drängt dazu, sich stets aufs
neue die Frage zu stellen, wie es dazu kommen
konnte, wie das hatte geschehen können; ich vertraue
darauf, daß auch in den nächsten Generationen dieses
Problem das menschliche Gewissen in Unruhe verset-
zen wird, besonders das Gewissen der Christen, denn

es war Deutschland, ausgerechnet Deutschland, ein bereits seit dem frühen Mittelalter christliches Land, in dem eine legal eingesetzte Regierung dazu gelangte, den Beschluß über die »Endlösung der Judenfrage« zu fassen. Dieser Entschluß vom 20. Januar 1942 formalisierte den faktisch schon seit Monaten andauernden Prozeß der Menschenvernichtung im Osten.

Der infernale Charakter dieses Phänomens überraschte die zum Tode verurteilten Juden, überraschte auch ihre nichtjüdische Umgebung. Denn die grundlose Massentötung von Menschen paßte nicht in die Kategorien von Erfahrung und Vorstellungskraft. Daher fiel es auch den 1941/42 in den Gettos von Warschau, Łódź oder Krakau eingeschlossenen Juden schwer, an die planmäßige Ausrottung der jüdischen Bevölkerung der Städte und Städtchen auf belorussischem, ukrainischem und litauischem Boden zu glauben, die die später berüchtigten Einsatztruppen vornahmen, die vom Sommer 1941 an im Laufe weniger Monate mehr als eine halbe Million Menschen ermordeten. Noch schwerer fiel es, sich die Möglichkeit der Tötung in Gaskammern vorzustellen, was die Hitlerfaschisten, beginnend mit dem Jahr 1942, systematisch betrieben.

Das Verbrechen an den Juden wurde in einem Umfeld von Menschen begangen, die versklavt und terrorisiert waren und die schon seit Herbst 1939 den mannigfaltigsten Diskriminierungen unterlagen, denn dieses war von Anbeginn der Okkupation des polnischen Staates die Politik des Hitlerregimes gegenüber den Polen. Die führenden Schichten des polnischen Volkes wurden unterdrückt. Etliche Hunderttausend befanden sich bereits zu Anfang der Okkupation in Konzentrationslagern oder in Gestapohaft, aber Millionen anderer – in Angst zwar und Elend – lebten. Die Juden jedoch sollten allesamt vom Erdboden verschwinden.

Im Herbst 1940 trafen die ersten Häftlinge, Polen – Christen, im neugeschaffenen Konzentrationslager Auschwitz ein. Die Juden konzentrierte man zu jener Zeit in Gettos, hinter Stacheldraht oder Mauern, isoliert von der polnischen Umgebung. Sie hegten zumeist die Hoffnung, daß sie irgendwie überleben würden, daß der Krieg schnell zu Ende ginge. Doch der Krieg dauerte fort, Hitler errang einen Sieg nach dem anderen. Von Ende März 1942 an trafen in dem ausgebauten Lagerkomplex von Auschwitz-Birkenau nach und nach die Transporte mit den Juden aus den verschiedenen Ländern ein. Auschwitz-Birkenau wurde von einem Konzentrationslager mit schwersten Haftbedingungen zu einem Zentrum der Massenvernichtung umgestaltet.

Ein Jude, der sich außerhalb des Gettos aufhielt, war durch die Hitleradministration vom Tode bedroht. Dasselbe galt für Polen, die versucht hatten, Flüchtlingen aus den Gettos oder Lagern Hilfe zuteil werden zu lassen, oder die selbst im allerbescheidensten Maße halfen, indem sie z. B. einem hungrigen Kind bei Gelegenheit ein Stück Brot zukommen ließen. Die deutschen Verordnungen definierten das sehr präzis. Entsprechende Plakatwarnungen in deutscher und polnischer Sprache, von »Distriktgouverneuren«, »SS-Führern«, der »Polizei« unterzeichnet, tauchten im ganzen besetzten Land auf.

So z. B. erklärte Dr. Fischer, Gouverneur des Distrikts Warschau, in der Bekanntmachung vom 10. November 1941 deutlich: »Die gleiche Strafe (die Todesstrafe – Anm. des Autors) trifft diejenigen, die diesen Juden wissentlich Unterschlupf gewähren oder in anderer Weise (z. B. durch Gewährung von Nachtlagern, Verpflegung, Mitnahme auf Fahrzeugen aller Art usw.) den Juden behilflich sind.« Ein bedeutender Warschauer Akademiker und politischer Linkszionist, Dr. Adolf Berman, der das Warschauer Getto Anfang September 1942 verlassen hatte, schrieb mehrere Jahre nach dem Zweiten Weltkrieg: »Bei der Beschreibung des Martyriums der Juden in Polen werden oft die Leiden hervorgehoben, die den sich verbergenden Juden von polnischen Erpressern und Zuträgern, der ›Blauen Polizei‹, den faschistischen Raufbolden und anderem Abschaum der Gesellschaft zugefügt worden sind. Weniger dagegen wird darüber geschrieben, daß Tausende Polen ihr Leben aufs Spiel gesetzt haben, indem sie den Juden halfen. Schaum und Schmutz an der Oberfläche eines brausenden Flusses sind leichter zu sehen als die tiefe, reine Strömung auf dem Grund.«

Am Rande dieser zweifelsohne richtigen Bemerkungen müßte man vielleicht noch hinzufügen, daß es innerhalb dieser gewaltigen polnischen politischen Untergrundbewegung, die eine eindeutige Haltung gegenüber dem Besatzer eingenommen hatte, auch verschiedene Gruppen gab, die ihre politischen Meinungen und Tendenzen aus der Vorkriegszeit unverändert beibehielten. Unter anderen gab es auch solche, die in ihren gesellschaftlich-politischen und wirtschaftlichen Zukunftsprogrammen für die Nachkriegszeit eine Emigration der Juden aus Polen postulierten. Dies bedeutete keine Zustimmung für die Handlungsweise der Nationalsozialisten gegenüber den Juden, auch nicht vor Beginn der Vernichtungsaktionen. Dennoch war eine solche Einstellung moralisch zweideutig und sozial schädlich: sie konnte zur Entstehung und Festigung einer Atmosphäre der Gleichgültigkeit angesichts des Verbrechens beitragen.

Es gab 1942–1944 kaum eine polnische Familie, die nicht um das Leben eines oder mehrerer ihrer Mitglieder bangte, die sich in einem Konzentrationslager, im Gefängnis, in der Gefangenschaft oder in der Zwangsarbeit befanden. Die massenhaften Razzien auf den Straßen, ständige Blockaden ganzer Stadtteile und

Siedlungen, verbunden mit Durchsuchungen, Ausweiskontrollen und Verhaftungen, in Abständen von wenigen Tagen sich wiederholende öffentliche Exekutionen in den Straßen der größeren Städte, sog. Pazifikationen in den Dörfern (Massenexekutionen der Bevölkerung und Niederbrennen ganzer Siedlungen), deren Einwohner von der Nazi-Verwaltung als nicht loyal verdächtigt wurden – alle diese Umstände hatten zweifellos einen sehr ungünstigen Einfluß auf die Durchführung einer breit angelegten Hilfsaktion für die sich verbergenden Juden.

In keinem der besetzten westlichen Länder und in keinem der Satellitenstaaten des Dritten Reiches war die offizielle Androhung der Todesstrafe für die Hilfe für Juden bekannt. Man weiß auch nichts über die Vollstreckung derartiger Urteile z. B. an Franzosen oder Dänen, die für das Verbergen von Juden verhaftet wurden. Darum auch war z. B. die scharfe und berechtigte Reaktion der holländischen Bevölkerung auf antijüdische Anordnungen der Nationalsozialisten – relativ gesehen – weniger riskant als das jahrelange Verbergen eines einzigen jüdischen Kindes unter den in Polen herrschenden Bedingungen. Und dennoch sollte nicht vergessen werden, daß allein in dem weltweit bekannten Fall der Anne Frank und ihrer Eltern Denunziation dazu geführt hat, daß sie schließlich doch der Gestapo in die Hände fielen. Bei einer großen Zahl polnischer Bürger jüdischer Nationalität erwuchs aus dem geringen Grad der Assimilation, der ins Auge fallenden Andersartigkeit der Sitten und manchmal auch der mangelnden Kenntnis des Milieus und der polnischen Sprache eine große zusätzliche Schwierigkeit beim Rettungswerk. Auch andere subjektive Schwierigkeiten, die das Ergebnis der eigenartigen Willenslähmung bei den Opfern waren, hervorgerufen durch das lang anhaltende, systematische Einwirken von Armut und Terror, dürfen nicht vergessen werden; nicht immer haben sich die Juden selbst zu dem Risiko entschlossen, die ihnen angebotene Hilfe anzunehmen und sich illegal außerhalb des Gettos aufzuhalten.

Die Tatsache, daß in Polen von den Nazibehörden formale Grundlagen dafür geschaffen wurden, denjenigen mit dem Tode zu bestrafen, der einem sich verbergenden Juden auch nur ein Glas Wasser reichte, und den ins Konzentrationslager zu schicken, der den Aufenthalt von Juden nicht meldete, sowie die rücksichtslose Durchführung dieser Anordnungen konnten also nicht ohne Einfluß auf den Umfang der Möglichkeiten bleiben, den Verfolgten Hilfe zu bringen. Trotzdem war Polen das einzige Land in Europa, in dem – neben Aktionen individueller Hilfe – im Laufe von gut zwei Jahren eine ernstzunehmende geheime Organisation geschaffen und aufgebaut worden ist, die sich ausschließlich mit der Hilfe für die Juden befaßte, eine Organisation, in der sowohl katholische Priester als auch Mitglieder der sozialistischen Linken zusammenwirkten – der »Hilfsrat für Juden« (Deckname ŻEGOTA), dessen Mitbegründer ich im Herbst 1942 gewesen bin. Aus eigener Erfahrung begreife ich die Angst der Menschen, die nicht imstande waren, sich den Repressionen örtlicher Behörden entgegenzustellen. Ich kann und will aber diejenigen weder verstehen noch entschuldigen, die aus panischer Furcht oder auch aus Habgier mit der Polizei des Okkupanten kooperierten oder das Unglück anderer Menschen ausnutzten, um sich zu bereichern.

Es muß jedoch deutlich gesagt werden: Die polnische Bevölkerung als Ganzes hatte keine Möglichkeit, die mehrere Millionen zählende Gesamtheit oder auch nur den größten Teil der in Gettos und Lagern eingeschlossenen Juden vor dem Untergang zu retten, so wie sie Hunderttausende von Polen in Auschwitz, einige Kilometer von Krakau entfernt, oder in Majda-nek, einer Vorstadt von Lublin, oder die in den Straßen vieler Städte Erschossenen und in den Gestapo-gefängnissen in Warschau, Krakau, Radom, Lublin und Lemberg Gefolterten nicht retten konnte.

Der deutschen Okkupation und der Ausrottungs-politik des Dritten Reiches sind etwa 2,4 Millionen Polen zum Opfer gefallen – ohne die an den Fronten erlittenen Verluste zu berücksichtigen. Über 3 Millio-nen polnische Juden waren jedoch Opfer einer in der Geschichte der Menschheit beispiellosen Aktion der planmäßigen Ausrottung einer ganzen Nation. Ihr Martyrium ist ein untrennbarer Teil der Geschichte dieses Landes, in dem sie lebten und in dem sie den Tod erlitten, so wie es Teil der Geschichte des jüdischen Volkes und der Weltgeschichte ist. Von den heute lebenden und den künftigen Generationen der Polen, Juden und aller Europäer wird es abhängen, inwieweit es bewußt wird, daß diese tragischen Erfahrungen und Leiden einen zukunftsweisenden Wert darstellen kön-nen, und zwar dann, wenn es gelingt, den Kräften des Bösen und des Hasses den konstruktiven Willen ent-gegenzusetzen, das in den Vordergrund zu stellen, was Menschen verbindet, und nicht das, was sie trennt.

Władysław Bartoszewski
Ehrenbürger des Staates Israel

* * *

nicht ein Leben zu retten
ist mir gelungen

nicht eine Kugel aufzuhalten
hab ich vermocht

also irre ich auf Friedhöfen umher
die es nicht gibt
suche nach Worten
die es nicht gibt
eile

zu Hilfe ungerufen
zu überfälliger Rettung

will es schaffen
auch wenn es zu spät ist

Jerzy Ficowski

Angst

Ich erinnere nur Angst. Ich bin mir der Jahreszahlen nicht sicher – war das 1942 oder 1943? Ich glaube, es war im Herbst, oder vielleicht im Dezember? Ich war zwölf. Damals fürchtete ich mich vor allem, abends vor dem sachten Ans-Fenster-Klopfen, fürchtete, wenn der Vater das Haus verließ, daß er nicht zurückkommen und ich allein bleiben würde mit vier jüngeren Geschwistern (Mutter war 1941 an Flecktyphus gestorben). Ich fürchtete, daß es morgen keine Grütze für die Suppe geben könnte und wir alle hungrig wären, daß die Deutschen die Getreidemühle finden und uns umbringen, daß am Morgen keine fünf Hühner mehr im Schuppen sind, so wie ich eines Morgens im Stall keine Kuh mehr vorgefunden hatte – sie waren winters 1941 verschwunden. Und die ganzen Jahre über gab es dann keine Milch mehr für die Kinder. Ich fürchtete mich vor Vaters Traurigkeit, der häufig am Ofen saß, den Kopf auf die Arme gestützt, und seufzte, nicht mit mir reden wollte, nur hin und wieder flüsterte: »Mein Gott, mein Gott ...«

Ich hatte Angst, wir könnten es nicht schaffen zu pflügen und zu säen, denn es gab kein Pferd, 1939 hatte man es zu den Soldaten geholt. Angst ohne Unterlaß quälte mich um mein jüngstes Brüderchen, das schon hätte laufen sollen, aber nicht lief und auch nicht sprach.

Aber in jenem Herbst, wohl doch 1942, durchlebte ich die größte Angst meines Lebens. Ich wußte aus den gedämpften Gesprächen der Nachbarn, (der) Tanten und des Vaters, daß die Deutschen aus Parczewo die Juden abtransportierten, daß man ihnen nicht helfen durfte, daß für Hilfe an diesen Menschen ein ganzes Dorf zugrunde gehen konnte. Man flüsterte voller Entsetzen, daß man nicht weit von uns eine solche Ortschaft (den Namen erinnere ich nicht) niedergebrannt und dreiundzwanzig Personen ermordet hatte, das ist mir in Erinnerung geblieben, denn da war im Dorf ein kleines Mädchen bei Verwandten zu Besuch, das durch ein Wunder dem Tod entging; ihre Eltern und Geschwister wurden erschossen. Für mich waren Juden die Krämer aus Parczewo oder der Wanderschuster Ela, der von Dorf zu Dorf zog und Schuhe reparierte, oder der Drahtzieher, der immer »Löte Töpfe« rief, oder der Lumpenhändler, der mit einem alten Karren fuhr und schrie: »Lumpen . . .! Lumpen . . .!« Wir Kinder warteten auf ihn, denn sein Karren barg die mannigfaltigsten Wunderdinge, wie Gummibälle, Broschen, Haarklammern, Töpfe, und für Lumpen konnte man manchmal ein Spielzeug kaufen, wenn Mama es erlaubte, aber selbst, wenn man nichts kaufte, konnte man doch immerhin sich alles begucken. Die Juden hatten Kinder, die redeten ein wenig anders als wir Dorfkinder, sie hatten Angst vor Kühen, wußten nicht, wie man »Himmel und Hölle« spielte, und sie wollten den größten Leckerbissen auf der Welt nicht, wollten keine Wurst essen.

Ich erinnere mich nicht, ob Vater in Parczewo gewesen war (manchmal ging er die sieben Kilometer durch den Wald, um Salz zu kaufen) und sie am Spätnachmittag mitgebracht hatte, als es schon dunkel wurde, oder ob sie abends ans Fenster unsres Hauses am Waldrand, in der Siedlung Czeberaki, Gemeinde Milanów (damals Kreis Radzyń Podlaski), geklopft hatte. Ich weiß noch, daß Vater gleich nach dem Krieg erzählt hat, wie die Deutschen die Juden aus ihren

Häusern in Parczewo getrieben, wie sie sie geschlagen und in Lastwagen hineingestoßen haben, wie sie kleine Kinder von den Müttern weggerissen, wie sie sie mit gefährlichen Hunden gehetzt haben. Er erzählte, daß sie ihr zwei Kinder, zwei kleine Jungen, sieben und drei Jahre alt (so ist mir das im Gedächtnis haftengeblieben), weggenommen hatten, wie er sie von da weggeholt und zu uns die sieben Kilometer durch den Jasiennik-Wald gebracht hatte. Ist das möglich, daß er dort gewesen ist und gesehen hat? Und sie fortnehmen konnte?! In jenem kalten, regnerischen Herbst befahl Vater abends streng und sehr nervös, die Kinder früher schlafen zu legen, und er ließ mich nicht in den Hof hinaus. Und selber machte er irgend etwas lange auf dem Gehöft, im Kuhstall oder in der Scheune. Danach kam er ins Haus zurück, giftete mich an, warum ich noch nicht schlafe, fragte, ob keine Graupensuppe (unser ständiges Essen) da ist, und als ich antwortete, daß sie auf dem Herd steht, befahl er mir energisch, ins Bett zu gehen. Er löschte die Karbidlampe, nahm die Suppe und ging damit in den Stall oder die Scheune. Ich sah es und ahnte vielleicht etwas. Er hatte Angst, und seine Angst teilte sich mir mit, obwohl ich nicht wußte, was vor sich ging. Er schlief wohl diese Nacht nicht, ich weiß, daß er hinausging. Früh, als ich die Graupen zum Frühstück kochte, saß er am Ofen und seufzte: »Mein Gott, mein Gott …« Später ging er zu Tante Barbara nach Milch (sie gab uns einen Liter das ganze Jahr fürs Kühehüten), das war für diesen jüngsten Bruder, und als er zurückkam, aß er seine Portion Graupen nicht, ich sollte sie ihm zum Abendbrot aufheben. Den ganzen Tag war er zu Hause, hackte ein bißchen Holz im Schuppen, und in der Dämmerung ging er ins Dorf. Er verbot mir, wohin zu gehen, bloß auf die Kinder aufzupassen. Anderntags sagte er mir ganz leise im Flur: »Du bist schon groß, die Hausfrau, also hab keine Angst, in der Scheune, im Stroh ist eine Jüdin versteckt, ich fahre heute nach Radzyń, wenn ich lange nicht wiederkomme, dann bring abends Graupensuppe in die Scheune, aber zuerst leg die Kinder schlafen, damit sie nichts merken, und stell die Graupen auf die Häckselmaschine. Wenn jemand dich fragen sollte, wo ich bin, dann sag, daß ich den Hund nach Radzyń bringe zum Abdecker, weil wir kein Geld haben für die Hundesteuer, und die Deutschen befehlen zu zahlen. Ich nehme Aza, die ist schon alt. Und denk dran«, fuhr er fort, »paß auf, daß die Kinder nicht in die Scheune kriechen, und du darfst keinem sagen, was in der Scheune ist.«

Es tagte, als er mit einem flüchtigen Bekannten zur Bahnstation in Milanów fuhr. Er hatte den Sack mit dem Hund dabei, mit unserer Aza.

Ich beschäftigte mich mit den Kindern, gab ihnen Graupen zu essen, kämmte sie, suchte die Haare nach Läusen ab, fütterte die Hühner mit Winterkorn und fürchtete mich. Wir saßen in der Hütte, guckten zum Fenster raus und warteten auf Papa. Gegen Abend, es war beinah dunkel, winselte was vor der Tür, ich machte auf, und da war Aza zurückgekommen, und Vater war noch nicht da. Der Hund kriegte ein bißchen von den Graupen, die Kinder auch. Ich legte sie ins Bett und dachte immerzu an die Jüdin, daß sie erstickt dort im Stroh, daß sie vielleicht rausgeht aus der Scheune, weil sie mal muß, und sie wer sieht, und wenn die Gendarmen erfahren, daß sie bei uns ist, dann erschießen sie die Kinder und brennen Haus und Hof ab. Wie die Kinder eingeschlafen waren, schöpfte ich den Rest Graupensuppe in einen kleinen alten Topf und trug ihn in die Scheune, stellte ihn, wie Vater angeordnet hatte, auf die Häckselmaschine. Es war sehr still und finster, ich ertastete mir die Stelle. Vater kam zurück, als ich schon im Bett lag. Er wunderte sich sehr, daß der Hund vor ihm zurückgekehrt war. Vater sagte, daß er nicht das Herz gehabt hatte, die Hündin zum Abdecker zu bringen, er hat sie bloß beim Bahnhof in Radzyń laufen lassen und ist allein zum Amt gegangen, um den Hund abzumelden, so hat er gesagt. Außerdem noch: wo der Hund so schlau ist, den Weg nach Hause zu finden, soll er da bleiben, vielleicht erfahren die Deutschen nichts von dem Hund, der ja schon abgemeldet ist. Mich fragte er aus, ob nichts Schlimmes passiert ist, ob keiner bei uns auf dem Hof war.

Am anderen Tag rief er mich in die Kammer raus und weihte mich ein. »Brauchst keine Angst mehr zu haben«, sagte er. »Noch ein paar Tage, und sie fährt weg, sie wird polnische Papiere haben. Sie hat blonde Haare wie wir, vielleicht überlebt sie, sie spricht schön polnisch, kennt gut die deutsche Sprache. Such mal das Skapulier von Großmutter raus, ich geb's ihr, soll sie's tragen.« Aber ich hab gesehen, daß er Angst hatte, nach dem Frühstück ging er in den Schuppen, hackte Holz, hatte ein Auge auf uns und die Scheune und den Weg ins Dorf. Ich weiß nicht, wie lange sie sich bei uns versteckt hat. Ich erinnere nur, daß ich, wenn ich Brot gebacken hatte, das war einmal in zwei Wochen aus Schrotmehl, in der Handmühle geschrotet, dem Vater was gab, damit er es in die Scheune trug zusammen mit der Graupensuppe. Ich weiß, daß Vater sie irgendwie ins Dorf brachte und jemand übergab, der Pferde hatte, von dort aus wurde sie nach Radzyń gefahren. Sie soll in Warschau überlebt haben, als Dolmetscherin, wurde erzählt. So hat Vater gleich nach dem Krieg gesagt. Und auch, daß das eine bekannte Jüdin aus Parczewo gewesen ist, die Inhaberin oder die Tochter des Inhabers eines Eisenwarengeschäfts. Sie hat nach dem Krieg nie ein Lebenszeichen gegeben.

Vater hat sich nie für einen Helden gehalten, ja, er hat der Frau geholfen, war der erste, und sie hat ihm dann in der Scheune gesagt, wer ihr helfen kann (in unserm Dörfchen hat sich keiner damit gebrüstet, daß er Juden geholfen hat), und er hat sich mit den mir unbekannten Leuten in Radzyń und im Dorf in Verbindung gesetzt.

Gestorben ist er 1956. Ich habe von diesen schrecklichen Erlebnissen meinen Kindern erzählt, jetzt den Enkeln, und ich schreibe im Namen all der Unbekannten, die in den furchtbaren Jahren des Krieges den Juden, den Flüchtlingen aus Gefangenenlagern, verwundeten Partisanen geholfen haben zu überleben. Das waren nicht irgendwelche großen Taten, nur Alltagsmühe: ein Loch im Stroh, Graupensuppe, eine Scheibe Schrotbrot, ein alter Schafspelz oder Kleidung, den Weg zeigen, in den Wald bringen oder zum Nachbardorf. Und Angst um die Angehörigen, ums Überleben.

Es tut weh, es tut sehr weh, wenn man jetzt sagt, die Polen sind schuld an der Ausrottung der Juden, dabei waren doch auch wir zur Ausrottung bestimmt, nur an zweiter Stelle.

Łódź, 1993

Józef

Es geschah zwischen 1943 und 1945 in einem kleinen Weiler zwischen Włocławek und Choceń. Weil ich weder die genauen Daten noch die richtigen Nachnamen kenne, kann ich es nur auf diese schlichte Weise schildern – die Okkupationswelt mit den Augen eines kleinen Mädchens gesehen, das dreiundvierzig acht Jahre alt war.

Wir waren Rivalinnen. Davon wußten nur drei Personen. Nun ja, eigentlich zweieinhalb. Er, sie und ich. Ich denke, daß davon zeugt, was er zu mir sagte. Obwohl er nicht viel sagte. Doch das, was er manchmal erzählte, war wunderschön. Stets prägte es sich meinem Gedächtnis und meinem Herzen tief ein. Meinem achtjährigen Herzen. Nach der Aussiedlung lebten Mutter und ich in einer sogenannten Kolonie bei einem großen Dorf. Mama war Dienstbote bei einer »bałerka«, die Gruszkas großen Bauernhof in Besitz genommen hatte. Gruszka mit Familie hatten sie aus dem Haus geworfen und in einem kleinen Hofgebäude untergebracht, und seine ganze Familie, er mit Frau und drei Halbwüchsigen, waren bei dieser Deutschen aus Bessarabien Knechte. So wie meine Mama. Unser winziges Häuschen, Stube und Küche, stand unmittelbar an der Grenze dieses Bauernguts. »Hinter dem Feldrain« und Obstgarten lag schon eine andere Bauernwirtschaft, ebenfalls von einer deutschen Bäuerin besetzt. Die »hinter dem Feldrain« nannten die polnischen Frauen Witwe Rajfart. Nur ich allein wußte, welchen Vornamen Frau Rajfart trug. Ich wußte das von ihm. Von

Józef. Er sagte mir das an dem Tag, als wir die Milch zur Molkerei in Śmiłowice fuhren. Da hatte ich sie »die alte Rajfartsche« genannt. Worauf er irgendwie weich reagierte, doch rasch und entschieden. Er sagte: »Frau Lilli ist überhaupt nicht alt!« Und schnell fügte er hinzu: »Doch das wissen nur wir zwei, gut?« Wozu fragte er? Schließlich wußte er doch ganz genau, daß alles, was er zu mir sagte, unser Geheimnis blieb. Wie auch das, daß Józef meine ganz große Liebe war.

Er tauchte dreiundvierzig in unserem Dorf auf, und der Schulze brachte ihn zu der Rajfart. Als Knecht. Denn die Rajfart hatte keinen ordentlichen Knecht. Bei ihr dienten die alten Kubełkowskis. Daher war gleich zu sehen, als Józef erschien. Die Pferde gestriegelt, die Kühe gemolken, und der ganze Hof war auf einmal sehr sauber und geräumig. »Dank Józefs Arbeit!« sagte meine Mama.

Józef war schön. Groß, langbeinig, blauäugig, mit einem blonden Lockenkopf. So irgendwie geschmeidig – anders als alle Dorfjungen in seinem Alter. Er hatte schöne Zähne und sehr volle Lippen. Diese Lippen zogen oft die unterschiedlichsten Blicke auf sich. Damals wußte ich das nicht, doch heute weiß ich es. Nur seine Lippen kennzeichneten das »andere«.

Als Józef bei Frau Lilli mit der Arbeit anfing, war die schon Witwe. Ihr Mann war an der Front gefallen. Ein Offizier. Das wußten alle. Denn ehe er fiel, kam er immer mal plötzlich auf drei, vier Tage vorbei, und die Leute sagten dann: »Bei der Rajfart ist Feiertag, der Hauptmann ist zu Besuch.« Man redete ohne Haß davon, denn die Rajfart war eine anständige Deutsche. Sie sagte den Leuten *Guten Morgen** und drangsalierte die alten Kubełkowskis nicht. Anders als bei

---

* Deutsche Textstellen des Originals werden kursiv wiedergegeben.

24

der aus Bessarabien, wo Gruszka fast regelmäßig geprügelt wurde, einmal im Monat. Zu diesem Zweck
kam ein SS-Mann aus Choceń bei der Bessaraberin
vorgefahren, ein plumper, rotgesichtiger Blonder
mit Stiernacken. Nach den Visiten des SS-Mannes
wusch sich Gruszka am Brunnentrog und färbte das
Wasser rot. Die dicke Bessaraberin sah sogar Frau
Lilli schief an, leicht verächtlich. Denn Frau Lilli war
bildhübsch. Rothaarig, grünäugig und rank, wie die
Dorffrauen das nannten. So war diese menschliche
Deutsche.

Es war nach ein paar Monaten, da kam Józef einmal
in einem schönen saphirblauen Pullover aus seiner Bo-
denkammer. Als ich ihn erblickte, war ich hin und weg
vor Liebe. Ich schwänzelte den ganzen Morgen um ihn
herum und plagte ihn, daß er mich doch mitnehmen
solle, wenn er nach Śmiłowice mit der Milch fährt.
Endlich sagte er: »Na, dann, rauf mit dir, Kleine!« Und
schon saß ich neben ihm … und war glücklich. Ich ließ
mir das Butterbrot schmecken, das er mir gegeben
hatte, und schaute mit all meiner Liebe zu ihm auf. Na,
und dieser Pullover erst! »Ist der von deiner Mama, Józef?« fragte ich. Er sah mich traurig an, schwieg eine
Weile und sagte dann: »Ich hab keine Mama mehr, ich
habe überhaupt keine Angehörigen.« Ich warf einen
Blick auf seinen saphirblauen Pullover und fing auf
einmal an zu weinen. Józef versuchte nicht, mich zu
trösten. Schweigend saß er da und sah vor sich hin, irgendwo weit in die Ferne.

Wenn Józef nun ein neues Hemd trug oder irgendwie bessere Hosen, fragte ich ihn nicht mehr, ob das
von seiner Mama ist. Ich war die erste, die entdeckte,
daß ich eine Rivalin hatte. Frau Lilli erfuhr von mir ein
wenig später. Ich denke, daß Józef ihr von mir erzählt
hat. Denn ich bemerkte, daß er immer öfter allerlei
gute Sachen für mich hatte. Mal einen Apfel, einen

Bonbon, oder auch Malhefte, sogar ein Bilderbuch, zum Zusammenfalten. Das waren ungeheuere Schätze. Doch die allergrößte Rarität waren die Hefebrötchen. Er teilte sie immer in zwei gleiche Teile, obwohl er doch so groß war und ich so eine Drude – spillerig und klein. Ich denke, daß Józef absichtlich länger an seinem Teil Hefegebäck kaute.

Ich wurde älter, verständiger und beobachtete genauer. Ich ertappte mich dabei, daß ich wegen Józef eifersüchtig war. Zu oft saß er im Haus, bei Frau Lilli. Immerfort hatte er dort etwas zu tun! Ich konnte längst nicht mehr so viel mit ihm zusammen sein wie früher. Das machte mir Kummer. Doch etwas anderes freute mich. Józef war nicht mehr so mager. Seine Wangen, die hohl gewesen waren, rundeten sich, und die Augen strahlten hell. Immer häufiger sah ich ihn lächeln. So manchesmal hielt er meine Mutter an und unterhielt sich mit ihr. Nach diesen Gesprächen beschäftigte Frau Lilli meine Mutter beim In-Ordnung-Bringen ihrer Wäsche und Kleidung. Mama brachte von dieser Arbeit Blusen, Handtücher, ein Stück Bettwäsche mit heim. Für die Kriegszeit – Präsente von unschätzbarem Wert. Die Rajfartka war wirklich eine anständige Deutsche.

Die Januaroffensive brachte es mit sich, daß die deutschen Behörden ihren Leuten Fuhrwerke zur Flucht organisierten. Frau Rajfart hatte alles gepackt und saß abfahrbereit auf dem Wagen. Meine Mama machte Ordnung im Haus. Józef tummelte sich noch auf dem Hof. Er tränkte die Pferde ... und zum Schluß nahm er einen großen Schafpelz und hüllte Frau Lillis Beine darin ein. In diesem Moment brauste eine Beiwagenmaschine durchs Tor. Das Motorrad fuhr ein Soldat, im Beiwagen saß ein Offizier. Es war der von der SS mit der roten Visage. Noch beim Aussteigen schnallte er an seiner Uniform seitlich etwas ab. Frau

Rajfart schrie auf und packte mit beiden Händen meinen Kopf. Weil ich da stand und eifersüchtig zusah, wie Józef ihr die Beine einhüllte. Und als sie mich fest an ihre Brust gezogen hatte, fiel der Schuß. Aus dem Haus stürzte meine Mutter wie eine Verrückte. Sie riß mich aus den Händen der Rajfart und warf sich mit mir in die Scheune. Durch die Sparren in den Scheunenbrettern sahen wir, wie der SS-Mann Frau Rajfart ins Gesicht schlug, den Pferden mit der Peitsche eins überzog und sie vom Hof fuhren. Die zur Salzsäule erstarrte Frau Rajfart und dieses rotfressige Vieh mit dem Totenkopfzeichen an der Mütze. Am Brunnen, in einer Blutlache, lag Józef. Sofort sammelten sich die Leute. Wie sie Józef vom Hof fortgeholt haben, sah ich nicht mehr. Mama wickelte mich in ein Tuch und führte mich, die weinte und schluchzte, in die von den Flüchtigen entgegengesetzte Richtung. Wir gingen zu unserem Haus.

Einige Tage später – auf dem Hof von Gruszkas Wirtschaft wimmelte es von Rotarmisten – sah ich meinen Vater mir entgegenkommen. Er kehrte aus dem Arbeitslager zurück. Wir waren endlich eine heile, komplette Familie. Für uns war das das Kriegsende. Die Menschen kehrten in ihre Häuser, auf ihre Höfe, zu ihren alltäglichen Beschäftigungen zurück.

Wir erzählten Vater von Józef und Frau Rajfart. Früh ging Vater ins Dorf. Abends kam er wieder. Er sagte, daß die Leute Józef nicht haben auf dem Friedhof begraben können. Er war Jude. Im Dorf und in der Gegend gab es keinen Begräbnisplatz für Juden. Sie würden ihn nach Włocławek bringen. Dort exhumierte man bereits die Körper von erschossenen Juden und setzte sie gemeinsam bei. Unser Józef war aus Warschau. Seine Eltern waren wohlhabende und gebildete Menschen, und Józef selber war Student zu dem Zeitpunkt, da der Krieg begann.

Ich weiß nicht, wer das Geheimnis der Józefschen Abkunft kannte. Ich weiß auch nicht, wer ihm in Warschau das Leben gerettet hat. Und ich weiß ebenfalls nicht, was mit Frau Lilli (Raifarth?) geschah. Ich weiß nicht, wer Józef verriet. Und ich will es nicht wissen. Ob Gott – wenn es ihn gibt – Judas verzeiht?

Krosno, 1993

HALINA DROHOCKA
Die Straßenbahn

Ich erinnere nicht genau, wann das war. Vermutlich Herbst 1942. Die Straßenbahn fuhr dicht an der Getto-Mauer vorbei. Ich saß am Fenster, die Mauer war so nah, daß mir schien, ich könnte sie mit der Hand berühren, wenn das Fenster offen wäre. Die Straßenbahn näherte sich der Haltestelle und drosselte das Tempo, ich blickte auf die Mauer und die alle paar Meter aufgestellten Gendarmen. In der Mauer, unten, dicht über dem Erdboden befanden sich Öffnungen, ich weiß nicht recht, welchem Zweck sie dienten, vielleicht zum Wasserabfluß bei Regen. Die Straßenbahn hielt genau bei einer dieser Öffnungen. Und da sah ich, daß sich aus diesem Loch etwas Schwarzes, Zotteliges schob, und nach einer Weile kroch ein kleiner, vielleicht fünfjähriger Junge mit einem leeren Sack heraus. Er richtete sich auf und wollte schon weitergehen; in der Eile bemerkte er den Gendarmen nicht, der in der Nähe stand, und fiel ihm fast vor die Füße. Der Deutsche packte ihn beim Genick, schleuderte ihn zu Boden und fing an, ihn zu treten. Ich sah seinen eisenbeschlagenen Stiefel, mit dem er ihm den Kopf zerschmetterte, ihn buchstäblich in den Boden trat. Ich hörte keinen Schrei, die Fenster waren alle geschlossen, ich weiß nicht einmal, ob der Junge es schaffte zu schreien. In der Straßenbahn war es totenstill, alle schwiegen. Plötzlich begann die Frau neben mir, so ein einfaches Mütterchen vom Lande mit einem Korb voller Viktualien, die sie bestimmt zum Markt brachte, hysterisch zu schreien und Verwünschungen auszustoßen. Irgendwer versuchte sie zu beruhigen. Die Straßenbahn setzte sich in Bewegung.

Warschau, 1993

GIZELA FUDEM

Majn szejfele – mein Schäfchen

Der Bunker

Es sollte eine Szene sein, die man nicht vergessen kann. Aber wenn das nun keine Szene, sondern ein Laut, ein Klang ist? Eine Stimme und zwei sich wiederholende Worte. Wie soll man das schildern, wie wenigstens andeutungsweise wiedergeben, was man seit so vielen Jahren nicht vergessen kann?

Der Klang wurde von keiner visuellen Szene begleitet. Das verzweifelte, wehklagende Rufen kam von der Straße, ich aber war mit einem Hundert Personen eingemauert in einem kleinen dunklen Keller unter einer Bäckerei. Unter einer geöffneten Bäckerei in der Folwarczna-Straße im Tarnower Getto. Die Dunkelheit war absolut, denn niemand hatte eine Taschenlampe. Es gab Kerzen, doch aus Sauerstoffmangel erlosch ein Streichholz sofort. Diese Stimme ertönte gegen Morgen, aber vielleicht war es auch schon Morgen, und war die Stimme einer Mutter, die ein Kind beweinte, das Kind, das man ihr in dieser »Aktion«* genommen hatte.

* Im Rahmen der »Aktion Reinhardt« nimmt die Formation »Einsatz Reinhardt« unter SS-General Odilo Globocnik im Frühjahr 1942 ihre Tätigkeit im Generalgouvernement (den nicht ins Reichsgebiet eingegliederten Teilen Polens) auf. Aufgabe der »Aktion Reinhardt« war der Abschluß der Judenvernichtung im G.G. bis zum 31. 12. 1942. – »Aktion« allgemein für: Blockaden in den Straßen des Gettos, Deportationen in die Vernichtungslager, Beschlagnahme des zurückgelassenen Eigentums. (Anm. d. Übers.)

In den Keller gingen wir, als gewiß war, daß eine »Aktion« im Anzug war. Es waren hier fast alle Mieter des – mit zwei, drei Familien in einer Wohnung – vollgestopften Hauses und bestimmt eine Menge Leute von anderswoher, Bekannte oder Verwandte der Mieter. Etliche Personen, die gerade zu dieser Zeit aufgrund eines Stempels, der anderntags bereits ungültig sein konnte, »ein Recht auf Leben hatten«, waren draußen geblieben. Einer von denen mauerte früh, bevor er zur Arbeit ging, die Öffnung zu, durch die wir in den Keller gekrochen waren, und dann schüttete er mit Kohle die frisch gelegten Ziegelsteine zu. Die Mehrzahl von uns trug zweifache, dreifache Kleiderschichten, jeder von seinen besten Sachen. Der Sommer 1942 ging zu Ende; wenn sie uns aussiedeln, erlauben sie uns nichts mitzunehmen.

Wie viele Stunden das dauerte? Zwanzig? Mehr? Schon nach der ersten Stunde wurden welche ohnmächtig. Nach der nächsten verloren wir allmählich das Zeitgefühl. Wir litten an Atemnot. Ich hatte mich in eine Ecke neben meine Schwester gekauert. Die Wand war heiß von dem Ofen in der Backstube. Einige hatten umsichtigerweise Wasser mitgenommen. Doch wie sollte man es einem Bedürftigen zukommen lassen, in dieser Finsternis und ohne Rufen? Die Situation rettete Herr Werner ein wenig, ein kurz vor Kriegsausbruch nach Polen vertriebener deutscher Jude. Von hier stammten seine Vorfahren; er war mit uns zusammen mitsamt seiner »arischen« Ehefrau, einer molligen Blondine. Ihr Sohn Horst, ein hochgewachsener Blonder mit der äußeren Erscheinung eines für Liebhaberrollen prädestinierten Filmschauspielers, der ideale nordische Typ, hielt sich irgendwo außerhalb des Gettos auf (später gelang es ihm, die Mutter herauszuholen). Also – Herr Werner, der sich in der Kellermitte befand, teilte mit dem den

Deutschen eigenen Ordnungssinn den Keller in Sektoren auf, numerierte sie, befahl, sich die Nummern einzuprägen. Wenn jemand in der nahen Umgebung ohnmächtig wurde, mußte man das leise melden, und die Wasserflasche wanderte in die richtige Richtung.

Zweimal hörten wir den Tritt von Nagelstiefeln und eine Unterhaltung auf deutsch. Einmal über uns, das zweite Mal dicht nebenan im Nachbarkeller. Die mit Luminal eingeschläferten Kinder weinten nicht.

Später war auf der Straße Getrampel, dann noch der Widerhall irgendwelcher Geräusche, bis eine nie endenwollende Stille hereinbrach. Und am Ende, etwa gegen Morgen, ganz aus der Nähe, aber von draußen, diese wehklagende Stimme. Zwei sich wiederholende Worte. Die sich entfernten, sich näherten, so als umkreise die Frau das Haus: *majn szejfele, majn szejfele – mein Schäfchen.*

Niemals hat mich jemand so genannt. Wenn manchmal, ziemlich selten, die Eltern zärtlich zu mir sprachen, dann allenfalls in der Koseform meines Namens, vielleicht mit dem Zusatz »Liebes«. Vielleicht hätte auch jene Frau ihr Kind nicht so genannt, wenn sie es noch gehabt hätte.

Wir kamen aus dem Keller heraus, geblendet vom Tageslicht, in nach Schweiß stinkender Kleidung, taumelnd von dem Übermaß an frischer Luft. Mama mit dem kleinen Bruder, die sich zufällig in einem anderen Bunker befunden hatte, ist damals auch noch mit dem Leben davongekommen.

Die Stimme jener Mutter erinnere ich bis heute.

Lohnt sich das zu erzählen? Wie viele Mütter haben damals ihre Kinder beweint? Wieviel tausende haben ihre verloren und verlieren sie noch immer, während dieser fünfzig Jahre, die seit damals vergangen sind?

Frau Rapaport

Als wir das nächste Mal, mit der Verkleinerung des Gettogebiets, umziehen mußten, erhielten wir zu fünft, die Eltern und wir drei Kinder, das zweite Zimmer in einer Flucht im zweiten Stock eines Hauses in der Folwarczna-Straße, gegenüber dem Judenrat*. Im ersten Zimmer lebten zwei Familien: das Ehepaar Frank mit Sohn und hinter Schränken Frau Rapaport mit zwei Töchtern und einer Enkelin. Ja, von den Rapaports aus Bielsko! Eine sehr distinguierte Dame und zwei schön gewachsene Mädchen. Das jüngere war siebzehn, sah aber bedeutend erwachsener aus. Die dreijährige Enkelin war das Töchterchen des Sohns, der sich mit seiner Frau auf der sowjetischen Seite befand. Zuerst waren sie in Lemberg gewesen, dann hatte man sie angeblich in Wilna gesehen, doch danach fehlte von ihnen jede Spur. Uns kam es so vor, als wüßten die Töchter etwas, das man vor der Mutter verbarg.

Die Kleine wurde von der Großmutter und beiden Tanten abgöttisch geliebt. Sie brachte ein wenig Freude in unsere Zwangsgemeinschaft. Bis heute erinnere ich mich an ihr komisches Liedchen: »… bo Funia Neuman z Pińczewa deklamuje i śpiewa …«

Die Damen R., obschon sie bereits eine Irrfahrt durch mehrere Städte hinter sich hatten, machten noch immer einen wohlhabenden und gepflegten Eindruck. Sie hatten noch elegante Garderobe und Wäsche, und uns kamen sie stolz und unnahbar vor. Frau R. trat würdevoll auf, und es sah so aus, als hätte sie Beziehungen im Judenrat.

---

* Bezeichnung der deutschen Besatzer für den jüdischen Gemeinderat; am 21.9.1939 in den bisherigen jüdischen Gemeinden berufen. (Anm. d. Übers.)

Wie es kam, daß sich damals im August 1942, als die nächste »Aktion«, euphemistisch Aussiedlung genannt, erfolgte, Frau R. mit uns zusammen im überfüllten Bunker befand und ihre beiden Töchter mit der Enkelin auf dem Platz waren, weiß ich nicht mehr. Einige glaubten damals noch, daß diejenigen, die sich auf dem Platz einfanden, zur Arbeit geschickt würden. Andererseits, sich mit einem Kleinkind im Bunker zu verstecken, war beinah undurchführbar. Die übrigen Bunkerinsassen waren damit nicht einverstanden: Ein Kind konnte anfangen zu weinen und das Versteck verraten. Man gab den Kindern Luminal in kleinen Dosen, das half für kurze Zeit, in größeren Dosen konnte es zum Tode führen, wie das in der Nachbarschaft passiert war.

Ich weiß noch, daß zunächst die jüngere Tochter die Nichte mitnehmen sollte, die Mutter bestand darauf, selbstverständlich in Unkenntnis der möglichen Folgen. Das Mädchen wehrte sich: Niemand würde ihr glauben, daß das ihr Kind sei. Als würde das irgendeine Bedeutung haben. Die ältere meldete sich später für den Platz.

Als wir nach dem alptraumhaften Aufenthalt im Keller wieder hervorkamen, für den Augenblick scheint's frei und sicher, war ein Teil der vom Platz geholten Menschen noch in der Schule in Kapłonówka, außerhalb des Gettos. Für alle hatte im ersten Transport der Platz nicht gereicht.

Frau R., die völlig verzweifelt war, versuchte alle möglichen Einflüsse geltend zu machen, um die eine der Töchter, die noch dort sein sollte, herauszubekommen.

Ich erinnere mich nicht mehr, ob das irgendwem damals gelang. Auf jeden Fall nützte Frau R.s Intervention nichts. Ein oder zwei Tage später war die Schule leer und verlassen.

Frau R., als ihr bewußt geworden war, daß sie selber ihre Kinder in den Tod geschickt hatte, sprach zu niemandem mehr ein Wort. Die Atmosphäre in der Wohnung war nicht zu ertragen. Auch die Franks hatten ihren Sohn verloren, der behauptet hatte, daß er doch jung und stark und nicht arbeitsscheu sei. Frau R. wanderte im Zimmer auf und ab. Blieb bald bei dem einen, dann beim anderen Fenster stehen und lief weiter. Meine Schwester und ich bemühten uns, ihr nicht unter die Augen zu kommen, wir waren mehr oder weniger im Alter ihrer Töchter. Wir fühlten uns schuldig, daß wir lebten.

Irgendwann erspähte Frau R. durchs Fenster unseren *Judenältesten** Volkmann. Eine Aktentasche in der Hand, strebte er dem Ratsgebäude zu. Und da machte Frau R. einen ungestümen Satz aufs Fensterbrett und sprang. Sie fiel ihm vor die Füße, auf die steinerne Fahrbahn, direkt neben die schwarze Aktentasche, die er losgelassen hatte.

Ich aber, erschüttert von dem, was ich aus dem anderen Fenster gesehen hatte, stellte mit Grauen fest, daß ein Gefühl der Erleichterung das Entsetzen überwog.

Auf der »arischen Seite«

Gedenk az du bist ajn jidysz kind. Gedenke, daß du ein jüdisches Kind bist – das ist wörtlich, denn ich war kein Kind mehr, und ich sollte daran denken, daß ich den Glauben der Väter nicht aufgab. Nur so viel. Mein Tate küßte mich nicht und segnete mich nicht auf den Weg. Ich ging hinüber auf die »arische Seite« gegen seinen

---

* »Judenälteste«: die Vorsitzenden der Judenräte. (Anm. d. Übers.)

Willen. »Ich kann es dir nicht verbieten«, sprach er, »weil ich weiß, daß du nicht gehorchst, also würde ich dich mit der Sünde des Ungehorsams belasten.« (Ehre den Vater und deine Mutter.) »Aber man sollte kein anderes Los suchen, als Gott uns beschieden hat. Was mit allen Juden geschieht, das geschehe mit uns.«

Mit Ela ging ich in dieselbe Klasse in der Königin-Jadwiga-Schule in Tarnów, aber erst von der fünften Klasse ab, als sie von den Ursulinerinnen wechselte. Ihr Vater war gestorben, da reichte es nicht mehr fürs Schulgeld. Sie wohnte in einem anderen Viertel, hinter dem Strzelecki-Park. In der Schule standen wir uns nicht besonders nah. Die Hälfte der Klasse waren Jüdinnen, die meisten wohnten nicht weit, und mit denen hatte ich engere Kontakte.

Ich bemerkte sie nach Jahren, als man uns jeweils zu fünfen zur Arbeit außerhalb des Gettos brachte. Wie sich zeigte, arbeitete sie einige Häuser weiter und auf der gegenüberliegenden Seite der Lwowska-Straße, wo sich die Konfektionsbetriebe der Firma Madritch befanden, wo meine Schwester Tosia und ich beschäftigt waren. Ein paarmal gelang es ihr, mich dort zu besuchen. Dank solcher Kontakte hatten diejenigen, die das Getto verließen, bisweilen Gelegenheit, etwas von zu Hause zu veräußern und Lebensmittel zu kaufen.

Es war schon nach der ersten »Aktion«, bei der man Tausende von Juden an Ort und Stelle ermordet und in den Tod geschickt hatte. Fieberhaft suchte ich nach einer Möglichkeit, aus dem Getto herauszukommen. Kontakte, um eine gefälschte Kennkarte zu erlangen, hatte ich schon aufgenommen, doch mir fehlte das Geld. Ich bleichte mir das Haar, was »mein Aussehen verbessern« sollte, das Gegenteil war der Fall: Die dunklen Augen bei grellblonden Haaren lenkten erst recht die Aufmerksamkeit auf mich.

Erster Anknüpfungspunkt sollte ein echter Taufschein sein, der als Grundlage dienen sollte für irgendwelche zusätzlichen falschen Dokumente. Nicht ausreichende, aber immerhin etwas. Wie sich herausstellte, war Ela außerhalb von Tarnów getauft worden, eine Abschrift zu erhalten, ohne Aufmerksamkeit auf sich zu lenken, wäre ein Ding der Unmöglichkeit. »Aber Mama hat gesagt, wenn was ist, kannst du dich bei uns verstecken«, versicherte mir Ela.

Damals schien mir das ohne größere Bedeutung. Ich hatte bereits so einen »linken« Ausweis auf ihren Namen, der bei ihr zu Haus zu nichts getaugt hätte. Aber überhaupt wollte ich raus aus Tarnów, wo ich seit meiner Geburt lebte, was meinen Aufenthalt, wenn ich mich frei bewegen wollte, im höchsten Grade riskant machte.

Die Nachricht von der nächsten »Aktion« erhielt ich Sonnabend; in ein, zwei Tagen sollte das passieren. Da war keine Zeit zu verlieren.

Früher, im August, während der zweiten großen Säuberung, war es mir zwar gelungen, im Bunker zu überleben, aber ich hatte das »Recht auf Leben« eingebüßt. Ein paar Tage nach der »Aktion« kam ein Vertreter der Firma ins Getto und stempelte die Ausweise seiner früheren Arbeiter. Tosia gelang es, diesen Stempel zu bekommen, doch bevor sie mich holen konnte, war es schon zu spät, der Deutsche war gegangen.

Mit größter Mühe gelang es mir an diesem Novembersonnabend, einen Bengel von der anderen Seite an den Bretterzaun zu rufen und für einen versprochenen Botenlohn mit einer Nachricht zu Ela zu schicken.

Am Sonntag ging ich, wie verabredet, mit der legalen Gruppe von Madritch zusammen zur Arbeit. Die Polizisten vom *Ordnungsdienst* schenkten mir keine Beachtung, vielleicht kam ihnen das Gesicht bekannt vor. Sollen sie sich später Sorgen machen, wenn die Zahl nicht stimmt. Sonntags wurde nur bis zwölf gearbeitet, Abend wurde es gegen fünf. Diese Stunden sollte ich auf der Toilette verbringen. Genauer gesagt, auf dem Abort, einem von zweien im ersten Stock (der rechte sollte es sein), die sich auf einer langen hölzernen Galerie befanden, die den viereckigen Innenhof umgab. Sobald es dunkel wurde, sollte Ela mich holen kommen.

Diese fünf Stunden auf dem stinkenden Abtritt sind ein Kapitel für sich. Man konnte sich nirgends hinsetzen; auf den Fußboden hatte ich die Tasche mit ein paar Kleidungsstücken und Wäsche zum Wechseln gestellt, das beste Zeug hatte ich an. Die Stunden zogen sich unendlich lange hin. Und die ganze Zeit diese Angst, ob sie mich auch holen kommt. Im Gebäude Totenstille.

Auf der Hofseite gegenüber im Parterre, mit dem Eingang über ein paar Stufen, wohnte der Hausmeister. Wie sich später zeigte, schlief er tief und fest, vielleicht nach ein paar Schnäpschen zum Sonntagsmahl. Durch das ausgeschnittene Herzchen in der Tür hielt ich Ausschau, ob es nicht schon dunkel wurde. Mir kam es schon ganz dunkel vor, aber immer noch – nichts.

Am Ende trat etwas ein, was wir nicht vorausgesehen hatten in unserem eilig gefaßten Plan. Ela fand das Tor verschlossen vor.

»Jesus Maria, was machen wir jetzt?«, das waren die ersten Worte, die ich nach so vielen Stunden hörte. Ich war so glücklich, daß sie gekommen war! Dem Hausmeister sagte sie, als ihr Klopfen ihn endlich geweckt hatte und er das Tor aufmachte, daß sie dringend aufs Klo müßte. Nichts Besseres fiel ihr im Moment ein. Und als er ihr, noch immer schläfrig und nur halb angezogen, das Klosett im Parterre zeigte, tat sie, als hätte sie nicht verstanden, und lief die Treppe hinauf.

Wir gingen im Gänsemarsch, Ela voran. Der ungeduldige Hausmeister wollte schon das Tor hinter ihr schließen, als sich seinem verblüfften Blick eine zweite Person offenbarte. Ich drückte ihm eine Menge Kleingeld in die Hand, und bevor er richtig hingucken konnte, waren wir schon hinter der Straßenecke verschwunden.

Was ich noch weiß von diesen ersten Stunden? »Gelobt sei Jesus Christus«, was ich, auftragsgemäß, zur Begrüßung stammelte.

Elas zwei Brüder, mit denen sie zusammen wohnte, sollten nicht wissen, wer ich bin, und waren natürlich sehr schnell im Bilde. Der dritte, verheiratete, wohnte woanders, und man hat ihn bis zum Schluß nicht über mich informiert. Der vierte war im Lager in Auschwitz, vom ersten Transport aus dem Tarnower Gefängnis. Der Bruder, der eigentlich die Familie unterhielt, war Metzger; zum Frühstück gab es Schmalzbrot. Jeder Bissen dieses doppelt trefenen Frühstücks (Schmalz und dazu noch später Milch ohne sechsstündige Pause) blieb mir fast im Halse stecken.

Aus dem Talg, den er in großen Mengen von der Arbeit mit heimbrachte, wurde Seife hergestellt. Ich mußte jeden Augenblick auf dem Sprung sein, um mich im Bad zu verstecken, wenn Kunden anklopften.

»Was für schöne schwarze Äuglein das Fräuleinchen hat. Nicht böse sein, Fräuleinchen, aber genau wie ein kleines Judenmädchen« – das war, als ich mich nicht zu verstecken schaffte und als Freundin aus der Provinz vorgestellt wurde, die einen Zahnarzttermin wahrnehmen mußte.

Elas Mama. Die Verkörperung von Rechtschaffenheit und Güte. »O guck mal, eurer fährt Rad«, rief sie mich einmal. Und als ich vor Angst vom Fenster zurücksprang, konnte sie nicht verstehen, daß ich auch den jüdischen *Ordnungsdienst* fürchtete. »Ich würde wollen, wenn sie denn kommen, daß sie nur mich mitnähmen. Ich bin schon alt, hab nicht mehr lange zu leben, Hauptsache, den Kindern passiert nichts.« Sie war noch nicht sechzig.

Vaterunser und Glaubensbekenntnis, die mir Ela beibrachte. Und eine kleine Medaille mit der Muttergottes um meinen Hals gehängt.

Ich meldete mich wegen Arbeit auf die entsprechenden Annoncen, bekam aber keine Antwort.

Die »Aktion« fand eine Woche später statt. Ela, die Tosia immer meine Briefchen hintrug, kam mit gesenktem Kopf: »Tosia ist …«, sagte sie.

Ich saß mit verweinten Augen da. »Sie hat Zahnweh«, informierten die Hausgenossen den Bekannten, einen Eisenbahner, der anderntags erzählte, wie sie bei Bełżec Waggons hatten abkuppeln müssen.

Und dann die flehenden Briefe von Tosia, die sich nicht mit der Einsamkeit abfinden konnte. Und die Rückkehr ins Getto auf einem ähnlichen Weg, wie ich hinausgelangt war. Diesmal hielt mich Elas Bruder untergefaßt.

Zu Hause die noch immer ungemachten Betten der Eltern mit dem Abdruck ihrer Körper, die durcheinandergeworfenen Sachen meines kleinen Bruders, der mich so darum gebeten hatte, ich sollte ihn doch mitnehmen.

Sie versteckten sich in demselben Keller wie vor ein paar Monaten Tosia und ich. Gegen Ende der »Aktion« denunzierte sie ein uns dem Namen nach bekannter Jude, der um diesen Preis vom Transport freikommen sollte, er war schon bei den Waggons. Natürlich ist er selbst dann auch umgekommen.

Nein, ich habe es nie versucht, ich wollte und konnte nicht vergessen, daß ich Jüdin bin. Und selbst wenn? Ohne jeden Zweifel würde sich immer jemand finden, der es mir ins Gedächtnis zurückruft.

Die Kinder aus Płaszów

Jetzt bedauere ich es, daß ich in der ersten Zeit nach dem Krieg nicht probiert habe, meine Erinnerungen niederzuschreiben, obschon man mich dazu überreden wollte. Nicht, daß ich vor ihnen floh. Im Gegenteil, ich hatte das Bedürfnis zu sprechen. Vielleicht hat ja auch das Sprechen das Schreiben ersetzt. Ich erzählte detailliert und bildhaft. Die Empfindsameren konnten es nicht mit anhören. Ich habe auch viel zum Thema Okkupation gelesen, alles, was damals zugänglich war. Erinnerungen, Tagebücher; Borowski, Szmaglewska, Rudnicki, Andrzejewski, Szczucka. Vielleicht habe ich es deshalb nicht mit dem Schreiben probiert.

Später war ich gewisser Einzelheiten immer weniger sicher: Daten, Zahlen, Namen ...

Ich erinnere zum Beispiel nicht, wo im Lager Płaszów das *Kinderheim* war, die Baracke für die Kinder, auch nicht, wie viele es dort gab. Die Geschichte eines jeden von ihnen würde gewiß ausreichen für ein ganzes langes Erwachsenenleben. Schließlich waren sie klug, von der instinktiven Schläue eines tödlich bedrohten Tieres. Diese Kinder stammten aus Krakau, waren bei Liquidierung des Krakauer Gettos von den Eltern durchgeschmuggelt und später dann irgendwie legalisiert worden. Nach jeder Aktion, wie man das damals nannte, gab es solche, die dabei hätten umkommen sollen, doch sie blieben übrig. Bis zum nächsten Mal.

Von uns, aus Tarnów, waren keine Kinder in der Baracke. Man hat sie uns weggenommen, als unser Transport verladen wurde, im Spätsommer 1943. Olga trug ihren kleinen Jurek (fünf, sechs Jahre alt, Sommersprossen, Stupsnäschen) im Sack, in dem er mäuschenstill saß, vom Autobus-Platz, wo wir seit dem Tag zuvor knieten, durch die ganze Stadt, bis zu den Waggons. Dort nahm man ihn ihr weg. Sie hätte zuvor die Chance gehabt, ihn zu ihren »arischen« Freunden zu geben. Doch sie hatte ehemals den Bitten ihrer Eltern nachgegeben und es, entgegen ihren Überzeugungen, zugelassen, daß man ihn beschnitt.

Ich erinnere also nicht, wo das *Kinderheim* gewesen ist, hingegen erinnere ich genau Lage und Form einer Baracke im Frauenteil des Lagers, die *Waschraum* genannt wurde, unsere Latrine und unser Waschraum zugleich. Eine lange Baracke auf einer Erhöhung, längs mit einer Wand, die nicht bis zur Decke reichte, abgetrennt. Zu beiden Seiten dieser Wand kastenähnliche Vorrichtungen mit einer Menge Öffnungen über einer Fäkaliengrube. Dichter an den Innenwänden Rinnen mit Hähnen als Waschgelegenheit. In der Mitte beider Giebelwände breite Türöffnungen, die es ermöglichten, den linken oder rechten Teil der Latrine zu betreten. Von einem Ende hatte man ein Kämmerchen abgeteilt, in dem die Hexe von Latrinenaufseherin ihres Amtes waltete. Wenn es einem passierte, daß man auf den frisch gewischten Fußboden trat, oder ganz einfach wenn sie schlechte Laune hatte, verprügelte sie uns mit einem Besen, den sie zuvor in den Kot getunkt hatte, wobei sie mit heiserer Stimme die ausgesuchtesten Flüche kreischte.

Unterhalb des Frauenteils des Lagers, abgetrennt durch einen Weg, erstreckte sich der weitgedehnte *Appellplatz.*

Genau dorthin trieb man morgens früh an einem sonnigen Maientag des Jahres 1944 (wohl der 14. Mai) alle Häftlinge, Frauen und Männer getrennt. Man ließ uns jeweils zu fünfen nach Baracken antreten.

In Płaszów war ich mit meiner vier Jahre älteren Schwester zusammen. Noch vom Tarnower Getto her hielten wir uns gemeinsam mit ihren drei gleichaltrigen Freundinnen als ständiges Quintett. Doch wir hatten auch noch die kleine Eda bei uns, das Schwesterchen einer Kameradin, die aus Tarnów nur durch ein Wunder mit in den Transport gekommen war, zumal sie sehr klein und zierlich für ihre zwölf Jahre war. Sie hatte funkelnde schwarze Augen, ebensolche Haare, war äußerst pfiffig und besaß wie alle Kinder in dieser Situation eine Menge Lebensweisheit. In »besseren« Zeiten ging sie mit uns zur Arbeit, wir nähten Arbeitskleidung. Sehr geschickt nähte sie Knöpfe an. Wenn es gefährlicher wurde, zum Beispiel, wenn Blut entnommen wurde für Transfusionen (um des reinen Blutes und der Herrenrasse willen), was bei unserer Ernährung beinah einem Todesurteil gleichkam, versteckten wir sie zwischen Decke und Barackendach, wo sie zusammengekauert stundenlang hockte.

Jetzt auf dem Platz hatten wir sie innerhalb der Reihe untergebracht, zitternd vor Angst, daß sie nur ja keinem auffiel.

Auf dem Platz fand eine Selektion statt, die erste dieser Art in Płaszów. Unser Lager hatte bis vor kurzem den Status eines *Arbeitslagers*. Unlängst (oder vielleicht eben damals, ich erinnere mich nicht) war es Konzentrationslager geworden.

Aus den Reihen fischte man sich die Opfer. Irgendwo weiter weg links von uns standen die Kinder vom *Kinderheim*. Die Sonne brannte unbarmherzig. Die Stunden zogen sich endlos hin. Aus den Lautsprechern ergoß sich Musik.

Ja, es gab auch Musik, und das, ein Resultat des spezifischen Humors der Deutschen, stets sehr à propos. Als man einmal einen Flüchtling einfing und zurück ins Lager brachte, der dann vor den versammelten Häftlingen auftrat mit einem Schild vorn und hinten, auf dem *Ich bin wieder da* geschrieben stand, wurde das Schauspiel von dem Lied *Komm zurück* aus dem Lautsprecher begleitet.

Uns spielte man einen anderen Schlager auf: *Es geht alles vorüber* ... »Nach jedem Dezember folgt wieder ein Mai«, wie es da hieß. Die Melodie kann ich mir zu jedem Zeitpunkt meines Lebens in Erinnerung rufen, obwohl ich nicht besonders musikalisch bin.

Wir waren vor Hitze und Durst fast ohnmächtig, als nach zig Stunden hinter uns links etwas in Bewegung geriet. Obwohl sich keiner vom Fleck rühren durfte, kam von irgendwoher die Kunde: Sie nehmen die Kinder. Man hörte Schreie, das Weinen der Mütter, und aus dem Lautsprecher ertönte: *Weine nicht, du, Mutti, weine nicht* ...

Schließlich wurde der Appell abgebrochen.

Gemartert von dem vielstündigen Stehen, von Durst und dem Verhalten der Notdurft, vor allem aber entsetzt von der Selektion, kehrten wir in die Baracken zurück. Eda war diesmal noch bei uns. (Man nahm sie uns ein paar Monate später auf der Rampe in Auschwitz.)

Die Bewohner unserer Baracke hatten auf dem Platz stets nahe beim Weg anzutreten. Daher gehörte ich zu den ersten Frauen, die zur Latrine hasteten. Und plötzlich, gerade als sie sich über den Öffnungen plazierten, rief ein Kinderstimmchen von unten: »Aufpassen bitte, ich bin hier.« Dann noch ein paar Stimmchen aus anderen Öffnungen. Wir waren sprachlos. Unten in der Kloake waren Kinder!

Als erste kam Olga zu sich. Sie krempelte die Ärmel hoch, preßte sich an die Bretter des Sitzes und zog unter großer Anstrengung aus der Tiefe das erste Kind durch die Öffnung.

Ich erinnere nicht, wieviele es waren. Ein paar jedenfalls. Sie wurden in der Waschrinne mit kaltem Wasser gesäubert. Die Kinder, Mädchen und Jungen, waren an die fünf, sechs Jahre alt. Das älteste, ein Junge, war etwa sieben. Er hieß Spira, wenn ich mich recht besinne. Er war es gewesen, der den Kindern, als man sie an dem Hügel vorbeiführte, auf dem die

Latrine stand, »Wegrennen!« zugerufen hatte. Und da führten die doch noch kleinen Kinder Manöver aus, dessen sich erprobte Ausreißer nicht hätten zu schämen brauchen. Sie rannten nicht einfach geradeaus, so schnell wie möglich weg von den SS-Männern, die bestimmt nicht zahlreich waren, denn wer würde schon dermaßen Kinder bewachen? Die Kinder stoben nach allen Seiten auseinander, auch um die Latrine herum. Die überraschten SS-Männer waren nicht imstande, sie alle auf einmal einzufangen. Schießen wollten sie offenbar nicht. Einige Kinder fielen in die Latrine ein, von deren zwei Enden man, wie schon erwähnt, zu den beiden mit einer niedrigen Wand getrennten Seiten gelangen konnte. Sich der Gefahr bewußt, sprangen sie mutig in den finsteren stinkenden Abgrund. Diejenigen, die es nicht geschafft hatten oder zurückschreckten, wurden gefaßt. Hatten die SS-Männer gemerkt, daß welche fehlten? Ich weiß es nicht. Ich weiß auch nicht, wie das weitere Schicksal der Geretteten gewesen ist.

Anfangs blieben sie, wie das gewöhnlich der Fall war, halb legal im Lager. Ich bin zu diesem Thema auf keinerlei Literatur gestoßen. Irgendwer hat irgendwo erwähnt, daß der kleine Anführer überlebt hat.*

* Wie John Blair in dem Artikel *Ein Fotograf des 21. Jahrhunderts* schreibt, waren es zehn »Latrinenkinder« (darunter zwei Mädchen); alle wurden namentlich erwähnt (auch Jerzy Spira befindet sich darunter). Das jüngste der geretteten Kinder war der fünfjährige Ryszard Horowiz, heute ein bekannter amerikanischer Fotokünstler. Direkt aus Płaszów gelangte er in Schindlers Betrieb »Emalia«, und nach dessen Schließung befand er sich, kurz vor der Razzia am 14. Mai, wiederum in Płaszów. Die nächste Etappe war dann Auschwitz, wo er von den Russen befreit wurde. Seine Mutter erlebte die Befreiung in Schindlers Lager in der Tschechoslowakei, der Vater in Mauthausen (vgl. Magazin d. »Gazeta Wyborcza«, Nr. 47 vom 21. Nov. 1994).

Drei Monate später, im August, war der erste Massentransport nach Auschwitz. Zwei, drei Monate später der zweite sowie die Auflösung des Lagers in Płaszów.

Ich war auf dem ersten, der später fast vollständig nach Stuthoff geschickt und dort versenkt wurde. Weshalb ohne mich, das ist wieder eine andere Geschichte. Ich bezweifle, daß viele Personen am Leben sind, die damals in Płaszów beim Herausholen der Kinder dabei gewesen sind. Olga hat überlebt, doch nach dem Tod des zweiten, schon nach dem Krieg geborenen Kindes, einem Mädchen mit goldblondem Haar, das irgendeinen Geburtsfehler hatte, verließ sie mit ihrem Mann Polen.

Also soll wenigstens hier an diese in den Kot getauchten, um ihr Leben kämpfenden Kinder erinnert sein.

Karren

Das war vier Tage nach der Befreiung des Lagers in Bergen-Belsen durch britische Truppen. Der Krieg war noch nicht zu Ende. Ich kehrte aus dem Revier zurück (so ein Als-ob-Krankenhaus), wo meine Schwester im Sterben lag. Tosia war vierundzwanzig Jahre alt und sah aus wie vierzehn. Ich, die Stärkere, eine typische Muselmanin*, schleppte mich mühsam dahin. Später, nach zwei Monaten Ernährung, wog ich siebenunddreißig Kilogramm.

Fast den ganzen Tag versuchte ich, etwas Unmögliches zustande zu bringen, nämlich einen Kartoffelplins zu backen, den Tosia sich erträumte. Mühsam

* Muselmane: Lagerausdruck für einen extrem ausgezehrten, vom Hungertod bedrohten Häftling.

und nach langem Herumsuchen hatte ich einen Nagel und ein Stück Blech aufgetrieben. Mit Hilfe eines Steins machte ich ein paar Löcher ins Blech. Ich rieb eine Kartoffel, sammelte Brennbares für ein Feuer.

Tosia zupfte ein Stückchen von dem Plins ab, behielt es ein Weilchen im Mund und schob mein Werk beiseite. Sie konnte damals praktisch schon nichts mehr essen.

Durch das Lager bewegten sich die britischen Soldaten. Mit ungläubigem, entgeistertem Blick erfaßten sie, was sie vorfanden. Die SS-Männer, die es nicht mehr geschafft hatten zu fliehen oder nicht mehr gewußt hatten, wohin, hoben riesige Massengräber aus. Entlang den Baracken eine zweite »Barackenreihe« besonderer Art: aus sorgfältig »gestapelten«, wie das damals hieß, Leichen. Eine Schicht längs, die zweite quer, und so immer im Wechsel bis zu zwei, drei Metern Höhe. Auch lose lagen überall Leichen herum. Es waren insgesamt zig Tausende, und täglich kamen die nächsten Hunderte und Tausende hinzu. Bis das letzte Grab zugeschippt war, vermehrte sich die Zahl um das Doppelte.

Ich ging an den toten Körpern vorüber und sah sie kaum. Ich nahm überhaupt sehr wenig wahr und empfand sehr wenig. Ich freute mich nicht, als die britischen Truppen einmarschierten, war nicht dazu imstande. Verblüfft hörte ich »richtiges« Englisch. Früher einmal, vor fünf Jahren, hatte ich diese Sprache gelernt, doch das hatte damals irgendwie anders geklungen. Eigentlich verstand ich ohnehin von dem, was ringsum vor sich ging, nicht viel. Ich war nicht fähig, ordentlich zu denken, so wie ich nicht fähig war, mich vom Boden zu erheben, ohne zu etwas hinzukriechen, woran ich mich festhalten konnte.

Und dennoch erinnere ich genau ein Bild.

Auf einem schmalen Weg, den ich entlangging, als

ich von Tosia kam, stand ein Karren. Eher eine Kiste, mit kurzer Deichsel und einem Rad unter dem Boden; ziemlich tief, quadratisch. In der Kiste zwei Frauenleichen. Eigentlich keine Leichen. Zwei mit gelblicher Haut überzogene Skelette. Aber Gesichter hatten sie beinah normale. Die Haare kaum nachgewachsen zu Stoppeln, kürzer noch als meine; sie mußten von einem späteren Transport sein. Natürlich hohle Wangen, wie bei uns allen.

Irgendwer hatte die Karre auf halbem Wege einfach stehengelassen, also stützte sie sich auf die kurze Deichsel. Diese zwei miteinander verflochtenen Frauen, die eine größer, lehnten am Boden der Kiste, der sich in fast senkrechter Position befand. Sie standen mit offenen Augen und einer Leidensgrimasse auf den Lippen. Zwei makabre Gliederpuppen, die in einem makabren Schaufenster auf ihre Kleidung warteten.

Habe ich damals genau das gedacht?

Malaparte war nicht dabei. Nur zwei britische Soldaten mit einem Fotoapparat kamen vorüber, sie standen lange da und schauten, ehe sie eine Aufnahme machten. Vielleicht gibt es die noch irgendwo?

In meinem Gedächtnis aber hat mit der Zeit eine der Frauen das zusammengeschrumpfte, ausgemergelte Gesicht von Tosia angenommen, die drei Tage später starb, am Vortag ihres vierundzwanzigsten Geburtstages.

Wrocław, März 1993

Der Rummelplatz

Meine Tätigkeit in der organisierten Judenhilfe bestand anfangs darin, denjenigen, die sich versteckt hielten, oder ihren Beschützern Lebensmittelzuteilungen und Geld auszuhändigen. Zu den Verstecken, die in meinem Fall ausschließlich Wohnungen von Polen waren, begab ich mich im Laufe eines Arbeitstages. Jene Wohnungen gehörten Menschen aus den verschiedensten gesellschaftlichen und beruflichen Schichten, vom Blauen Polizisten* in der Krochmalna-Straße bis zum Ingenieur in Żoliborz.

Nach jeder Visite erstattete ich Frau Emilia Hiżowa Bericht, der ich in diesem Bereich konspirativer Tätigkeit unterstellt war.

Außerdem erstellte ich im Auftrag von Frau Emilia einen Plan der geheimen Übergänge des Kanalisationsnetzes, die das Getto mit den übrigen Stadtteilen Warschaus verbanden.

In den Jahren 1942–1943 wohnten wir Bałucki-Straße 18, Parterre, im linken Hinterhaus. Die Wohnung bestand aus Stube, Küche, Badezimmer und wurde mehrfach als gelegentliches Versteck für Menschen, die man aus dem Getto geschleust hatte, genutzt. Sie diente gleichfalls als Stätte der Verabschiedung für eine der Vorwarschauer Einheiten der AK**. Ich erin-

---

* polnische Polizei im Dienst der Okkupanten; sie trug dunkelblaue Uniformen.
** Armia Krajowa – Heimatarmee; größte Formation des be-

nere mich noch an das Pseudonym von einem der Kommandeure dieser Einheit: »Obszarnik« (Gutsbesitzer).

Hier fanden ebenfalls die Zusammenkünfte der Studenten der Polonistischen Fakultät der geheimen Universität statt. Hierher pflegten Tadeusz Gajcy, Zdisław Stroiński, Zofia Orszulska, Władysław Bartoszewski und andere zu kommen.

Unter all meinen vielen Erlebnissen während der letzten Okkupationsjahre, täglichen Menschenjagden und überraschenden Straßenkontrollen, ist mir eines besonders im Gedächtnis haftengeblieben. Es war der 19. April 1943. Im Getto begann der Aufstand. An diesem Tag mußte ich in den Morgenstunden in Żoliborz sein. Der Weg führte durch die Miodowa-Straße über den Krasiński-Platz.

Während ich dem Krasiński-Platz zustrebte, hörte ich vereinzelte Schüsse und Maschinengewehrsalven. Doch außer den von einem Kampf zeugenden Geräuschen drang ebenfalls lärmende Jahrmarktsmusik an mein Ohr. Kurz darauf erwies sich, daß auf dem Platz ein Rummel stattfand mit sich drehenden Karussells, Buden und einem »Teufelsrad«, das von amüsierten Gaffern umlagert war.

Das war wohl der Moment, da ich zum ersten- und vermutlich auch letztenmal in dieser düsteren Zeit die Selbstbeherrschung verlor. Mich packte die Wut. Ich begann den ersten besten aus der Menge wüst zu beschimpfen, wobei ich schrie, daß hier doch dicht nebenan Menschen in einem ungleichen Kampf zugrunde gingen. Der Pöbel reagierte unverzüglich. Man überwältigte mich und begann mich unter dem Ge-

waffneten Widerstands im okkupierten Polen, unterstand der Londoner Exilregierung.
(Anm. d. Übers.)

schrei: »Du Judenknecht, dir werden wir's zeigen!«
Richtung Bonifraterska-Straße zu zerren. Wir kamen
dem Durchgang unter dem Gerichtsgebäude näher.
Durch das Tor konnte ich ein schweres Maschinengewehr mit SS-Mannschaft auf dem Gehsteig sehen.

Man beschoß von hier aus die Fenster eines Gebäudes gleich hinter der Mauer. Ich wußte, ich mußte
handeln, ich durfte nicht in den Klauen meiner
Verfolger bleiben, ohne etwas zu unternehmen. Ich
mußte mich von ihnen befreien. Unerwartet half mir
die Maschinengewehrbesatzung, die beim Anblick der
sich nähernden Gruppe die Läufe in unsere Richtung
drehte.

Mit einem Ruck riß ich mich los und versteckte mich
hinter dem nächsten Pfeiler des Durchgangs.

Eine Maschinengewehrsalve zerstreute nicht nur
meine Verfolger, sondern auch die nächste Gruppe.

Auf meinem Weg nach Żoliborz grübelte ich darüber
nach, ob meine Verfolger vom Krasiński-Platz tatsächlich Bewohner des besetzten Warschau gewesen sein
konnten.

Warschau, 2. März 1993

Das Gewissen

Das, was mir vor fünfzig Jahren befahl, ganz dicht ans Getto heranzugehen, ist nicht der Zufall gewesen. Das Schicksal hat meine Schritte dorthin gelenkt, damit ich Zeuge der Grausamkeiten der Hitlerfaschisten würde. Nicht der einzige übrigens. Und dort war die Hölle.

Das Getto, in sich abgeschlossen, war wehrlos. Fast alle Häuser brannten. Von einem der Balkone hing der Körper eines Ermordeten herab. In einem Eckhaus zeigte sich auf dem Balkon alle Augenblicke auf immer höherer Etage eine wildverzweifelte Frau mit einem Säugling auf dem Arm. Das Feuer trieb sie bis ins höchste, das vierte, Stockwerk, von wo aus sie, hoffnungslos, mit dem Kind in den Feuerschlund sprang.

Ihr Entschluß verknüpft sich mir mit der Urteilsvollstreckung an zwei vier-, vielleicht fünfjährigen Kindern, deren Zeuge ich war. Diese zwei hatte zweifellos jemand aus dem Getto geschickt. Von der Żelazna-Straße her das kleine Getto zu verlassen, bereitete keine größeren Schwierigkeiten, zumal kleinen Kindern, da die Umzäunung dort bloß aus Stacheldraht bestand. Nur deutsche Patrouillen und Blaue Polizei erschwerten das Hinauskommen. Und so geschah es auch, daß die beiden Kinder von der deutschen Patrouille gefaßt wurden. Die Deutschen hielten die Kinder bis zum Eintreffen der Polizeistreife fest, und als die anlangte, befahlen sie einem der Polizisten, den Deckel von einem Gully abzunehmen, der sich mitten auf der Fahrbahn der Kreuzung Żelazna/Krochmalna befand, und die Kinder in die Kanalisation zu werfen. Als dieser sich weigerte, den Befehl auszuführen, zog der Gendarm die Pistole und bedrohte den Polizisten. Beide Polizisten wurden ganz grau im Gesicht, einer würgte sogar und kämpfte mit dem Brechreiz. Doch den Befehl führten sie aus.

So hatten die Deutschen nicht eigenhändig das Verbrechen begangen. Das *Gott mit uns* auf ihren Koppelschlössern sprach ihr Gewissen frei. Davon zeugten übrigens ihre dumpfen, mitleidlosen Gesichter.

Bevor das Urteil an den Kindern vollstreckt wurde, ließ ich meinen Blick über die Gesichter der Personen um mich her schweifen; in überwiegender Zahl erschreckte Frauen. Ich suchte nach einem Ausdruck der Billigung darin, wenn ich mich für die Rettung der Kinder stark machen würde. Vielleicht befand sich ja in der Menge der Beobachter auch die, die darauf wartete, sich der aus dem Getto geflohenen Kinder anzunehmen. Es gab so einen Moment, da ein psychologischer Anstoß und der Versuch einer Intervention möglich schienen. Ich sah, daß die Deutschen (vielleicht waren es auch Österreicher) nicht die Verantwortung für den Tod der beiden Kinder auf sich nehmen wollten. Auch die Polizisten hielten sich zurück. Ich konnte Deutsch. Und ich hatte den Ausweis der deutschen Firma Siemens bei mir, der mich bis zu einem gewissen Grad schützte.

Doch ich zögerte. Allerlei Zweifel überkamen mich. Ob ich mich umgangssprachlich glaubwürdig würde ausdrücken können, wenn ich meine Meinung im Namen der Deutschen äußerte? Würden sie mich bei der Gelegenheit nicht gründlich verhören wollen? Würde der ganze Zwischenfall nicht von anderen Gendarmen vom nahe gelegenen Sitz der deutschen Gendarmerie beobachtet werden?

Und außerdem hatte ich übergeordneten Zielen zu

dienen, – nämlich dem B.I.P.* Informationen zu liefern über deutsche, häufig militärische, Objekte, wo ich im Auftrag der Firma Arbeiten ausführte. Die Leitung des Untergrunds hatte mich davor gewarnt, mich in Konflikte verwickeln zu lassen, die die konspirative Tätigkeit bedrohten. Und das überwog.

Die Erinnerungen an die Erlebnisse aus der Zeit der Okkupation in Warschau sind mit der Zeit verblaßt.

Jetzt, zum Ende meines Lebens, kehrt mir immer häufiger das geschilderte Ereignis wieder, und Gewissensbisse quälen mich. Du hättest das Leben dieser zwei Kinder retten sollen. Und es wäre dir gelungen. Aber du bist feige gewesen. Hast nur an dich gedacht.

1993

---

* für: Biuro Informacji i Propagandy Armii Krajowej – Informations- und Propagandabüro der Heimatarmee. (Anm. d. Übers.)

Bonbons

Es war gegen Ende 1943, im Winter. Ich war damals zwölf Jahre alt und erinnere mich ziemlich schwach an jene Zeit, bruchstückhaft. Und so wird dieser Bericht sein – bruchstückhaft, ohne Versuche einer Rekonstruktion.

Wir wohnten damals im entlegensten Winkel Kleinpolens, unweit des Städtchens Opatowiec, das gegenüber der Mündung des Dunajec in die Weichsel liegt. Mein Vater verwaltete ein großes Landgut. Wir bewohnten ein kleines Herrenhaus in einem der Vorwerke, dessen Gebäudekomplex aus mehr als einem Dutzend großer Wirtschaftsgebäude und drei oder vier Gesindehäusern mit jeweils vier Wohnungen für die Gutsangestellten bestand.

In der Gegend gab es keinerlei deutsche Wachposten. Der nächste befand sich wohl in Kazimierz Wielka, rund zwanzig Kilometer von uns entfernt. Der nächste Posten der sogenannten Blauen Polizei in Korczyń, einem etwa zehn Kilometer entfernten Städtchen. Im nächstgelegenen Städtchen (ca. drei Kilometer), Opatowiec, gab es keine Okkupationsbehörde. Das gesamte Terrain, komplett bar jeglicher fester Wege (eine gewisse regelmäßige Verbindung gewährleisteten ausschließlich die Passagierschiffe, die auf der Weichsel von Krakau nach Sandomierz verkehrten; sie fuhren allerdings nicht im Winter), war von Partisanenabteilungen der AK durchsetzt. Nachts grassierten immer zahlreichere und lästigere Gruppen von Banditen, die sich übrigens stets für Angehörige der »Organisation« ausgaben.

Ich erinnere nicht, wie in Opatowiec die Liquidierung der Juden, deren es im übrigen in diesem eher
Dorf als Städtchen nicht viele gab, vor sich ging. Es
scheint, daß Blaue Polizei, speziell zu diesem Zweck
eingetroffen und bestimmt von Deutschen befehligt,
sie mit Fuhrwerken abtransportiert hat. Ich erinnere
mich allerdings, daß eine Gruppe von Juden – etliche
Familien – dem Abtransport durch Flucht aus dem
Städtchen entgingen. Sie irrten in der Gegend umher,
in Feldern und im Wald, nächtigten in Heuschobern,
bemühten sich, niemandem unter die Augen zu kommen. Lebensmittel verkauften ihnen heimlich einige
Bauern gegen Kleidung und Schmuck. Wenn ich mich
recht besinne, war der Winter damals ziemlich mild.

Unter den Umherirrenden war auch ein ziemlich
wohlhabender Kaufmann namens Preis (Prajs?) mit
Familie und kleinen Kindern. Mein Vater hatte zuvor
geschäftlich mit ihm zu tun gehabt (Preis war wohl Ge-
treidehändler), mochte und achtete ihn. Er war ein
Mann in mittlerem Alter, intelligent, ernsthaft, meine
Eltern hielten ihn für jemanden, der sich haushob
aus der kleinstädtischen jüdischen Gesellschaft. Sie
kannten auch seine Frau und Kinder, die meine Mutter sehr gern hatte.

Von der Gruppe der sich versteckt haltenden Juden
traf sich nur Preis mit meinem Vater. Heimlich kam er
zum Herrenhaus, erhielt Nahrungsmittel, Milch für die
ganze Familie, natürlich unentgeltlich. Sowohl er als
auch die Eltern bemühten sich, daß so wenig Personen
wie möglich von seinen Besuchen erfuhren. Wahrscheinlich wußten es aber sämtliche Bewohner des
Vorwerks – in dieser kleinen Gemeinschaft ließ sich
schwer irgend etwas verbergen.

Bis heute erinnere ich die Unruhe und Furcht der Eltern. Ich spürte sie sehr deutlich und war mir über deren Ursache im klaren. Ich wußte, daß sie mit Preis

und seiner Familie Mitleid hatten und ihnen von ganzem Herzen helfen wollten, doch jede Hilfe war mit einem echten Risiko verbunden. Denunziationen bei den Deutschen waren damals ein sehr häufiges Mittel, wenn man sich rächen oder mit jemandem abrechnen wollte. Bisweilen kam es zu starken Spannungen zwischen dem Herrensitz, vornehmlich seiner Verwaltung, durch meinen Vater verkörpert, und Gutsangestellten. Einige von ihnen haßten Vater bestimmt. Zwar gab es in der Gegend weder Deutsche noch Blaue Polizei, doch die konnten jeden Augenblick auftauchen; ein Denunziant konnte sich im übrigen darum bemühen, daß seine Anzeige ins entfernte Kazimierz gelangte. Ein Verstecken der Verfolgten in unserem Haus oder den Wirtschaftsgebäuden über längere Zeit mußte von den Angestellten früher oder später bemerkt werden. Niemand konnte voraussagen, ob nicht einer von ihnen dieses Wissen auf die bekannte Weise nutzen würde.

Trotzdem scheint es (ich benutze diese Formulierung, da ich eben dieses Faktums heute nicht absolut sicher bin, die Eltern verbargen damals viel vor mir, einige Dinge ahnte ich, andere setzte ich mir aus Satzfetzen und Anspielungen zusammen, später aber haben sie dann nie, bis ans Ende ihres Lebens nicht, von jenen Ereignissen gesprochen, aber ich glaube, daß es genau so gewesen ist), daß Vater für eine gewisse Zeit der Familie Preis ein Nächtigen in der Gutsscheune ermöglicht hat, in die sie sich nachts hineinstahlen und die sie früh am Morgen verließen, um niemandes Aufmerksamkeit zu erregen. In das Geheimnis mußte der Wächter eingeweiht gewesen sein, der die ganze Nacht über mit Hunden das Gelände des Vorwerks abging. Ob die Eltern ihm ein derart großes Vertrauen entgegenbrachten, weiß ich nicht. Ich weiß auch nicht, warum die Preisens aufhörten, in der Scheune zu übernachten – denn mit Sicherheit nutzten sie die Gelegenheit nicht bis zum Ende. Hatte sie wer ausgespäht? Hatten sie von sich aus aufgegeben, um uns nicht in Gefahr zu bringen? Mir ist erinnerlich, daß die Eltern sie für sehr zartfühlend hielten (ein in dem Kontext kaum angebrachtes Wort). So als sei die Sorge um unsere Sicherheit in ihnen stärker als die Angst ums eigene Leben.

Ich weiß nicht, wie lange das Umherirren der Opatowiecer Juden dauerte. Eher kurz: eine Woche, höchstens zwei. Eines Abends, als es schon dunkel war, kam Preis zu Vater. Das Gespräch fand in der Kanzlei statt, unter vier Augen, aber Mutter und ich wußten, daß sie miteinander sprachen und daß dieses ihr Gespräch eine besonders dramatische Situation betraf. War es bereits bekannt, daß eine Treibjagd auf die Flüchtigen im Anzug war? Vielleicht hatten sich die Deutschen und die Blauen schon in unserer Gegend gezeigt? Ich weiß nicht. Ich weiß nur, daß Preis damals um die Möglichkeit eines Verstecks bat, das heißt, sich eher danach erkundigte als darum zu bitten. Ob für die ganze Familie? Ob bloß für die Kinder? Ob Vater ablehnte? Ob er nicht ablehnen mußte, weil jener verstand und resignierte? Ich weiß es nicht.

Ich weiß nur, daß Mutter in einem bestimmten Augenblick eine große Handvoll Bonbons für die Kinder von Preis in die Kanzlei brachte. Doch er verließ hastig den Raum, war in Eile, die Bonbons blieben auf dem Schreibtisch zurück. Nachdem er fort war, unterhielten sich die Eltern. Sie waren sehr bedrückt. Ich hörte die Mutter in schmerzlichem Ton sagen: »Er hat die Bonbons für die Kinder vergessen.«

Am nächsten Tag, schon vormittags, erfuhren wir, daß Deutsche und Blaue eingetroffen waren, in der Umgebung eine Treibjagd veranstaltet und alle Juden gefaßt hatten, die übrigens, wie es scheint, nicht geflohen waren, sondern sich hatten wegführen lassen. Sie faßten auch die Familie Preis. Alle wurden sie auf Fuhrwerke verladen und irgendwohin abtransportiert.

Stumm setzten wir uns zum Mittagessen, niedergedrückt. Das Dienstmädchen sagte, als es die Suppe hereinbrachte, daß man nicht weit weg von Krzczonowo, einem Dorf, das von uns zwei Kilometer entfernt war, Schüsse gehört haben soll. Die Eltern schwiegen. Während des Mittagessens sagte die ganze Zeit über niemand ein Wort. Wir hatten uns gerade erhoben, als das Dienstmädchen erneut hereinkam. Es berichtete, daß eben einer der Knechte zurückgekommen sei, dem die Deutschen befohlen hatten, die eingefangenen Juden wegzufahren. Der Knecht hat gesagt, daß man alle in Krzczonowo erschossen habe. »Alle? Die Kinder auch?« fragte Mutter. »Ja, die auch«, erwiderte das Dienstmädchen. »Alle!« Keiner sagte mehr etwas.

Die Bonbons für die Preis-Kinder lagen tagelang auf dem Schreibtisch in Vaters Kanzlei. Niemand räumte sie weg, obwohl alle sie anstarrten. Schließlich und endlich begann ich sie aufzuessen. Nicht aus Genäschigkeit – ich hatte schließlich meine eigenen. Ich erinnere genau, worum es mir ging: um Spurenbeseitigung.

Fünfzig Jahre lang habe ich mit niemandem über diese Sache gesprochen. Die Eltern wohl ebenfalls nicht. Niemals habe ich sie vergessen. Sie ist bis heute lebendig geblieben, beschämend und schmerzhaft.

1993

BARBARA KRONICZ
Die Tochter des Hauptmanns

»Du Judenbalg!«

Dieses Schimpfwort, das einmal in der Klasse fiel, fand ich albern. Ein blöder Ausrutscher von einem Schulkameraden.

Ich ging in die fünfte Klasse der Grundschule in Nieśwież. Das Städtchen im polnischen Randgebiet mit dem prächtigen Palast der Fürsten Radziwiłł bildete wie zig andere »Anatevkas« im Osten Polens ein Sammelbecken vieler Nationalitäten. Polen, Belorussen, Juden, Tataren lebten nebeneinander her, ohne gegenseitige Zuneigung. Sie sprachen ihre eigene Sprache. Hatten eine eigene Geschichte und eigene Sitten und Gebräuche. Die nationale Identität wurde von der Religion diktiert. Ich war Polin und Katholikin. Mit meiner Klasse empfing ich die Kommunion, die Firmung, bekam ich gute Zensuren in Religion.

Eines Nachmittags trat ich mit der Schwester meiner Mutter in eine Kirche ein. Eine unbekannte Frau stellte sich uns in den Weg.

»Was suchst du in einer Kirche, Fryda?« fragte sie gehässig.

»Das ist meine Tante Fela, meine Dame«, protestierte ich.

»Das ist Fryda, eine Jüdin«, attackierte uns haßerfüllt diese Tochter der Kirche.

Niemals hatte ich bisher die deutlich semitischen Züge meiner Tante bemerkt. Ich begann mich selbst zu mustern. Im Spiegel, im Brunnen, in Wasserpfützen.

Große blaue Augen unter schweren Lidern, ein gerades Näschen, volle Lippen, das Haar von hellem Kastanienbraun.

»Ein hübsches Mädchen«, hörte ich immer wieder sagen. Konnte ich eine Jüdin sein? Unsicherheit und Unruhe störten die Spiele auf dem Hof.

Das Jahr 1939 brach an. Antisemitische Zwischenfälle ereigneten sich nun auch auf der Straße.

»Marszałek Śmigły-Rydz,
nasz drogi, dzielny wódz.
Pozwala Żydów bić.«

– »Marschall Śmigły-Rydz, unser teurer, tapferer Führer, erlaubt, die Juden zu schlagen«, wurde sogar in der Schule gesungen.

»Aus dem Weg, Jude«, schrie ein betrunkener Leutnant und stieß einen alten Mann vom Trottoir aufs Straßenpflaster.

Vom Ausbruch des ersten Kriegs erfuhr Vater aus einem Detektorradio. Am 17. September nahm die Rote Armee Nieśwież ein. Mutter, die Russisch konnte, bekam Arbeit als Lehrerin in einem belorussischen Dorf. Nach ein paar Monaten wurde Vater vom NKWD* verhaftet. Er kehrte nie zurück. Uns drohte die Verschleppung nach Sibirien oder Kasachstan, und so zogen wir in das Dorf Paniutycze bei Snowo um. Mama unterrichtete fernerhin die kleinen Kinder, meine Schwester und mich schickte sie auf die Zehnklassenschule. In meine Klasse gingen viele Juden. Rywa bekam die besten Zensuren. Ida beneidete ich um ihr wundervolles Haar. Wenn sie in der Bank saß, berührten ihre dicken pechschwarzen Zöpfe den Fußboden. Iceks Hänseleien ärgerten mich. In den

---

* »Volkskommissariat für Inneres«, darin die Hauptverwaltung für Staatssicherheit; so bezeichnet von 1934 bis 1946. (Anm. d. Übers.)

Pausen prügelten wir uns mit unseren hölzernen Federkästen. Nach dem Unterricht schleifte mich die Belorussin Lida durch Schnee und Morast. Unter dem Blick der aus Zentralrußland hierher geschickten Lehrer verstummten die Nationalitätenkämpfe auf Federkästen und Lineale. Im Unterricht durfte ausschließlich russisch gesprochen werden.

Im Juni 1941 befanden wir uns unversehens unter hitlerfaschistischer Besatzung. Und da mußte die Mutter den Töchtern die Wahrheit sagen. Ja. Also ich bin eine Jüdin! Mein Vater, ein Pole, Offizier des Grenzschutzkorps, hatte sich mit einer blutjungen russischen Emigrantin jüdischer Nationalität verehelicht. Aus Sonja wurde Zosia. Sie wurde katholisch. Zu Polinnen und Katholikinnen erzog sie ihre beiden Töchter. Von Mutters Herkunft wurde in der Familie nie gesprochen. Wenn doch, dann nicht in Gegenwart der Kinder. Doch es gab Leute ringsum, die die Mesalliance des Herrn Hauptmann in Erinnerung behielten. Vor diesen Leuten begannen wir uns zu fürchten.

Die Deutschen schlossen die Schulen. Mama verdingte sich auf dem Feld, ich lernte betteln.

»To dotschka naschej utschitjelnizy«*, sagten mit Sympathie die belorussischen Frauen. Stets bekam ich ein bißchen Milch, Brot, Kartoffeln. Als in Paniutycze Deutsche auftauchten, floh ich auf den Dachboden hinter die eigenhändig aus Stroh errichtete Wand.

»Hat uns jemand denunziert? Ist das jetzt schon …«, schluchzte ich und betete zur Muttergottes.

Zu Hause fehlte es an allem. Am schlimmsten war es mit Salz und Petroleum. Ich ging nach Snowo und stellte mich vor einem Lädchen an.

»Was für eine hübsche kleine Jüdin«, hörte ich das Kompliment eines belorussischen jungen Mannes.

* »Das ist die Tochter unserer Lehrerin.«

Nicht weit entfernt standen Deutsche. Unbemerkt trat ich aus der Schlange. Ich lief nach Hause. Zu Mama.

Und wieder der Weg durch die Wiesen zum Städtchen. Vielleicht wegen Petroleum? Bei meiner alten Schule sah ich die Deutschen. Sie trieben eine Gruppe Juden zur Arbeit. Meine Klassenkameraden und -kameradinnen. Sie trugen Schippen. Hinter einem Baum hervor sah ich in ihre Gesichter. Ich müßte doch eigentlich mit ihnen gehen. Eine Trägerin des gelben Davidsterns.

Ich erinnere weder Tag noch Jahr, mit größter Wahrscheinlichkeit dreiundvierzig, als eine Kanonade das Dörfchen erschütterte. Zu dem einen Kilometer entfernten Wald trieb man die Juden aus Snowo in den Tod. Ich sehe heute diesen Wald vor mir, den Graben, das Gelb des Sandes, der aus der Grube geschippt wurde. Ich höre die Schreie, von Schüssen zum Verstummen gebracht. Ich fiel ins Gras, hielt mir die Ohren zu, weinte um sie, um mich, beklagte das Geschick meiner Liebsten. Die Leute im Dorf erzählten, daß am Ort des Verbrechens sich die Erde noch bis zum anderen Tag bewegt habe.

Mutter entschied, daß wir aus Paniutycze fliehen sollten. Zu häufig kamen die Deutschen hierher. Sie suchten nach Partisanen.

Eines Nachts klopfte ein Nachbar ans Fenster.

»*Utschitjelniza*«, flüsterte er Mama zu. »Die Deutschen haben vor, Euch zu erschießen. Auch die Mädchen und Eure Schwester. Sie haben befohlen, eine Grube auszuheben. Flieht!« Er sagte nicht, ob das Urteil über eine polnische oder eine jüdische Familie gefällt worden war.

Morgens zog Mama ihr bordeauxrotes Kleid an, das mit einer Schließe zusammengehalten wurde. Das einzige Kleid, das sie noch nicht gegen Brot eingetauscht hatte. Sie steckte eine Photographie von Vater in polnischer Offiziersuniform ein. Und Dokumente: den Trauschein, die Taufscheine der Kinder sowie Erinnerungen an die Erstkommunion und begab sich zum Stab der Gendarmerie. Über den Dolmetscher gelangte sie zum Kommandanten. Er war angetrunken, mit irgendeiner Frau beschäftigt. Mutters Entschlossenheit, eigentlich eher Tollkühnheit, bannte die Todesgefahr. Für Tage, Wochen – dieses wußten wir nicht. Die Laune eines Gendarms – ich denke noch heute an jenen schrecklichen Morgen.

Die Deutschen befanden sich schon auf dem Rückzug. Nachts flogen sehr hoch über Belorußland die Flugzeuge der Alliierten hinweg. In unseren Ohren klang das schwache Motorengeräusch wie eine wundervolle Musik.

Anfang 1944 zogen wir um nach Kleck, dem letzten Randstädtchen, nach Nieśwież und Snowo, meiner Kindheit und Jugend.

Am 4. Juli 1944 marschierte die Rote Armee in Kleck ein. Die auf der Flucht befindliche Hitlerarmee fiel zweimal in die Stadt ein. Jetzt habt ihr Angst, dachte ich voller Freude. Vor dem nächsten Beschuß verbargen wir uns in der Holzkammer. Ich hörte »Partisanen! Banditen!« schreien. Eine Maschinengewehrsalve auf Frauen und Kinder erfüllte alles mit Rauch. An Mama geschmiegt, spürte ich, daß sie zur Seite glitt. Ich hob den Kopf. Auf der hellen Bluse, links, ein Blutfleck. Lebendiges, rotes Blut. Die Kugel steckte zwischen Herz und Lunge. Die Holzkammer brannte, Bomben fielen, die Artillerie verstummte nicht. Bevor die Nacht hereinbrach, waren wir allein an dem verbrannten menschenleeren Ort. Meine Schwester und ich legten unsere bewußtlose Mama auf ein Stück Matratze unter einen großen Ahorn. Die Schwester zog los, um Jod, Verbandszeug, Hilfe zu suchen … Ich entfernte mich

keinen Augenblick. Wollte bei diesem Tod dabei sein.*
An den Baumstamm lehnte ich das Bild der Muttergottes. Ich flehte, betete, lästerte. In der Finsternis
wurden die Züge der Ostrobramsker Gottesmutter
lebendig.

»Wie bist du mir doch ähnlich, Maria, Jüdin!«

Gorzów Wielkopolski, 1993

* Vgl. Anm. zu den Autoren.

MARIA MAJEWSKA

Versteinern vor Entsetzen

Die Szene, die ich sogleich schildern werde, hat sich in einem kleinen Städtchen in Podlasie abgespielt. Das Städtchen heißt Łosice. Ich wohnte dort mit Eltern und Bruder in den Jahren 1932–1945 in der Bialska-Straße. Mein Vater, ein Berufsmilitär, war von der Garnison in Siedlce nach Łosice delegiert worden, wo er die Organisation »Strzelec«* leitete.

In Łosice verbrachten wir die Okkupationszeit. Als der Krieg begann, war ich zehn Jahre alt. In Łosice lebten ein paar Tausend Einwohner jüdischer Herkunft. Ich erinnere aus meiner Kindheit, daß man die Zahl fünftausend erwähnt hat (auf siebentausend Einwohner insgesamt). Es herrschte schreckliche Not. Um uns wenigstens die Milch zu garantieren, hielt Vater Ziegen. Und ich hütete sie auf der Fläche neben der Feuerwehrremise von vor dem Krieg. Nicht weit entfernt davon, etwa zweihundert, zweihundertfünfzig Meter, war der Kirkut, der jüdische Friedhof. Die erwähnte Fläche, dieser Platz, war die Hinrichtungsstätte für die Partisanen. Eines Tages, wie ich noch weiß, war es ein sehr heißer Tag, 1942 vermutlich (es war schon nach der makabren Liquidierung des Gettos in Łosice), fuhr ein Fuhrwerk auf den Platz, das von Łosicer Gendarmen auf Motorrädern begleitet wurde. Dem Fuhrmann befahl man, von den Brettern des einspännigen Wagens hinunterzuwerfen, was er transportiert hatte.

---

* »Schütze«; dem Piłsudski-Lager eng verbunden. (Anm. d. Übers.)

Ich war ganz in der Nähe. Ich sah ein Mädchen, furchtbar zugerichtet, das sich nicht auf den Beinen halten konnte. Ein jüdisches Mädchen. Da begann ein Gendarm, ein junger und sehr schöner Mann, dieses noch lebende Mädchen zu martern, indem er in Militärstiefeln auf ihm herumtrat und es mit einer Peitsche prügelte. Blut floß der Gemarterten aus Mund und Nase. Nachdem der Gendarm (dessen Familiennamen ich bis auf den heutigen Tag erinnere) seine Grausamkeit, verübt an einem wehrlosen Wesen, befriedigt hatte, erschoß er das Mädchen. Wie die Gendarmen auf meine Anwesenheit reagierten? Anfangs hatten sie mich wohl nicht bemerkt. Ich hütete die Ziege auf einer Böschung, und die Szene, die ich nicht vergessen kann, spielte sich unterhalb, auf einem völlig flachen Gelände ab. Ich sehe diese Fläche, die Böschung, erinnere mich an ihre Flora. Ich erinnere mich an diesen blutüberströmten, wehrlosen Fetzen Menschenleib. Ich habe alles gesehen, weil ich vor Entsetzen wie versteinert war. Ich konnte mich nicht rühren – nicht weglaufen. Konnte nicht nach unserer Ernährerin, der Ziege, suchen. Mit diesem Bild im Gedächtnis, weiß ich genau, was es bedeutet: zu Stein zu werden vor Entsetzen. Es gab noch viele Momente des Grauens, doch an sie denke ich nicht so häufig. Jene Szene aber kann ich nicht vergessen, vielleicht darum, weil ein Jüngling schön wie Apoll den Mord beging. Er trat mit eisenbeschlagenen Stiefeln auf dem Körper des Mädchens, vielleicht auch einer blutjungen Frau, herum, und danach schoß er auf die Liegende, Gefolterte und Entwürdigte. Vor Angst und Grauen war ich wie versteinert, und das Kind konnte nicht begreifen, warum? Warum hat dieser schöne junge Mann das getan? Jetzt weiß ich es.

Sulechów, 11. April 1993

68

JANINA OKĘCKA

Über das kleine Mädchen aus Mordy

Es war August 1942. Ich war neunzehn Jahre alt. Seit einem halben Jahr vereidigt in der AK. Meine ältere Schwester und ich begaben uns zweimal die Woche – mit dem Pferdefuhrwerk oder zu Pferd – von Mordy, wo wir mit unserer Familie lebten, nach Hruszniewo, zu geheimen Sanitäterkursen. An einem heißen Augusttag befanden wir uns gerade auf dem Rückweg, der uns wie stets durch Łosice führte. Dort sah ich etwas Furchtbares, das ich natürlich nicht sogleich begriff. Łosice war entvölkert, die Häuser leer und sperrangelweit offen, ringsherum ein gräßliches Durcheinander, weggeworfene, durcheinandergeworfene Sachen und Gegenstände. Man konnte sehen, daß eine große Menschenmenge in Hast, ja geradezu Hals über Kopf, hier entlang gehastet war. Irgendwer sagte unterwegs, daß die Deutschen die Juden aus dem Getto getrieben und zu Fuß irgendwohin gejagt hätten. Wir fuhren durch das kleine Städtchen, ohne anzuhalten, und dann hinaus auf die Landstraße von Łosice nach Mordy. Und das, was wir auf diesen vierzehn Kilometern zu Gesicht bekamen, werde ich niemals vergessen.

Den ganzen Weg entlang, in den Gräben und auf den Randstreifen, lagen die blutigen toten Körper überwiegend alter Menschen, die wahrscheinlich nicht hatten laufen können und von den Deutschen auf der Stelle ermordet worden waren. Ich wüßte nicht zu sagen, wie viele es waren, nicht einmal annähernd. Es war ungeheuerlich. Als nächstes fuhren wir durch Mordy, das genauso aussah wie Łosice. Endlich gelangten wir zu Hause an, wo man uns erst erzählte, was vor ein paar Stunden geschehen war.

Aus beiden Städtchen hatten die Deutschen die gesamte jüdische Bevölkerung zu Fuß nach Siedlce getrieben. Eine der Grundschullehrerinnen aus Mordy (eine Jüdin) hatte ihr anderthalbjähriges Kind meiner jüngeren Schwester übergeben mit der Bitte, es zu retten (sie schildert es selber).*

Meine Schwester saß mit diesem kleinen Mädchen irgendwo in unserem Garten. So wenig Leute wie möglich sollten von dem Kind wissen. Man wußte, was in einem solchen Fall drohte. Nach einer Stunde kam unser Vater heim, der an diesem Tag in Siedlce gewesen war. Er war grau im Gesicht und berichtete, noch ganz verstört, wie er bei der Heimkehr auf der Siedlcer Chaussee auf diesen tragischen Zug gestoßen war. Wie sie ihn umringt (schließlich kannte er viele von ihnen) und um Hilfe gebettelt hatten. Mit Gebrüll trieben die Deutschen sie zurück und befahlen Vater weiterzufahren. Wie entsetzlich machtlos war er angesichts dieser Übermacht, wie schämte er sich seiner (momentanen) Freiheit! Ein furchtbarer Tag. Drei Tage später nahm unsere Tante das jüdische Mädchen als ihr Kind nach Warschau mit. Eine Zeitlang zog sie es zusammen mit ihren eigenen Kindern in ihrem Hause auf, mußte es dann aber infolge von Erpressung seitens verschiedener Personen in ein Waisenhaus geben. Im Kinderheim von Frau Strzałecka (über die Władysław Bartoszewski so schön geschrieben hat in seinem bekannten Buch**) fand sie für das kleine Mädchen einen Platz.

Warschau, 20. März 1993

---

  * Siehe nachfolgend: »Das kleine Mädchen aus Mordy«.
  ** Vgl. den folgenden Text.

ELŻBIETA CIELECKA

Das kleine Mädchen aus Mordy

Ich schreibe diese Erinnerung, um zu ergänzen, was meine Schwester Janina Okęcka aufgezeichnet hat. Mit elf Jahren ging ich in die Grundschule in Mordy. Weil die jüdische Bevölkerung dort außerordentlich zahlreich war, hatte ich viele Juden als Schulkameraden. Sie interessierten mich sehr, und ich war mit ihnen befreundet. Einmal bin ich sogar zur Hochzeit eingeladen gewesen, bei der Schwester meiner Busenfreundin Idka Kucówna. Eine große Ehre. Leider war ich noch zu klein, um mich an mehr zu erinnern als an die schön gekleidete Braut und Gesänge, die ganz anders als unsere waren. Abram Brukarz, Icek, Josek, wie viele waren es gewesen?! Und heute sind selbst die Spuren vom Wind verweht, weshalb ich ein paar Worte über sie schreiben will. In unserer Schule hatten wir zwei jüdische Lehrerinnen und den Ehemann der einen. Ich erinnere mich nicht, daß irgendwer sie anders behandelt hätte als unsere übrigen Lehrer. Wir lebten in vollkommenem Einverständnis nebeneinander, kleine Spötteleien oder den großen Unterschied in Sitten und Gebräuchen nicht mitgezählt. Siebzehn Jahre verbrachte ich dort unter ihnen und besinne mich auf keinerlei größere Mißverständnisse. Kein Wunder also, daß wir uns, als die Deutschen 1942 das Getto schlossen und bald darauf seine Bewohner irgendwohin abtransportieren sollten, trotz des Grauens dieses Augenblicks, nicht vorstellen konnten, was sie mit ihnen vorhatten. Erst nach jenem alptraumhaften Tag, als man sie alle zu Fuß nach Siedlce trieb und unterwegs viele, hauptsächlich Greise und Kinder, auf die grauenvollste Art und Weise ermordete, verstanden wir und ahnten, daß nichts sie retten würde.

Abends am Vortag der Vertreibung der gesamten jüdischen Bevölkerung aus Mordy, und es war dies Freitag, der 20. Juli 1942, kam eine Schulkameradin zu mir gelaufen – Dziunia Majówna, die Tochter einer unserer Lehrerinnen. Flüsternd sagte sie mir, daß ich sofort mitkommen soll, weil Frau Róża Kafebaum mich sehen will. Alle Juden haben sich bis zum Morgen auf dem Marktplatz einzufinden. Die Kafebaums flehen darum, daß man ihr Töchterchen rettet. Hania ist anderthalb und ihr erstes Kind. Sie gehen mit allen andern, haben keine Kräfte mehr, um sich zu verstecken, aber die Kleine, bitten sie, rettet. Wir werden sie nicht mit auf diese Wanderschaft nehmen, sagte sie. Weinend packte die Mutter ein paar Kleinigkeiten und Kindersachen zu einem Bündel. Sie hatte keinen Moment Zweifel daran, daß wir das Kind mitnehmen. Noch eine Beruhigungspille ins Mündchen, ein paar letzte Küsse, und schon hatte ich die Kleine auf dem Arm. Geschwind rannten wir aus dem kleinen Häuschen am Rande des Städtchens. Der Abschied war nicht länger mitanzusehen. Das kleine Paket in dickem schwarzen Schaltuch trug ich im Arm. Mir nach Dziunia mit den Bündeln. Wir machten einen Bogen um den Marktplatz, wo schon Wagen standen, beladen mit der Habe dieser unglücklichen Menschen. Es wimmelte von Menschen ringsum, und in die Masse hineinzugeraten, war gefährlich. Mit Sicherheit beobachtete so mancher von den Deutschen beauftragte Spitzel die Situation. Allmählich brach die Dämmerung herein. Wir kamen an der Schule vorbei, bei der Kirche mußten wir uns besonders beeilen, weil dieser Abschnitt vom Markt her gut einsehbar war. Wir ließen die Gemeinde hinter uns, die Molkerei, und schon

standen wir vor dem Hl. Jan. Auf einem hohen Posta-
ment, unserem Einfahrtstor gegenüber, stand eine
große Figur des Hl. Jan Nepomuk. Wie war ich ihm
dankbar, daß er sich auf unserem Weg befand. Die ihn
umsäumenden Sträucher schufen eine breitere Sicht-
blende. Eben schwankte eine Schar betrunkener junger Burschen über den Weg. Wir hockten uns hin mit
unserem Gepäck. Heute, als alter Mensch, denke ich,
daß wir uns damals über die Situation kaum recht im
klaren waren. Doch eine instinktive Angst ließ einem
buchstäblich die Haare zu Berge stehen. Ich durfte
nicht riskieren, von jemandem auf mein Bündel ange-
sprochen zu werden, und ich wußte nicht, wie man
mich zu Hause aufnehmen würde.

Ein Stockwerk unseres Hauses beanspruchte der
deutsche Stab. Ringsherum tummelten sich andauernd
Offiziere, Adjutanten, Ordonnanzen. Die Eltern konnten niemanden verstecken, der bereits einmal erkannt
worden war. Sie waren schon für an die fünfzig Personen und Familien von Flüchtlingen aus verschiedenen
Teilen Polens, die sich im Haus aufhielten, verantwort-
lich. Im Wald arbeitete eine Gruppe von Juden, die Vater den Deutschen für diese Arbeit abgehandelt hatte.
Als es gefährlich wurde, befahl er ihnen zu fliehen. Sie
flohen, haben sich aber nie gemeldet. Vielleicht hat keiner von ihnen überlebt! All das war Risiko genug, und
jetzt brachte ich noch ein Kind an, für das sie, wie jeder
weiß, der die Okkupationszeit miterlebt hat, das ganze
Haus ausrotten konnten.

Wir stürzten auf den Hof, und ein paar Sekunden
später stand ich vor meiner Mutter, um ihr zu verkün-
den, was ich da anbrachte. Sie hieß mich warten. Sie
ging zu Vater, um sich mit ihm zu beraten. Bald darauf
war sie wieder da und empfahl mir dringend, mich unverzüglich mit dem Kind und seinen Sachen in den
Garten zu begeben und mich nicht von dort weg-

zurühren bis zum späten Abend, bis es ganz dunkel war. Dziunia eilte nach Hause, und ich blieb, wie man mir befohlen hatte, inmitten wohlvertrauter und bekannter Winkel mit einem weinenden, erschöpften Kind zurück, das mir inzwischen schon ans Herz gewachsen war. Es war sehr warm. Nur auf die Nacht kehrte ich ins Haus zurück. Man konnte nicht sicher sein, daß niemand denunzierte. Wohl zwei oder drei Tage (heute kann ich mich nicht mehr besinnen) verbrachte ich mit der Kleinen, fütterte und wickelte sie in der Augustsonne. Auf dem nahen Rasenplatz führte einer der Offiziere stundenlang sein Stutfohlen herum, und ein großer Hund, ein Boxer, tobte neben ihm. Vielleicht hat mich gerettet, daß ich mich mit ihr fast im Rachen des Löwen befand. Man mußte nur alles tun, damit sie nicht weinte und die Aufmerksamkeit auf uns lenkte. Die Eltern hatten alles ideal organisiert. Nach ein paar Tagen reiste Mutters Schwägerin an und nahm die Kleine mit nach Warschau, als ihr eigenes Kind. Eine Zeitlang hielt sie sie zu Hause, doch von einem Polizisten erpreßt, dem sie Schmiergeld zahlte, mußte sie sie am Ende in das bekannte Waisenhaus von Frau Strzałecka (einer großen Freundin der Familie) geben, über die mit tiefer Dankbarkeit und Bewunderung all diejenigen schreiben, die das Glück hatten, mit ihr in Berührung zu kommen.* In einem bedrohlichen Augenblick, da Deutsche das kleine Mädchen als jüdisches Kind wegholen wollten, ist es adoptiert worden und hat dank dieser Tatsache den Krieg überlebt. Wo sie heute lebt? Ich würde es gerne

* Siehe … *ten jest z Ojczyzny mojej. Polacy z pomocą Żydom 1939–1945.* (… der ist aus meinem Vaterland. Polen, die Juden in den Jahren 1939–1945 geholfen haben). Hrsg. von W. Bartoszewski und Z. Lewinówna, Kraków 1969, S. 41, 130, 189, 192, 198, 208–214, 806.

wissen. Ich habe jedoch nicht nach ihr gesucht, weil ihr das bei irgend etwas hätte schaden können.

Ich kann bis heute nicht ohne Tränen an diese schrecklichen Begebnisse denken. Wenn man all das durchlebt hat, ohne helfen zu können, weil dafür die Todesstrafe drohte, kann man niemals mehr diese Tage aus dem Gedächtnis tilgen und vergessen. Gleichfalls lassen sich viele seelische Verwundungen, viel Trauer und Bitterkeit dieses Volkes rechtfertigen. Doch das erklärt man heute keinem mehr, die eigenen Augen mußten es gesehen haben. Die Welt hat ein kurzes Gedächtnis gegenüber denen, die nicht Sieger sind.

Wenn es sich zutragen sollte, daß irgendwo auf der Welt jemand jüdischer Abkunft, der den Pogrom in Mordy bei Siedlce überlebt hat, diese meine Worte liest, so bitte ich ihn sehr, er möge sich bei mir melden im Dorf Laski bei Warschau. Post Izabelin, ulica Brzozowa 54. POLSKA.

Laski Warszawskie, 27. März 1993

WANDA RYLSKA

Ein Grabstein

Ich erinnere mich an eine Nacht im Jahr 1942 oder 43.
Man gab uns Bescheid über die Anwesenheit einer
Menge von Juden auf dem Dorfplatz – sie warteten auf
den Abmarsch nach Bełżec. Meine Mutter brachte
Kannen mit Milch und Brot hin, und ich half ihr beim
Austeilen.

In der Dunkelheit verschwamm die schwarze Masse
auf dem großen Platz, aber die, die uns am nächsten
standen, nahmen mit zitternden Händen die Becher
mit Milch und das Brot. Doch es waren wohl mehr als
tausend. Ein Deutscher, einer von der Begleitmannschaft, schrie: »Wozu? *Das sind doch Juden!*«

Morgens sahen wir auf der Chaussee unweit des
Gutshauses die schier unendliche Prozession dieser
Unglücklichen – die ihr Vorüberziehen mit vielen toten
Körpern im Straßengraben anzeigte, die Körper derer,
die nicht hatten mithalten können. Diesen Anblick
werde ich nie vergessen.

Vergessen werde ich auch niemals die Kinder von
Chajka. Ich möchte so sehr, daß sie überlebt haben,
daß sie wenigstens in diesem Bericht überleben, falls
sie es in der Wirklichkeit nicht geschafft haben, daß für
sie wie ein kleiner Grabstein wenigstens diese Worte
bleiben.

Zwei entzückende jüdische Kinder – wie von den
Gemälden Murillos. Um die fünf und sieben Jahre alt.
Sie sind aus dem Todeslager Bełżec geflohen, wohin
man sie mit der Großmutter und einem kleinen Brüderchen aus dem Dorf Uhrynów abtransportiert hatte.

Sie legten zu Fuß und allein, ohne die mindeste Verpflegung, eine Entfernung von ungefähr vierzig Kilometern zurück, um zur Mutter zurückzukehren. Chajka war eine ziemlich junge, hübsche Jüdin, die zu den Allerärmsten des Dorfes gehörte. Ihr Mann sah wie ein Greis aus – in einem abgetragenen Kaftan, schmutzig und mit dicht wucherndem Bart. Ich weiß nicht, wovon sie gelebt haben. Ihr Schatz waren diese bezaubernden Kinder.

Eines Sommertages – in einem Zeitraum, da die Holocaust-Aktionen intensiviert worden waren –, kam sie mit ihnen zu uns, schließlich waren wir die Gutsherren der Gegend, vielleicht können die ja raten, helfen ... Niemals werde ich weder sie noch ihre Kinder damals vergessen. Daß sie aus Bełżec geflohen waren, zu Fuß – und was soll sie nun mit ihnen anfangen? Wir aber – stellt euch das vor! –, wir zuckten bloß die Achseln, und dann ein paar Worte des Mitgefühls. Es ist für mich heute einfach unfaßbar – eine solche Gleichgültigkeit. Doch das ist nur ein Pröbchen von dem Geisteszustand und den Realitäten in diesen östlichen Grenzgebieten. Am Vortag des großen Brandes und des Gemetzels durch ukrainische Banden und des Exodus aller polnischen Familien unter Kuratel der Deutschen waren diese armen Kinder von Chajka nur ein kleines Element der großen Apokalypse. Und dabei sind sie, im Alter von fünf und sieben Jahren, vierzig Kilometer gegangen von einem Ort tödlicher Bedrohung zum anderen. Und wahrscheinlich sind sie irgendwo verlorengegangen.

Jelenia Góra, 25. Februar 1993

Radomer Kreuzweg

Etwas wie ein Rauschen, Brausen weckte mich, es war ein früher Morgen im August. Ich lag da, halb wach, und konnte nicht verstehen, was da vor sich ging, woher dieses laute Geräusch kam. Es war irgendein Tumult von der Straße her.

Ich schaute zum Fenster, dort stand meine Mama im Nachthemd, einen Morgenmantel um die Schultern, und blickte von unserem zweiten Stockwerk hinab auf die Straße. Ich stieg aus dem Bett und trat zu ihr. Wortlos rückte sie beiseite, um mir Platz zu machen.

Die Straße entlang zogen in Viererreihen die Juden. Sie trugen Hab und Gut bei sich, das, was sie offenbar auf die Schnelle hatten mitnehmen können: Koffer, Pakete, Bündel, doch es überwog in Laken eingeschlagenes Bettzeug. Es waren ältere Menschen. Frauen und Männer. Kinder gewahrte ich keine. Das unerträgliche Geräusch, der Lärm, den diese Unglückseligen machten, bohrte sich einem ins Ohr.

Obwohl es ein heißer Sommer war, und der Tag, der gerade erst anbrach, nicht minder schön zu werden versprach, gingen alle in Mänteln, alten Pelzen, die alten Juden in Kaftanen, Hüte oder Jarmulkes auf dem Kopf.

Bewacht wurden sie von schwarz uniformierten Soldaten, wie ich später erfuhr, waren es Letten von der SS unter dem Kommando deutscher Offiziere. Sie sparten nicht mit Prügel, hieben mit den Gewehrkolben auf die Menschen ein, wahllos, wobei sie das monotone Geräusch überschrien. Ihr Geschrei in der unverständlichen Sprache, hin und wieder von Deutsch unterbrochen, machte auf mich den Eindruck von wütendem Hundegebell.

Die verschreckten Juden machten dieses Gekreisch noch unausstehlicher.

Einige konnten nicht mehr gehen, sie hatten zu schweres Gepäck, sie blieben zurück, die Begleitmannschaft prügelte mit den Gewehrkolben auf sie ein; ohne der niederprasselnden Schläge zu achten, versuchten die Leidensgenossen ihnen aufzuhelfen. Und so ging ein neuzeitlicher, der Radomer, Kreuzweg vonstatten. Er führte vom Getto auf dem Wall, durch die Perec-Straße (heute Podwalna), Narutowicz-Straße, Kościuszki, Planty, Bronia bis hin zu den Waggons auf den Gleisen, die sie zum Ort ihrer Umsiedlung bringen würden, wie ihnen die Deutschen versicherten.

Die Fenster unserer Wohnung gingen auf das Bad der Waffenfabrik hinaus, das war fast Ecke Bronia und Planty. Hier, wo heute Bäume wachsen, es kleine Pfade und die Grasflächen wirklicher Grünanlagen* gibt, war damals ein leerer Platz, der als Fußballplatz genutzt wurde, während des Krieges spielten dort die in den umliegenden Wohnblöcken kasernierten SS-Männer Fußball. In dem sogenannten Meisterwohnblock residierte die *Kriminalpolizei*, und im Ingenieursgebäude in der Kościuszki agierte die berüchtigte Radomer Gestapo.

Irgendwann sahen wir, daß einer von der Begleitmannschaft einen Mann im langen Mantel auf jenen Platz führte, ihm den Karabiner an den Kopf hielt und abdrückte. Der Jude stürzte hin. Ein paarmal zuckte der Körper und lag dann reglos da. Ein Mensch hatte seinen Weg beendet, der Soldat kehrte zur Kolonne zurück, um seine Pflichterfüllung zu Ruhm und Ehre

* poln.: planty

des Deutschen Reiches fortzusetzen, und die Karawane zog weiter.

Ich erinnere nicht, wie lange diese »Karawane« vor
unseren Augen dahinzog. Mama wurde schlecht, sie
stützte sich auf mich, und so standen wir stumm bis
zum Ende dieses Zuges von der »höheren« deutschen
Rasse herabgewürdigter Menschenwesen. Es waren
sicher über tausend von diesen armen Geschöpfen.
Wie sich herausstellte, gingen bei der ersten Selektion
die alten Leute ins erste Feuer, diejenigen, die für die
bewaffnete Anstrengung des Reiches von keinerlei
Nutzen mehr waren. Sie fuhren zur »Umsiedlung«,
deshalb mit ihrer Habe. Man führte sie zur Bahnstation, durch einen heute nicht mehr existierenden
Übergang an der Kolejowa-Straße. Ich weiß nicht, wo
sie das Gepäck loswurden, mit Sicherheit haben sie es
nicht mit auf die Reise genommen … Umsteigen in
den Himmel sollten sie in Treblinka. Es fanden dort jedoch keine rituellen Begräbnisse statt mit Klagewei-
bern, ständig wiederholten Formeln und Redewen-
dungen und einer Beisetzung in hockender Position
im bloßen Laken, damit man schneller aufstand zum
Jüngsten Gericht. Die Deutschen halfen ihnen und
beschleunigten, vereinfachten die Zeremonie. Bestimmt gingen sie so wie durch meine Straße – in Viererreihen, nur diesmal durch den Schornstein, aber
dafür direkt in den Himmel, ohne das Gericht abzu-
warten.

Es ging auf fünf zu, meine Arbeit begann um sieben.
Mutter und ich sprachen nicht viel an diesem Morgen,
das vorbereitete Frühstück rührte ich nicht an. Ich ging
früher als sonst von zu Hause weg. Ich ging auch nicht
die übliche Strecke, sondern den längeren Weg nach
Golgatha – Planty, Kościuszki, Narutowicz-Straße.

Die ganze Strecke wies Spuren des Zuges auf. Ich
zählte neun Ermordete, auf der Fahrbahn oder auf den

Randstreifen. Bündel, weggeworfene Sachen zeichneten ebenfalls Spuren dieses Weges nach.

Bei den Planty sah ich etwas, das einen erschütternden Eindruck auf mich machte. Ein kleines Mädchen, eine Polin, kniete bei dem Leichnam eines alten Juden und durchsuchte seine Taschen. Ich kannte es vom Sehen, der Vater, ein Arbeiter der Waffenfabrik, war im Konzentrationslager, das Mädchen wohnte mit Mutter und Schwester ganz in der Nähe. Ich sehe sie in Radom hin und wieder. Natürlich ist sie jetzt eine reife Frau. Und ich denke nicht selten darüber nach, ob sie sich noch auf jenen Tag besinnt? Gewissensbisse hat, vielleicht?

Noch ein Anblick erschütterte mich zutiefst. Dort, wo man von der Narutowicz-Straße nach der Kościuszki einbiegt, saß auf der Fahrbahn, im Rinnstein, eine ältere Dame in einem verblichenen lila Kleid, einst sicher ein Abendkleid, den Arm auf die Bordkante gestützt. Sie starrte mit glasigem Blick vor sich hin. Sie hatte schöne Gesichtszüge, das Profil einer griechischen Statue, das graue Haar sorgfältig frisiert. Sie saß reglos.

Die Straße entlang kamen die Deutschen auf ihrem Weg zur Arbeit in der nahen Gestapo, hochgewachsene, stattliche Deutsche, die sich in der SS-Uniform vorzüglich präsentierten. Die Frau im Rinnstein machte auf sie nicht den geringsten Eindruck – gleichgültig gingen sie an ihr vorbei.

Trotz Furcht vor deren Reaktion fragte ich die Frau, ob ich ihr irgendwie helfen könne. Sie antwortete nicht, bewegte sich nicht, starrte mich mit Augen an, die nichts sahen. Die Augen einer Wahnsinnigen?

Ob ich ihr helfen könne, wo es vor Deutschen hier nur so wimmelte? Vielleicht war sie sich über die Hoffnungslosigkeit der Situation im klaren?

Ich ging zur Arbeit. Das Baubüro war nicht weit, in der benachbarten Kastanienallee (heute Piłsudski-). Die Erregung über die morgendliche Aussiedlung der

Juden war gewaltig, sowohl unter den Polen, die in dem Unternehmen arbeiteten, wie unter den Deutschen. Nach einer Stunde verließ ich das Büro, um nachzusehen, was mit der »lila Dame« passiert war.

Sie war nicht mehr da. Es waren auch keine Bündel mehr auf der Straße. Man hatte die Leichen entfernt. Jüdische Polizisten hatten alles auf Pferdewagen geladen und ins Getto gebracht. Die »lila Dame« vielleicht auch, bestimmt würde sie nicht mehr lange leben, sofern man sie überhaupt lebend mitgenommen hatte.

Bevor die Leichen in Gruben geworfen wurden, durchsuchten andere Hände als die eines kleinen Mädchens gründlich die Taschen der Ermordeten, damit die darin verborgenen »Schätze« noch den am Leben Gebliebenen dienen konnten.

Dieser Tag war heiß wie die Tage zuvor. Nach der Arbeit lud mich ein Kollege, Adam, ein Schlesier, der sehr gut deutsch sprach und einen breiten Bekanntenkreis unter den Besatzern hatte, auf ein Bier ein. Nahe dem Büro befand sich eine kleine Kneipe, in der zwar Polen und Zigeuner nicht gern gesehen waren, man jedoch die Gäste keiner Ausweiskontrolle unterzog, und am Büfett konnte man ein gut gekühltes Bier trinken.

Wir waren gerade dabei zu gehen, als ein eleganter SS-Offizier, irgendein Bekannter von Adam, diesen aufhielt und zu einem weiteren Bier überredete. Beim Bier erzählte der SS-Offizier ganz aufgewühlt davon, was für einen schönen Hund ihm heute ein Auto überfahren hatte. Er konnte sich nicht beruhigen, so erschüttert war er von dem Vorfall. Als wir aus dem Lokal waren, fragte mich Adam, ob ich wüßte, wer das gewesen ist. Ich zuckte die Achseln – woher sollte ich das wissen? Nun erfuhr ich, daß dies der Chef war, der die »Umsiedlungsaktion« durchgeführt hatte. Ein Hund war für ihn wichtig – ein Mensch bedeutete nichts.

Die nächsten Liquidierungen der Gettobevölkerung liefen dann stiller ab, in der Nacht, ohne Durchquerung der Straßen. Wie man hörte, hatten sich Familien von Reichsdeutschen aus der Innenstadt, die nicht an die Barbarei ihrer Volksgenossen gewöhnt waren, darüber beschwert, daß man ihnen die Ruhe störte.

Wenn ich jetzt über die Kreuzung Narutowicz/ Kościuszki gehe, schaue ich immer zu dem Bordstein, auf den die »lila Dame« ihren Arm gestützt hatte, manchmal sehe ich sie an dieser Stelle. Ich werde nie mehr erfahren, was mit ihr geschehen, wer sie gewesen ist. Mit Sicherheit ist sie irgendwo im Jenseits; vielleicht schaut sie ja von dort herab auf diese Bordsteinkante?

Die Okkupation hat uns beklemmende Eindrücke die Fülle beschert … Ich habe die Kriegshandlungen in Polen 1939 miterlebt, bin von Schlesien nach Sarne gewandert, ich habe viele Ermordete gesehen, die Bombardierung von Verkehrsstrecken und Städten erlebt, Tausende von Zivilisten auf der Flucht gen Ost – nach Nirgendwo, doch den Schreckenstag des Exodus der Menschen aus dem Radomer Getto erinnere ich, als sei er gestern gewesen.

Radom, 1993

Kol-Nidre*

Festtage! Festtage!

Die Festtage hatten in der Kinderzeit einen besonderen Charakter. Sie wurden von einer Kinderschar herbeigesehnt, versprachen viele fröhliche Erlebnisse. Ob heiter oder traurig, sowohl die einen wie auch die anderen prägten das Familienleben.

Am meisten mochten wir Pessach**. Wir konnten es gar nicht abwarten, bis endlich die großen Körbe mit dem Festtagsgeschirr auftauchten. Wir drängten uns eng um unsere Mame, wenn sie das Porzellan aus seiner Umhüllung nahm. Aus den schützenden Spänen kamen ein Jahr lang nicht gesehene Schätze zum Vorschein; weiße, am Rand ausgezackte Schüsselchen, Gläschen mit kleinen Henkeln (für die kleineren Kinder), golden gestreift und mit dem goldenen Schriftzug »Pesach«, der große Sederteller***, der Silberpokal für Tate und viele andere Herrlichkeiten. Endlich tauchten aus den Tiefen des Korbes große Kaffeetöpfe auf. Auf jedem von ihnen die Portraits der drei Kaiser in goldenen Medaillons. Ihre schönen bunten Uniformen

---

* »alle Gelübde«; aram. Gebet, leitet den Gottesdienst am Abend des Versöhnungstages ein.
** »Überschreitung, Verschonung«; wird im März/April zum Gedenken an den Auszug der Israeliten aus Ägypten gefeiert.
*** Seder: »Ordnung«; Zeremonie an den beiden ersten Abenden des Pessach-Festes.
(Anm. d. Übers.)

schmückten Orden. Zwei Kaiser, der preußische und der österreichische, hatten schöne glänzende Schnurrbärte, und der russische – einen langen würdigen Bart. Unter Ausrufen des Entzückens versuchten die Kinder diese Kaffeetöpfe anzufassen, sie drängelten und schubsten sich, bis Mame alle hinauskomplimentierte, um jene Festtagsschätze abwaschen und in die Kredenz stellen zu können.

Und danach hallte eine Woche lang die Küche vom Eischneeschlagen wider, ein fröhlich stimmendes Geräusch, überall lagen Eier und Matzekrümel*, roter Borschtsch in Flaschen säuerte in der Speisekammer.

Ein großes Ereignis während des Pessach-Festes war der Besuch der Synagoge in der Szpitalna-Straße, wo meine Eltern beteten. Immer quälten wir Mame die Erlaubnis ab, zum erstenmal Söckchen anzuziehen, selbst wenn das Wetter nicht danach war. Festtäglich herausgeputzt, jagten wir zusammen mit den anderen Kindern die breite Synagogentreppe rauf und runter. Die Kleiderfalten enthüllten ganz blasse Winterknie, die neuen Sandaletten knarrten lebhaft. Ergötzen, Lachen, Gekreisch ohne Ende, wie es schien. Das waren Augenblicke wahren Glücks – die großen Freuden kleiner Jahre.

Aber es gab auch traurige Feste. Der traurigste Tag war Jom Kippur**. Mama war mit dem Dienstmädchen den ganzen Tag über beschäftigt, das festliche Abendessen zu richten. Die Wohnung duftete nach Fisch und Rosinenkuchen. Abends nahm man einen

---

* Matze: ungesäuertes Brot, das während des Pessach-Festes gegessen wird; soll an den eiligen Auszug aus Ägypten erinnern.
** »Tag der Sühne«, Versöhnungstag; höchster jüdischer Feiertag und Höhepunkt der zehn Bußtage, wird im September/Oktober gefeiert.
(Anm. d. Übers.)

schnellen Imbiß zu sich. Papa zog den guten Anzug an, bürstete sorgfältig seine Melone und schon war er ausgehfertig. Mama traf in der Küche die letzten Anordnungen, dann rief sie das Dienstmädchen zu sich ins Schlafzimmer, damit es ihr das Korsett schnüren helfe. Papa durchmaß ungeduldig das Zimmer in der Länge und in der Breite. Von Zeit zu Zeit baute er sich vor der Schlafzimmertür auf und rief: »Wir kommen zum Kol-Nidre zu spät, wir kommen zum Kol-Nidre zu spät!« Endlich erschien Mama, erhitzt, mit roten Wangen, und eilte Vater hinterher, der bereits im Treppenhaus war.

Nach einem ganzen Tag voller Hast und Unruhe breitete sich Stille über die Wohnung. Die Dämmerung brach herein. Es wurde kein Licht gemacht. Die Kerzen im großen silbernen Kandelaber erloschen allmählich. Nur die Kerze, die für die Seelen der Verstorbenen brannte, warf einen matten flackernden Schein in die dunklen Zimmerecken.

Die Kinder saßen melancholisch und trübsinnig herum. Sie legten sich nicht schlafen, weil es irgendwie unheimlich war, sich im dunklen Zimmer auszuziehen. Alle warteten geduldig auf die Rückkehr der Eltern.

Endlich ließen sich auf der Treppe die vertrauten Schritte vernehmen. Mama kehrte immer ganz verweint zurück und verschwand sofort im Schlafzimmer. Papa spazierte, wie es seine Gewohnheit war, noch eine Weile im Zimmer auf und ab und summte Passagen aus dem Kol-Nidre. Die Kinder schlichen auf leisen Sohlen zu ihren Betten. Der Gerichtstag hob an.

Das Gebet Kol-Nidre war für die Mitglieder der Synagoge das wichtigste Ereignis des Jahres. Über lange Zeit hinweg entbrannten noch Diskussionen, ob der Kantor die Melodie gebührend wiedergegeben hatte.

Es gab viel Pro und Contra. Auch mein Vater war dabei sehr engagiert. Er selber sang sehr gern. Er besaß einen schönen kräftigen Tenor, und oftmals erfüllten seine geliebten Arien unser Heim. »Lache, Bajazzo«, Papa brach in ein bitteres Lachen aus. Oder er sang mit Hingabe: »Rachel, mein Kind … jetzt führ ich selber diiich zum Scheiterhaufen … ich hör die Klagen, voll Verbitterung«, mit leichtem Timbre stieg die Stimme immer höher und höher hinauf – »warum bist du taub gegen meine Leiden …«* entfaltete sich die Arie in ihrer ganzen Dramatik. In diesem Moment führte mir meine kindliche Phantasie stets dasselbe Bild vor Augen: Vater, der meine älteste, schöne Schwester, die ein fließendes Gewand trägt, bei der Hand zum hellauflodernden Scheiterhaufen führt.

Zu Vaters Lieblingsrepertoire gehörten auch Synagogalgesänge. In der Synagoge in der Szpitalna-Straße sang der Knabenchor von Professor Sperber. Die hohen Kinderstimmen mischten sich unter die Männerstimmen. Zurückgekehrt vom Gebet, lehrte Papa das Quartett der jüngsten Kinder religiöse Lieder singen. Wir hatten alle gute Stimmen, und unser kleiner Chor eignete sich mit Leichtigkeit neue Melodien an. Unter der väterlichen Stabführung sang meine Zwillingsschwester mit klarem Sopran gedehnt *Weejnejnu sirenu*, und Vaters Tenor antwortete *Sirenu malchusecho***. Und danach schlossen wir uns an in harmonischem Chor. Das gemeinsame Singen bereitete uns große Freude. Vater strich zufrieden seinen hellen Schnurrbart und teilte Lob aus. Wir setzten uns zu Tisch, und manchmal in solchen Fällen träumte Vater laut bei der Festtags-

* aus: Jacques Fromental Halévy: »Die Jüdin« (1835).
** (hebr.) Mögen unsere Augen Dein Königreich schauen. Aus dem Gebet Keduschah.
(Anm. d. Übers.)

tafel, daß vielleicht eine seiner Töchter später einmal eine berühmte Sängerin oder berühmte Pianistin oder berühmte Schauspielerin werden würde. Und für sich? Für sich erträumte er, irgendwann einmal in der Synagoge das Kol-Nidre vortragen zu dürfen.

Man schrieb das Jahr 1942. Meine Familie mußte Krakau verlassen und zog in ein kleines Städtchen, das abseits vielbenutzter Strecken lag. Das Leben lief bedächtig und monoton dahin. Alle Anstrengungen der Eltern waren darauf gerichtet, Lebensmittel aufzutreiben. Fortwährend wurde etwas aus dem Haus getragen, wurde etwas verkauft. Statt der verkauften Gegenstände fanden sich Kartoffeln, Zwiebeln, etwas Mehl, Graupen, Erbsen ein. Immer schwieriger war es, an Nahrungsmittel heranzukommen, immer weniger wurde, was sich verkaufen ließ.

Unvermutet, keiner wußte wie und woher, begannen erschreckende Nachrichten ins Städtchen zu strömen. Die Deutschen führten in der Gegend Umsiedlungsaktionen durch, die Transporte mit den Juden führen in den Tod, sie ermordeten Greise, Frauen, Kinder. Mein Vater glaubte es nicht. »Was heißt ermorden?« fragte er. »Warum sollten sie mich ermorden? Schließlich habe ich in meinem Leben niemandem etwas getan?« Doch die Nachrichten, die eintrafen, waren zunehmend grausam, und sie behaupteten sich immer hartnäckiger. Ein enger Ring des Grauens schloß das Städtchen ein.

Der Herbst kam und mit ihm das Neujahrsfest und Jom Kippur. Es gab in dieser jüdischen Gemeinde schon keinen Rabbiner und keinen Kantor mehr. Man bat meinen Vater, das Kol-Nidre zu singen. Im Bethaus, das in einem Privathaus am Stadtrand eingerichtet worden war, versammelte sich ein Häuflein verängstigter Juden. Ich ging auch hin, stand irgendwo unbemerkt. Der Traum meines Vaters geht in Erfül-

lung, dachte ich. Diese düstere Stube ist nicht die Synagoge in der Szpitalna-Straße, voller Licht und der un-
gezählten Menge festlich gekleideter Gläubiger, doch
Adonai* ist überall! Ich lauschte dem Gebetsgemurmel
und wartete.

»Kol-Nidre«, intonierte Vater mit Ernst. Und dann,
dann … Mit Schmerz und völlig fassungslos lauschte
ich diesem Gesang. Wohin war die schöne, klangvolle
Stimme meines Vaters verschwunden? Da sang ein
schwacher, hungriger Mensch dem Herrn sein Gebet.
Die Melodie erhob sich und sank traurig herab, sie vermochte es nicht, die Himmel zu erstürmen. Nur dieses
Schluchzen, Wehklagen, dieser Jammer. Dieser Gesang meines Vaters schien ein ohnmächtiges Ringen
mit Gott in einem letzten Akt des Zweifels, in einem
letzten Verzweiflungsschrei.

Das war sein letztes Kol-Nidre.

Mein Vater – moriturus …

Israel, 1993

* »mein Herr«; Name Gottes. (Anm. d. Übers.)

In Wołyń ...*

Von 1941 auf 1942 begannen sie, die Leute nach Deutschland wegzuholen, und später gab's dann die Menschenjagden. Und ich war stämmig, 1942 gerade fünfzehn Jahre, und die Deutschen, wenn sie Jagd machten, fragten nicht, wieviel Jahre einer zählt, sondern schnappten ihn sich bloß. Und wieder mal versteckte ich mich im Kuhstall unter der Krippe, damit die Deutschen mich nicht zu fassen kriegten, und wieder Angst und Aufregungen, obwohl mich Papa tröstete, daß er mir nachfährt, wenn sie mich schnappen, und er selber würde aus dem Zug türmen gleich hinter Hrubieszów, doch ob das gelang? Nach Deutschland holten sie Papas Schwester mit Mann weg, sie hatten keine Kinder, waren jung, und wieder Verzweiflung, Tränen. Und von Mamas Schwester den Sohn holten sie weg – auch Tränen.

Und dann wieder fingen sie an, Gettos zu machen, die Juden nach Włodzimierz ins Getto zu vertreiben, und sie fingen an zu morden. Das war schrecklich. Ich hab mit eigenen Augen gesehen, wie sie die Juden ermordet haben. Das war bei Włodzimierz, in Piatydnie. Dort war ein Wäldchen, und da haben sie alle Juden aus den Ortschaften in der Nähe umgebracht. Ich bin bei Bekannten gewesen, wie sie gemordet haben, das

---

* Fragment eines Berichts, ausgezeichnet beim Wettbewerb »Die östlichen Grenzgebiete unter den Okkupationen 1939 bis 1945«. Das Manuskript befindet sich in den Sammlungen des Archivum Wschodnie (Ostarchiv).

kann man nicht erzählen, wie sie kleine Kinder mit Füßen getreten, mit Kolbenschlägen traktiert haben. Das müssen Menschen ohne Herz gewesen sein, Henkersknechte, so zu töten, zu morden. Und wir haben fast ein Jahr eine Jüdin mit Kind versteckt, das war acht, neun Jahre. Papa und Mama haben im Kuhstall in der Ecke aus Hanf so ein Lager gemacht, damit es nicht zu sehen war, und dort in dieser Ecke hat sie mit der Tochter gesessen, und geschlafen hat sie auf dem Lager. Das war sehr quälend, aber sie ist zufrieden gewesen, daß wir sie schützen. Im Winter haben wir sie nachts ins Haus genommen. Sie hatte in Hrubieszów und in Włodzimierz Wohnhäuser, und sie hat zu Papa gesagt, daß, wenn wir sie verstecken, ein Wohnhaus für uns sein wird. Das Gerücht fing an umzugehen, daß wir Juden verstecken, und Papa hatte Angst, obwohl er keine Feinde hatte, aber er traute den Leuten nicht: Sie konnten bei den Deutschen eine Anzeige machen, und damals, wenn wer Juden versteckte, erschossen die Deutschen nicht bloß die Juden, sondern auch die, die sie versteckt hatten. Und wir waren mit den Eltern sieben Personen, sie zwei. Und Papa hat gesagt, daß sie woandershin gehen soll. Und wir wissen nicht, wohin sie gegangen ist, sie hat mit der Tochter sehr geweint, und wir haben um sie geweint; sie taten uns leid. Ich würde sie gern treffen wollen, wenn sie leben, aber heutzutage erinnere ich ihre Namen nicht (mehr). Von 1942 bis 1943 begannen die Ukrainer die Polen zu morden, erst die, die Schule hatten, junge Männer, und zogen los, wo junge Männer waren, daß die Waffen hatten. Sie fielen über die Polen her, holten die Männer aus dem Haus, nahmen sie mit, schnürten mit Stacheldraht Hände und Füße zusammen und warfen (sie) in den Brunnen und brachten (sie) auf andere Art um. Da hatten die Polen mehr und mehr Angst, zu Hause zu schlafen.

Wie die Deutschen 1941 nach Wołyń einmarschierten, machten sie eine »samostijna Ukraina«*, das Geld war ukrainisch, die Polizei ukrainisch, und sie haben gedacht, daß sie ihr Land haben werden. Und die Ukrainer begannen Waffen zu erbeuten, und im März 1943 floh die ganze ukrainische Polizei in die Wälder und die Bandera-Leute** wurden mehr, und sie begannen massenhaft über die Polen herzufallen. Der Spruch kam auf, daß sie mit den Juden eingerührt haben, aber kneten werden sie mit den Polen. Und so ist es gekommen.

[1992?]

  * eine selbständige Ukraine.
** ukrainische, radikal nationalistische Banden, die viele Morde an Juden und Polen auf dem Gewissen haben.
(Anm. d. Übers.)

JÓZEF SZELĄG

Kinder

An das genaue Datum erinnere ich mich nicht. Vielleicht ereignete sich das 1942 auf 43, bestimmt vor der Liquidierung des Kleinen Gettos in Warschau. Das nördliche Getto war groß, das südliche klein. Verbunden wurden sie durch eine hölzerne Brücke über die Chłodna-Straße bei der Żelazna. Ich war Einkäufer im Hotel »Europejski« in Warschau und hatte zum Transportieren der auf Basaren, im Großhandel und in Läden eingekauften Waren eine Rikscha und ein Fahrrad zur Verfügung. Mein Helfer, ein Arbeiter aus dem Warschauer Powiśle, war der Rikschalenker, ich benutzte das Fahrrad. Ganze Tage kurvten wir durch die Stadt, machten Einkäufe und beförderten diese zum Hotel. Dank dieses ständigen Aufenthalts in der Stadt, der Gespräche mit den Leuten, wußten wir genau darüber Bescheid, was in Warschau vor sich ging – wo Polizei steht, wo die Gestapo grassiert, ob eine Menschenjagd im Anzug ist, wo die Deutschen die nächste Gruppe Häftlinge oder Geiseln zu erschießen beabsichtigten, was im Getto los ist usw.

Diese in der Stadt gesammelten Informationen übermittelten wir Bekannten, um sie in die Situation einzuweihen. Unsere Arbeit war nicht eben gefahrlos – die Stadt lebte in einem fortdauernden Krieg – aber irgendwie schafften wir es.

An jenem unglückseligen Tag fuhren Antoś Draganowski und ich, er mit der Rikscha, ich mit dem Fahrrad, zu der Sauerkohlfabrik in der Grzybowska-Straße, um zwei Fäßchen Sauerkohl für das Hotel zu besorgen.

Es war nachmittags gegen 17 Uhr. Von der Chłodna bogen wir in die Żelazna ein, die die Grenzstraße zwischen der »arischen« Seite und dem Kleinen Getto war. Hier gab es nicht die drei Meter hohe Gettomauer. Statt der Mauer hatte man zwischen den Straßenbahngleisen entlang der Straße Stacheldrahtverhaue errichtet. Natürlich fuhr in der Żelazna keine Straßenbahn. Auf der »arischen« Seite patrouillierten an den Stacheldrahtverhauen vorbei bewaffnete Gruppen der Wehrmacht und Grüppchen der verrohten Schaulis – litauischer Kollaborateure, die weiße Riemen kreuzweise über der Brust umgeschnallt trugen.

Auf der einen wie auf der anderen Seite dieser verbrecherischen Grenze ging das Leben Tag um Tag seinen Gang. Die Juden waren in einer Gefängnisstadt eingeschlossen, wo sich auf einer kleinen Fläche rund vierhunderttausend Menschen drängten, gequält durch die Enge, durch Hunger, Schmutz und die ungeheuere Grausamkeit der »Herren der Welt«. Von der »arischen« Seite sah man lebende Skelette, Männer, Frauen, Kinder, dahinschleichen. Der grauenvolle Hunger trieb die Kinder zu dramatischen Aktionen – um etwas zum Essen aufzutreiben, warfen sie sich auf die Stacheldrahtverhaue, um auf die andere Seite zu gelangen. Nicht nur die Stelle von der Żelazna-Straße aus war ein Punkt, von dem aus die Kinder das Getto verließen. Sie gingen auch durch die Gullys bei der Hala Mirowska oder krochen durch Abwasserkanäle. Viele Kinder bezahlten ihre Aktionen mit dem Leben. Für gewöhnlich fanden diese »Exkursionen« zwecks Nahrungsmittelsuche am frühen Morgen statt, um abends ins Getto zurückzukehren – das gelang auch nicht immer; sie verbrachten dann die Nacht in Ruinen und Kellern auf der »arischen« Seite.

In der Żelazna-Straße fand die Aktion auf die Weise statt, daß sich die Kinder an bestimmten Punkten auf der Gettoseite zu kleinen Grüppchen zusammentaten, und nach Einschätzung der Lage, wenn sich der Zeitpunkt als günstig erwies, warfen sie sich blitzschnell auf die Drahtverhaue und gelangten scharenweise hinüber auf die andere Seite. Nach einer solchen Aktion rannten die Kinder, häufig vom Stacheldraht verletzt, blutend, durch die Straßen. Sie versuchten, sich so schnell als möglich zu zerstreuen und so tief als möglich in die »arische« Zone hineinzugelangen. Nicht immer gelang das. Die Getto-Posten schossen ohne Erbarmen, und oft ließen sie tote oder verwundete Kinder auf den Drähten oder dem Pflaster zurück.

Die, denen es gelungen war durchzukommen, versuchten durch Betteln etwas zum Essen zu erobern. Sie taten das äußerst vorsichtig, die ganze Zeit auf der Hut vor den Deutschen. Die meisten Kinder bettelten unter den Straßenhändlern auf den verschiedenen Marktplätzen. Sie liefen in der Stadt umher und probierten alles Mögliche aus, um Eßbares aufzutreiben, sie angelten sogar Überreste von Nahrungsmitteln aus den Müllkästen. Es gab auch eine Menge guter Menschen, die diese unglücklichen Kinder unterstützten.

Gegen Abend, um 17/18 Uhr sammelten sich die Kinder wieder in den Hauseingängen der Querstraßen zur Żelazna, auf der »arischen« Seite, beladen mit ihrer Beute, die sie sorgfältig unter der Kleidung versteckt hatten. So vorbereitet, warfen sie sich auf ein verabredetes Signal hin auf die Drahtverhaue, um zu ihren hungernden Familien, auf die Gettoseite, hinüberzugelangen.

Und auf eine solche »Rückkehr« stießen Antoś und ich, beobachteten mit Entsetzen dieses tragische Schauspiel.

Aus den Seitenstraßen stürmten Scharen von Kindern in die Żelazna und begannen, wie Vögel in einem aufgestellten Netz, auf dem Stacheldraht herumzuzappeln. Die Posten schrien und schossen, ein Teil der Kinder gelangte ins Getto, ein Teil hing im Draht, ein Teil machte kehrt auf die »arische« Seite. Plötzlich nahte sich von der Chłodna-Straße ein offener Geländewagen (es war sehr schönes Wetter). Neben dem Fahrer saß ein junger, etwa fünfundzwanzigjähriger, eleganter Offizier. Der Wagen hielt. Ein kleines Grüppchen von Kindern, das es nicht auf die Gettoseite geschafft hatte, begann in den nahen Gassen zu verschwinden. Als der Offizier das sah, schrie er einen Blauen Polizisten an, die Flüchtigen zu fassen. Die entwischten jedoch flink und geschickt dem älteren, reichlich korpulenten Polizisten. Angesichts der – vielleicht beabsichtigten – Unbeholfenheit des Polizisten, gab der Offizier an seinen Chauffeur den Befehl weiter, die Kinder einzufangen. Der junge, gesunde Soldat legte bei der Verfolgungsjagd einen nachgerade olympiareifen Sprint hin. In einem Seitensträßchen hatte er ein »Wild« erjagt, das er jetzt stolz, am Nacken gepackt, zu seinem Herrn brachte.

Das Opfer, ein kleines, etwa zehnjähriges Mädchen, das vielleicht Rajna hieß, vielleicht Salcia, ich weiß es nicht.

Es trug die Haare offen, das Gesichtchen war hell, die Augen groß und schwarz.

Das verstörte, weinende Kind stand hilflos vor dem Angesicht seines Henkers. Ich erinnere jede Einzelheit dieser verbrecherischen Szene.

Die nagelneue Uniform des Offiziers war grün, mit kleinen Totenköpfen verziert, er trug dazu spiegelblanke Langschäfter. Das Gesicht wirkte sanft und gütig, ein lächelndes, geradezu engelschönes Gesicht. Darum glaubte ich auch naiv einen Moment lang, daß er das Kind streicheln und trösten würde. Nichts irriger als das – das war eine Bestie mit hitlerfaschistischer Dressur. Er winkte den Blauen Polizisten herbei, nahm dessen Gummiknüppel und schlug ihm ein paarmal über Kopf und Nacken. Der, in Habachtstellung, nahm die Strafe für seine Säumigkeit ruhig entgegen. Das Mädchen hielt die ganze Zeit das Köpfchen gesenkt. In dem dunkelgrauen, mit einer Schnur zusammengehaltenen Kleidchen sah es wie schwanger aus. Unter dem Kleid auf dem Bauch trug es die Ausbeute eines ganzen Tages – Lebensmittel für seine hungernde Familie. Jetzt kam das Kind an die Reihe. Der Offizier wandte sich an seinen Chauffeur und sagte etwas zu ihm. Der nahm ohne zu zögern ein Messer aus der Tasche und zerschnitt dem Kind das Kleid. Kartoffeln, eine Zwiebel, kleine Stücke Brot, Mohrrüben und noch irgend etwas fielen zu Boden. Der Soldat hatte den Schnitt mit einer solchen Heftigkeit ausgeführt, daß man den Eindruck haben konnte, er zerschnitte dem Mädchen den Bauch und seine Eingeweide schössen heraus. Weinend und vor Angst bebend stand das Kind vor seinen Schindern.

Dieser junge, stattliche Offizier mit seinem intelligenten Gesicht, das das Antlitz eines Epheben war, biß die Zähne aufeinander, seine Züge wurden zu einer unheilvollen Grimasse, als er mit grausiger Ruhe das Mädchen mit dem Gummiknüppel über Kopf und Nacken zu schlagen begann. Die arme Kleine versuchte mit den Händchen sich vor den Schlägen zu schützen, doch er schlug weiter zu aus voller Kraft. Schlug auf diese schwachen Händchen ein, die den Kopf zu schützen versuchten, schlug, bis sie, zerschmettert von den erbarmungslosen Schlägen, kraftlos herabfielen. Das Mädchen stürzte auf die verstreuten Kartoffeln, Gemüse und Brot und verlor das Bewußtsein. Es lag auf der Erde, von der Stirn und aus dem Mund floß das Blut. Der Offizier richtete sich gerade auf und rief mit herrischer Geste einen jüdischen Polizisten von der Getto-Seite her zu sich. Der eilte sofort herbei und machte Meldung. Der Deutsche befahl ihm, das Mädchen ins Getto zu bringen. Der Polizist nahm das vor Schmerzen wimmernde Kind auf den Arm und wollte es so auf die jüdische Seite hinüberbringen. Brüllend befahl der Offizier, das Kind aufs Straßenpflaster zu werfen, und dem Polizisten hieb er mit dem Gummiknüppel über Kopf und Gesicht, worauf er ihn wegjagte und einen anderen jüdischen Polizisten rief. Wieder befahl er, das Mädchen ins Getto zu bringen. Der verstand den Befehl des Schinders richtig – er packte die langen, dunklen Haare und zerrte das Opfer so übers Pflaster. Man hörte den schrillen Schmerzensschrei des übers Pflaster geschleiften Mädchens, der nach einer Weile, irgendwo in einer Querstraße des Gettos, verstummte. Erst das stellte den deutschen Offizier zufrieden. Voll und ganz zufrieden mit seiner Macht und seiner Tat stieg er in den Geländewagen zusammen mit seinem Chauffeur und fuhr, lächelnden Gesichts, in aller Ruhe davon, nachdem er das Werkzeug des Verbrechens weggeworfen hatte – den Gummiknüppel des Blauen Polizisten, der beschmiert war mit dem Blut eines jüdischen Kindes. Haßerfüllte Blicke aus polnischen und jüdischen Augen folgten ihm sowie das servile Feixen der Schaulis und Wehrmachtssoldaten.

Warschau, März 1993

JERZY TOMASZEWSKI

Der Junge

An jenem Ostern ging ich häufig auf die Terrasse im fünften Stock des Hauses, in dem ich wohnte, hinaus und starrte auf die Rauchwolken und die Flammen des jüdischen Viertels. Der Wind führte manchmal angekohltes Papier mit hebräischen Buchstaben mit sich. Seltener ging ich – mit meinem Schulfreund – in die Nähe des Gdańsker Bahnhofs. Wir tauschten die neuesten Nachrichten aus, hielten nach den Fahnen Ausschau – einer weißroten sowie weißhellblauen –, die hier irgendwo dicht bei flattern sollten. Gegen jegliche Hoffnung erwarteten wir ein Wunder; nicht den Sieg der Kämpfer, sondern das Andauern des Widerstands wenigstens ein paar Wochen länger, zumindest ein paar Tage. Ich ahnte, daß sich mein Freund, wäre er auf einen Lumpen gestoßen, schnell auf der anderen Seite der Mauer befinden konnte. Ich fragte nicht danach, Geheimnisse bleiben am besten gewahrt, wenn niemand von ihnen weiß, und war eifrig darum bemüht, jeden Zweifel in dieser Hinsicht, selbst die von der engsten Familie geäußerten, zu zerstreuen.

Die Rauchwolken und Flammen des Aufstands verkündeten das Ende der Existenz eines Stadtteils, der durch eine Mauer abgetrennt und von Posten bewacht war, von dem man in Warschau jedoch schwerlich nichts wußte und nichts erinnerte. Die erste Berührung mit seiner Realität fand statt, wenn man mit der Straßenbahn hindurchfuhr, die nicht hielt in den tragisch überfüllten Straßen des geschlossenen Stadtteils. Bisweilen kam es vor, daß jemand, der dort dringende

Geschäfte zu erledigen hatte, während der Fahrt absprang.

Eines Morgens kam einer der Schulkameraden nicht zur Schule, am Tag zuvor hatte man ihn, zusammen mit der ganzen Familie, ins Getto gebracht. Das geschlossene Viertel schien näher an uns heranzurücken. Viele Jahre später hörte ich, daß er überlebt haben und nach Palästina gegangen sein soll.

Die Straßenbahnen änderten in Bälde die Strecke, der Besatzer schloß den Stadtteil immer dichter, obschon man in den Läden noch immer allerlei Kleinigkeiten kaufen konnte, von denen das Gerücht ging, daß sie hinter den Mauern, in dem Stadtteil produziert wurden, den allein zu erwähnen schon Angst machte. Jene Einkäufe gewöhnten irgendwie an die Existenz des Gettos. Das Grauen des Stadtteils sollte sich jedoch in unmittelbarer Nähe zeigen.

Eines Tages, es muß im Frühherbst 1942 gewesen sein, saß im Keller des Hauses, mit dessen Bau man gerade eben 1939 begonnen hatte, ein Junge. Er war wohl nicht viel älter als ich, vielleicht sogar jünger; abgemagert, zerlumpt, mit einer Mütze, wie sie den Bewohnern hinter der Mauer eigentümlich war, vor allem aber einsam und verschreckt. Vor dem Keller stand unsere kleine Truppe von Kindern aus den Nachbarhäusern. Er wußte, was einen Juden erwartete, den man außerhalb des Gettos schnappte. Wir wußten, was diejenigen erwartete, die Juden halfen.

Der Keller befand sich zwar an der Hauptstraße des Vororts, doch es mußten noch viele Jahre vergehen, bevor Passanten zuhauf den benachbarten Gehsteig bevölkerten. Die Öffnung, in der sich der Junge versteckte, ging übrigens auf die Lehmgruben hinaus, wohin sich selten ein Erwachsener verirrte, wo hingegen die Kinder aus den Häusern im Umkreis regierten. Die Lehmgruben sind heute verschwunden, den einst leeren Platz hat man bebaut; wo einst jener Keller war, steht jetzt ein Warenhaus, aber damals war es eher ein verlassener, also verhältnismäßig sicherer Ort.

Wir standen vor dem Keller, sahen auf den Jungen, ratlos und voller Furcht, daß ihn jemand bemerken könnte. Der Junge sah uns an, er zitterte vor Angst und Kälte; er wußte schließlich nicht, wer wir waren. Wir dagegen hatten Angst, näher heranzugehen, wir fürchteten jeden – seltenen – Passanten in der Straße nebenan; wir wußten, daß etwas getan werden mußte, doch wir standen vollkommen hilflos da. Bei Tageslicht verriet er auf den ersten Blick den Flüchtling aus dem Getto. Zwar waren keine Deutschen in der Nähe (doch konnten wir sicher sein?), aber schon ein »Blauer« konnte gefährlich genug sein, und selbst ein völlig harmlos aussehender Spaziergänger konnte sich als Verräter erweisen. Und die Kameraden? Alle bekannt, alle vertraut, doch immerhin kursierte über die Eltern des einen das Gerücht (das sich später als falsch herausstellte), daß sie sich um die Volksliste* bemühten.

Mir ging durch den Kopf, daß man ihn verstecken müßte. Aber wo und wie? In unserer kleinen Wohnung, Stube und Küche in einem großen Mietshaus, war kein Platz für ein Versteck. Ein paarmal hatte es im ganzen Haus Durchsuchungen gegeben; bei uns überprüften die Gendarmen jedesmal sogar, ob sich im Vorraum niemand auf dem Hängeboden verbarg, das einzige Versteck, das man sich vorstellen konnte. Hilfe war sofort vonnöten, doch wie sie erteilen, wenn man nicht wußte, wohin mit dem Flüchtigen? Die Dämme-

* Die Besatzungsbehörden schlugen Personen, die bestimmte Kriterien erfüllten, vor, sich in die deutschen Einwohnerlisten einzutragen. (Es gab Reichsdeutsche und Volksdeutsche mehrerer Kategorien.) Polen, die dies ablehnten, wurden schikaniert. (Anm. d. Übers.)

rung brach herein, die Stunde rückte näher, da man heim mußte. Das Grüppchen vor dem Keller wurde immer kleiner. Als ich nach Hause kam, war ich verstört, ratlos, mir der Tragödie bewußt, die sich da vor meinen Augen abspielte.

Anderntags war der Keller leer. Ich weiß nicht, was mit seinem zeitweiligen »Mieter« passiert ist. Vielleicht hat er es nachts riskiert, sich weiter auf die Suche nach einem Versteck zu machen. Vielleicht fand ihn jemand, der vorüberkam, und hat ihm Hilfe angeboten. Sicher bin ich mir, fast, daß er in diesem Keller nicht verhaftet worden ist, weil irgendwer auf dem Hof das bemerkt und nicht für sich behalten hätte. Wenn ihm hingegen geholfen worden war, fragte man besser nicht. Es ist wahr, daß ich keinen meiner Kameraden für einen möglichen Spitzel hielt, doch die am besten gehüteten Geheimnisse sind die, von denen niemand weiß, der nicht unmittelbar beteiligt ist.

Viele Monate später saß ich selber verängstigt in einem Keller, obwohl nicht so entsetzlich einsam. Vor allem lastete auf uns nicht die Drohung, daß jede Person, die einem begegnete, Gefahr bedeutete. Ich vergaß jedoch nicht den verlassenen, verstörten Jungen, den Blicken einer Kinderschar ausgesetzt, von der jedes, selbst ohne böse Absicht, aus Dummheit, den Tod über ihn heraufbeschwören konnte.

Man hat mich des öfteren gefragt, warum ich mich mit der Geschichte der Juden in Polen beschäftigte, mich für die Probleme nationaler Minderheiten interessierte. Die Erinnerung an den kleinen Flüchtling, den im geschlossenen Stadtteil der Tod erwartete, für den aber die Welt außerhalb des Gettos nicht weniger voller Gefahren war, ist ein Teil der Antwort. Jerzy Ficowski schreibt: »nicht ein Leben zu retten ist mir gelungen /.../ also irre ich auf Friedhöfen umher die es nicht gibt /.../ eile zu Hilfe ungerufen zu überfälliger

Rettung /.../« Herbst 1942 konnte ich nicht helfen, oder vielleicht hatte ich vor allem Angst, dem fremden Jungen Hilfe zu leisten, dem der Tod nur deshalb drohte, weil sein Volk zum Gegenstand des Hasses geworden war. Aber es gibt andere, für die, vielleicht, die Rettung nicht zu spät kommt.

Warschau, 1993

Ein Testament

Das Jahr 1942. Okkupation, in ein paar Tagen Ostern. Ich war zehn. Mit Papa auf dem Heimweg. Wir wohnten Graniczna-Straße 12 in Warschau. Nahe bei dem Haus auf der anderen Seite war eine hohe Mauer, die oben mit spitzen, im Zement eingelassenen Glasscherben und ein paar Reihen Stacheldraht gespickt war. Die Mauer trennte die Grzybowska- von der Graniczna-Straße. Auf unserer Seite ein Menschenauflauf. Und auf der Mauer hoch oben setzt ein Mensch ohne Schuhe vorsichtig Fuß vor Fuß auf dem scharfen Glas. Die Füße bluten. Der Jude, nicht mehr jung, schwankt. Unten stehen zwei Deutsche in schwarzen Uniformen und lachen Tränen. Sie befehlen dem Juden, die ganze Mauer entlangzugehen, befehlen, die Schnur abzubinden, die statt eines Gürtels seine Hosen hält. Mit einer Hand hält er die Hosen fest, mit der anderen sucht er Halt am Stacheldraht. Er singt *O arme Rebekka*. Ich kann nicht hinschauen, wende das Gesicht ab und sehe andere Gesichter, weinende und – belustigte.

Mein Papa drehte mich energisch um, ich versteckte mein Gesicht in seiner Hand. Er nahm mich auf den Arm und sagte flüsternd: »Sieh genau hin, Töchterchen. Ich werde es mit Sicherheit nicht erleben, um das, was sich vor unseren Augen abspielt, der Welt zu berichten, doch du hast die Chance. Die menschliche Niedertracht ist grenzenlos.«

Diese Begebenheit zu schildern – das ist so, als übergäbe ich das Testament meines Vaters Jan Szczepaniak.

Ich habe oft daran gedacht, an Frau Hanna Krall oder Herrn Andrzej Wajda zu schreiben, sie sollten jenes wahre Ereignis in einem Buch oder Film verewigen, doch es ist bei der Absicht geblieben. Bis heute.

Familiensorgen haben mich sehr in Anspruch genommen. Heute kehre ich in Gedanken zurück zu der Zeit von damals. Schade, daß ich nicht schön schreiben kann, denn erlebt habe ich sehr viel.

Warschau, 1993

STANISŁAW ZALESKI

Nichts Besonderes

Wir wohnten damals in Hrubieszów in der Wesoła-
Straße, die übrigens durchaus nicht so fröhlich war, wie
ihr Name besagt. Dagegen war es in der Straße nebenan
(für mich durch ein Loch im Zaun), der Cicha-Straße,
selten still, wie wiederum deren Name besagt, sondern
oftmals recht fröhlich, weil in einem der Häuser dort
ein kleines Bordell für Wehrmachtssoldaten untergebracht war. Während sie darauf warteten, daß sie an
die Reihe kamen, tranken die Soldaten Bier, lachten,
sangen manchmal Lieder. Einmal hielt es eines der
Mädchen nicht mehr aus, und es vergiftete sich mit
Essigessenz. Die Essenz stank über zwei Straßen hinweg, und das Mädchen schrie aus verätzter Kehle, oder
eher, es heulte wie ein seltsames unbekanntes Tier.

In der Cicha-Straße wohnten zudem drei jüdische
Familien, und eine von ihnen, was für mich bedeut-
sam war, produzierte makigigi, auch makagigi genannt. (Denen unter sechzig werde ich erklären, was
das ist: ein Gemisch aus Mohn nämlich – in dem Fall
aus Preßrückständen – und etwas Süßem, zu Stäbchen
geformt und steinhart gebacken.) Eine Mezzije* war
das nicht, aber dafür kostete es Pfennige. Ich kaufte
ziemlich häufig makagigi ohne Rücksicht auf die im
Schulflur ausgehängten Wandzeitungen mit Versen,
die entschieden davon abrieten, irgend etwas bei einem
Juden zu kaufen. Diese Zeitung hängte die Frau Schul-
leiterin persönlich auf, unter dem wachsamen Auge

---

* (jidd.) ein überwältigender Leckerbissen. (Anm. d. Übers.)

eines Beamten vom *Schulrat.* An die Verse kann ich mich leider nicht mehr erinnern, doch eine der Zeichnungen, die diese Literatur zu schmücken pflegte, ist mir im Gedächtnis haften geblieben: Ein dicklicher, krauslockiger Jude (Pejes, Jarmulke, krumme Hakennase, alles wie sich's gehört) dreht mit teuflischem Grinsen eine riesige Ratte durch den Fleischwolf, für die Wurst, die den naiven Christen zugedacht ist.

Hauptsächlich im Hinblick auf die makagigi registrierte ich mit Verdruß, daß die Juden aus der Cicha von Gendarmen ins Getto getrieben wurden, das sich am anderen Ende des Städtchens befand. Das ganze Getto setzte sich aus über einem Dutzend, allerhöchstens zwei Dutzend kleiner Häuser zusammen. Wie dort die Tausende von Hrubieszówer Juden Platz fanden – ich habe keine Ahnung. Vermutlich war die Mehrzahl bereits nach Bełżec abtransportiert oder an Ort und Stelle ermordet worden, denn Massenerschießungen auf dem Kirkut fanden häufig statt.

Eines Tages, an einem sonnigen Nachmittag, gewahrte ich durch mein Loch im Zaun einen Menschenauflauf in der Cicha. Klar, daß ich sofort dort hinrannte.

Auf der Bürgersteigkante saß ein Junge. Er war jünger als ich, war vielleicht zehn Jahre alt, oder vielleicht sah er nur so aus, weil nicht viel von ihm geblieben war. Trotz der Hitze trug er eine Mütze, das Gesicht sah grünlich aus, die Augen waren sehr groß. Ich kannte ihn nicht, hatte ihn bestimmt nie zuvor gesehen. Vielleicht war er krank gewesen und hatte lange das Haus nicht verlassen, oder vielleicht hatte er Angst?

Der Junge schwieg und sah die Menschen, die ihn umstanden, an. In seinen Augen erinnere ich weder Angst noch Verzweiflung. Bestimmt wußte er, daß er längst ein Nichts war. Dann begann er zu sprechen. Leise erklärte er, daß er nicht ins Getto gegangen sei, sich mit dem Onkel in einem Keller versteckt habe. Sie hatten nichts zu essen, und der Onkel ist gestorben. »Was hätt' ich denn machen sollen?« fragte er.

Ein Pferdewagen mit einem Gendarmen nahte, so einer mit einem Blechschild auf der Brust. Ich weiß nicht, ob er dort zufällig vorbeikam, oder ob es ihm jemand gesagt hatte. Er half dem Jungen aufstehen, und als dieser es nicht schaffte, auf das Fuhrwerk zu klettern, warf er ihn hinauf wie eine verendete Katze und fuhr ab.

Ich weiß nicht, warum sich mir das alles so eingeprägt hat. Ich habe weit Schlimmeres gesehen, denn die Gegend gehörte, wie man weiß, nicht zu den friedlichsten, weder während der Okkupationszeit noch später. Ich erinnere mich nicht, daß mich das damals besonders gekümmert hätte, obwohl ich heute mit zugeschnürter Kehle daran denke. Ganz einfach, so ist es gewesen.

Warschau, 1993

WIESŁAW ANTOCHÓW*

In Czortków und Umgebung

Ich lebte mit meinen Eltern und drei Geschwistern
in der Kreisstadt Czortków in der Wojewodschaft
Tarnopol, in den östlichen Grenzgebieten der Rzecz-
pospolita**. 1939 war ich zwölf und hatte die fünfte
Grundschulklasse abgeschlossen. Trotz meines Kna-
benalters begriff ich viele Dinge und erinnere mich
natürlich, obwohl manche Ereignisse jener fernen
Jahre verblaßt oder dem Gedächtnis entschwunden
sind, was besonders bei Namen der Fall ist.

In Czortków und Umgebung waren drei Gemein-
schaften ansässig: Polen, Juden und Ruthenen (die Bezeichnung »Ukrainer« wurde eher selten verwendet),
die in der Regel in Eintracht und gegenseitiger Achtung lebten. Unter ihnen waren Reiche und Arme. Der
Besuch der Grundschule war Pflicht.

Niemand wurde für seine religiöse Überzeugung gequält oder verurteilt: Die Polen hatten ihre Kirchen,
die Juden Bethäuser, die Ruthenen ihre griechisch-ka-
tholischen Kirchen. Niemand schenkte der traditionellen Tracht oder Kleidung, der Sprache, den Farben und
Festen Beachtung. Die Juden schickten ihre Kinder in

---

* W. Antochów, seit 1969 an den Rollstuhl gefesselt, ist Autor des
Buches *Mój los ostrzega. Podręcznik silnej woli* (»Mein Geschick
warnt. Lehrbuch eines starken Willens«) (Poznań 1988), bearb.
von Marek Mleczka.
** »Republik«; die Adelsrepublik vor den polnischen Teilungen,
nach dem Ersten Weltkrieg neu entstanden. (Anm. d. Übers.)

den Cheder*, die Ruthenen hatten ebenfalls eigene Oberschulen. Die polnische Obrigkeit störte sich nicht daran, daß sowohl die jüdische als auch die ruthenische Minderheit über eigene Vereine und Sportklubs verfügte.

Meine Erzieherin und Lehrerin von der ersten bis zur fünften Klasse war eine Jüdin – Somerówna. Zu Beginn des Unterrichts und zum Abschluß bekreuzigte sie sich gemeinsam mit uns und sprach ein Gebet. Ich hatte ruthenische und jüdische Schulkameraden, na, und natürlich auch polnische.

Kurz vor dem Krieg kamen nach Czortków mit der Eisenbahn Juden, so wie sie gingen und standen – in normaler Garderobe, in Morgenröcken, Pyjamas. Die Eltern sagten, daß das deutsche Juden seien, die man auf Hitlers Befehl aus Deutschland verjagt habe. Nicht viele blieben in der Stadt, die Mehrzahl fuhr irgendwohin, nach Rumänien und Palästina, wie es scheint.

Krieg! Die Hitlerfaschisten überfielen Polen, und nach Czortków marschierte am 17. September 1939, einem Sonntag, die »befreierische« Rote Armee der Arbeiter und Bauern ein. Die sowjetische Okkupation begann. Den Polen, Ruthenen (man begann sie Ukrainer zu nennen), aber besonders den reichen jüdischen Kaufleuten verstaatlichte man, was sich nur verstaatlichen ließ.

Wir mußten die Schulwohnung in der Zamkowa-Straße verlassen und in die Boczna 6 ziehen, ganz in der Nähe vom Kreisgericht (unter den Sowjets in eine Kaserne verwandelt) und dem Gefängnis. Die Zeiten des unsicheren Tages, der Furcht, eines bisher nie gekannten Terrors, nächtlicher Verhaftungen und Verschleppungen nach Sibirien brachen an. Es fehlte nicht an Schnaps und Sonnenblumenkernen, doch um ein

* »Stube«; Elementarschule für Knaben. (Anm. d. Übers.)

halbes Kilo Zucker mußte man die ganze Nacht Schlange stehen.

Beim bloßen Anblick der dunkelroten Mützen des NKWD senkten die Leute angstvoll die Köpfe.

Wer es wagte, die russische Obrigkeit, ihre Freundschaft fürs Leben mit Hitlerdeutschland laut zu kritisieren, geriet in die Fänge dieser Schreckensinstitution. Die vom NKWD straften nicht nur für Taten, sondern schon fürs bloße Denken.

Nach Sibirien in den klirrenden Frost wurden hauptsächlich Polen verschiedener Stände abtransportiert, und ob einer krank war, gebrechlich oder gerade erst geboren und die Frau im Wochenbett – die kümmerte das nicht. Auf der Bahnstation warteten die Transporte. Als ihre größten Feinde sahen sie die polnische Intelligenz und die polnischen Priester an.

Über mich

In jener Zeit schloß ich Freundschaft mit einem jungen Juden, Maciek Grauer, Sohn des Besitzers einer photographischen Anstalt von vor dem Krieg, die unter den Sowjets verstaatlicht worden war. Wir verkehrten bei uns zu Hause. Wir hingen kindlichen Hirngespinsten nach, wer was sein würde nach Beendigung des Krieges, eines Krieges, den Polen natürlich gewinnen würde. Maciek würde Arzt sein, mich sah ich künftig in der Rolle eines Feuerwehrmannes beziehungsweise Lehrers. Ich besuchte die polnische Schule vom Typ *djesjatiletka**.

* (russ.) Zehnklassenschule

Der nächste Krieg!

Am 22. Juni 1941 wurde die Sowjetunion von ihrem größten Freund und Verbündeten, von Hitlerdeutschland, angegriffen. Von Panik erfaßt, machten sie sich aus dem Staub, doch ehe sie aus der Stadt flohen, ermordete der NKWD in der Nacht vom 1. zum 2. Juli 1941 zehn Priester und Brüder des Dominikanerordens. Auf dieses Begebnis komme ich noch zu sprechen.

Die Deutschen marschierten am Sonntag, dem 6. Juli 1941, in Czortków ein. Die Macht der Kriegsmaschinerie, die Uniformierten auf den Militärfahrzeugen mit aufgekrempelten Ärmeln, ein fröhliches »Hajli, hajla« auf den Lippen. Ich, ein Vierzehnjähriger, sinnierte, ob sich je eine solche Kraft finden würde, die sie besiegte?

Auf der Stelle explodierte der Haß des ukrainischen Faschismus auf alles, was polnisch und jüdisch war. Die Juden erwarteten Leiden und Qual. Die fünfköpfige Familie der Grauers harrte voller Angst ihres Geschicks.

Was ich damals mit eigenen Augen gesehen habe, sucht mich häufig in den Nächten heim.

Noch an demselben Tag, gleich nach Einmarsch der Deutschen, brach man die abgesperrten Gefängnistore auf der Suche nach seinen Angehörigen auf. Die Zellen fand man leer vor, die Keller hingegen, finstere Karzer, waren bis unter die Decke voll mit ermordeten Frauen und Männern, die mit Stacheldraht zusammengeschnürt waren. Weil Hochsommer war, befand sich bereits alles im Zustand der Verwesung, ein grauenvoller Gestank. Die vom NKWD hatten vor ihrer Flucht sämtliche Inhaftierte erschossen.

Anderntags trieben die Deutschen im Verein mit den Ukrainern eine ziemlich große Gruppe von Männern, Juden, zum Herausschaffen der Ermordeten. Dabei spielten sich grausige Szenen ab. Die Juden trugen die

Ermordeten mit bloßen Händen heraus und legten sie unterhalb der Mauer des Gefängnishofes nieder. Die Gaffer jagte man nicht auseinander. Die Juden wurden geschlagen mit allem, was zur Hand war, Knüppeln, Eisenstangen, bis zur Bewußtlosigkeit. Man brachte sie mit Eimern Wasser wieder zu sich, und alles ging von vorn los. Niemand hatte den Mut, den Malträtierten beizustehen.

Auf dem Gefängnishof befand sich ein rechteckiger Müllbehälter aus Beton. Vom nahe gelegenen Gut ließ man den Fässerwagen mit Jauche kommen, mit der man den Müllbehälter bis zum Rand füllte, dann trieb man Juden herbei und befahl ihnen unterzutauchen. Wenn einer zu früh auftauchte, schossen die Hitlerleute auf ihn. Für die Fritzen und ihre Helfershelfer ein Heidenspaß.

An einem zentralen Punkt der Stadt hatten die Sowjets auf einem hohen Betonsockel ein Bronzedenkmal von Stalin errichtet. Tags darauf (d. h. nach der Gefängnisräumung – d. Übers.) trieben die Henkersknechte an die vierhundert Juden mit Seilen herbei, die Stalin vom Sockel stürzen sollten. Sie machten eine Schlinge um den Hals und stürzten ihn um, wenn auch nicht gleich. Die mit Seilen vor Stalin »gespannten« Juden zogen den »Führer« durch die Straßen beinah der ganzen Stadt, dabei wurden sie mißhandelt und gedemütigt. Gegen Ende des Tages verwandelten sie hinter dem Friedhof, indem sie mit Steinen auf ihn einschlugen, Stalin in einen Schutthaufen.

In unserer Straße, der Boczna, wohnte in eigener Villa eine vierköpfige Arztfamilie. Der ältere Sohn floh zwanzigjährig im Jahr 1941 zusammen mit den Sowjets nach Osten. Der jüngere, achtzehn Jahre alt, blieb bei den Eltern. Dieser Jüngere hatte sich noch vor dem Krieg und unter den Sowjets in den Jahren 1939/41 mit einem Ukrainer angefreundet, dem Sohn eines Lateinprofessors am ukrainischen Gymnasium – eines sehr ehrenwerten und friedfertigen Mannes. Den jungen Ukrainer überkam der faschistische Teufel. Unter meinen Augen, vor Zeugen, auf der Straße begann er seinen Freund, den Juden, zu schlagen, zu treten, ihn auf ukrainisch mit den schlimmsten Schimpfwörtern zu belegen. Der Geprügelte versuchte, sich vor den Hieben zu schützen, flehte auf polnisch und ukrainisch um Erbarmen. Dem Angreifer war das zu wenig, er riß eine Zaunlatte los, aus der ein Nagel ragte, schlug damit auf den Ärmsten ein, bis der zu Boden stürzte. Blut floß. Aus dem nahen Haus hörte man das hoffnungslos verzweifelte Schreien, fast Heulen der Eltern.

In diesem Fall eilt meine Erinnerung voraus – zum März 1944, d. h. zum erneuten Einmarsch der Roten Armee in Czortków.

Mit der Front kehrte der ältere Sohn nach Czortków zurück. Von den Eltern und dem jüngeren Bruder fehlte jede Spur. Man weiß nicht, wo die Hitlerfaschisten sie umgebracht haben – in Bełżec, Treblinka, Majdanek, Auschwitz oder während der Liquidierung des Czortkower Gettos durch die örtliche Gestapo und ihre Zuträger. Der junge ukrainische Henkersknecht wußte sehr wohl, was ihn erwartete, wenn die Russen auftauchten, und floh gemeinsam mit den Hitlerfaschisten. Sein Vater, der Lateiner – ein friedfertiger und rechtschaffener Mann – blieb in Czortków und erfuhr keinerlei Rache seitens des älteren Sohnes und Bruders der jüdischen Familie.

Unterdessen waren Besuche bei Familie Grauer und ihrem Sohn Maciek für sie und mich gefährlich geworden. Es wimmelte bereits von »Ausspähern«. Voller Furcht und zugleich voller Freude begrüßten sie mich, wenn ich heimlich auf einen Sprung bei ihnen vorbeischaute. Sie waren so niedergeschlagen, grau, lebten in immer größerer Armut. Aus Angst vor den

Jagden, die auf Juden veranstaltet wurden, verließen sie die Wohnung nicht mehr.

Doch das, was ich auf den vorangegangenen Seiten geschildert habe, war erst das Präludium zu dem, was die jüdische Bevölkerung von Czortków in den kommenden Tagen, Monaten und Jahren erwartete.

Aktion Spezkommando Gestapo!

Eine Woche verging, vielleicht ein paar Tage mehr. Die Front hatte sich weit nach Osten verschoben.

Mit ein paar Gleichaltrigen hielt ich mich in der Gartenlaube auf dem Nachbargrundstück auf. Plötzlich zerriß ein mächtiges Getöse, ein Knall, die Stille des von Sonnenschein erfüllten Tages. In den Häusern, Straßen, Gärten hallte das Echo wider. Die Vögel flatterten auf und drehten weite Kreise in der Luft. Wir rannten auf die Straße hinaus. Menschen eilten Richtung Gefängnismauer. Wir hinterher. Von außen Leitern, Kisten usw. an die Mauer gestellt. Auf der Mauer dichtgedrängt die Gaffer. Meine Kameraden stürmten zur Mauer hin, ich dagegen zum Treppenhaus des Kreisgerichts und einsfixdrei die Treppe hinauf bis in den zweiten Stock und ans Fenster mit dem direkten Blick auf den Gefängnishof. Meine vierzehnjährigen Augen schauten das »Ende der Welt«! Jenseits der Mauer auf der linken Seite in der Ecke des Hofes eine längliche tiefe Grube, in der menschliche Körper durcheinandergeworfen lagen. Bei der Grube Pfützen von Blut auf der Erde.

In einem gewissen Abstand standen, das Gesicht zur Grube, in zwei Reihen etwa zwanzig junge Deutsche mit dem Karabiner in der Hand. Bis heute erinnere ich ihre Kleidung. Sie trugen grüne, figurbetonte, geschniegelte Militäruniformen. Auf Hochglanz gewich-

115

ste Langschäfter, auf dem Kopf hatten sie Helme. Hinter ihnen auf einem Tisch Päckchen mit Munition. Diese todbringende Abteilung befehligte, in schwarzen Handschuhen, die Pistole am Gürtel, ein Offizier. Das ganze Gelände war von bewaffneten Militärpersonen umstellt.

Auf der gegenüberliegenden Hofseite, das Gesicht zur Wand, die Hände im Nacken, standen weit mehr als hundert Männer, Juden, im Alter von achtzehn bis vierzig.

Ich sah die, die nicht vom Gefängnisgebäude verdeckt wurden, sie standen an der Mauer weiter rechts außerhalb meines Blickfeldes.

Einer von den Henkersknechten, die Posten standen, zählte zehn ab, vielleicht auch mehr, führte sie an den Rand, mit der Vorderseite zur Grube, der Offizier des Exekutionskommandos schrie einen Befehl, die tödliche Salve folgte. Alles fand unter diesem typischen lähmenden Gebrüll statt.

Nicht alle, auf die geschossen wurde, waren sofort tot, und nicht alle fielen in die Grube. Der »Exekutionsoffizier« trat, den Pfützen bedachtsam ausweichend, mit der Pistole in der Hand zu denen, die sich noch bewegten, und teilte nach links und rechts die finalen Schüsse aus.

Die nächste von einem SS-Mann abgezählte Gruppe trat an die Grube heran und warf zuerst die Getöteten hinunter. Und die grauenvolle Geschichte wiederholte sich.

Ich war bei der nachfolgenden Szene Zeuge. Einer der zur Grube weggeführten Gruppe blickte von der Mauer her offenbar ein Angehöriger nach. Das bemerkte ein auf der Mauer stehender Deutscher in Fliegeruniform und Feldmütze. Er rutschte einen inneren Mauerpfeiler hinunter, hob vom Boden ein Stück von irgend etwas auf, sprang auf den Juden los, der sich umgedreht hatte, und prügelte so lange auf ihn ein, bis er sich nicht mehr bewegte. Die nächste Gruppe warf den Erschlagenen in die Grube.

Dreimal spielte sich vor meinen Augen das Anstellen bei der Grube ab. Ich blieb nicht bis zum Schluß. Zum erstenmal in meinem Leben habe ich gesehen, wie man Menschen tötete.

Ich rannte nach Hause. Meine Eltern waren entsetzt über das, was ich ihnen berichtete. Ich wurde krank.

Man erzählte sich, daß zu dieser Exekution aus Tarnopol ein Spezialkommando, die *Fliegende Gestapo* (lotne gestapo), eingetroffen war. Die Hitlerfaschisten machten alles, was sich nur machen ließ, um die Menschen endgültig zu entzweien und Haß zu säen, in diesem Falle für die Juden. Es wurde verkündet, daß die Juden bestraft würden für die vom NKWD ermordeten Dominikaner.

Man erzählte auch, daß über zweihundert Juden an diesem Tag erschossen worden sind. Das Kreisstädtchen Czortków zählte 22 000 Einwohner, darunter 6000 Juden.

Den Deutschen sagte jedoch die bislang von ukrainischen Faschisten geführte Administration nicht zu. Kommandanturen entstanden in Czortków: Gestapo, Gendarmerie, Kripo, *Bahnschutzpolizei, Kreisamtmannschaft* (starostwo). Mit dem Auftauchen dieser bedrohlichen Institutionen erging, unter Androhung der Höchststrafe, an die Juden der Befehl, eine weißblaue Binde mit dem Davidstern um den Arm zu tragen, den Bürgersteig nicht zu benutzen, sondern daneben auf der Fahrbahn zu gehen. Beim Anblick eines Deutschen mußte ein Jude von weitem die Kopfbedeckung abnehmen. Die Juden mußten in den Stadtteil am Seret umziehen, wo bald ein jüdisches Viertel mit Judenrat entstand, dicht mit Stacheldraht umgeben und eifrig bewacht von Hitlerfaschisten, ukrainischer Polizei und der von den Fritzen einberufenen jüdischen Polizei.

Die Czortkower Gestapo. Es hat sich so gefügt, daß wir diese schreckliche Formation gründlich kennenlernten. Ich kann sogar einige Gestapoleute kurz charakterisieren. Der Chef der Gestapo Peckmann – ein Zyniker ersten Grades, Herr über Leben und Tod. Radke – ein Offizier der Gestapo, ein Mann von massiver Statur, übte in der Czortkower Gestapo die Funktion eines Henkers aus. Von ihm erzählte man sich, daß er nach der Machtübernahme Hitlers aus dem polnisch-deutschen Grenzgebiet ins Reich übergewechselt war und dort eine Gestapoausbildung genossen hatte. Man erzählte auch, daß er einen Bruder habe, der Offizier bei der Polnischen Armee sei. Grocholsky – mittleren Wuchses und von massivem Körperbau, mit krummen Beinen, war der größte Bandit, den man sich vorstellen konnte. Seinen Hund, einen Boxer, rief er Churchill. Kaminsky – ein hochgewachsener stattlicher Blonder mit blauen Augen. Wegen seiner schrecklichen Brutalität trug er den Spitznamen »blauäugiger Todesengel«. Thomanek – ein brünetter Typ, war auch ein schmucker Kerl. Er trug ständig schwarze Lederhandschuhe und schwenkte so komisch die Arme beim Gehen: von hinten nach vorn auswärts, selbstverständlich im Wechsel. Bei den Verhören war er »außergewöhnlich«. Von diesem Lumpen fing ich mir eines Abends Ohrfeigen ein.

Noch einer – Rosinov. In seinem Verhalten war er den Obenerwähnten durchaus ebenbürtig. Es ging das Gerücht um, daß die letzten vier die Schule der SS und Gestapo in Dębica absolviert hätten. Die von der Gestapo und der SS hatten die Vorkriegswohnblocks der Offiziere unweit des Gefängnisses mit Beschlag belegt. Chef der *Kriminalpolizei* war von Iselt. So ein »lieblich lächelnder Teufel«. Sitz der Kripo war ein Mietshaus Ecke Sadowski- und Zielona-Straße.

Das Haus Boczna 6, in dem wir wohnten, stach der Gendarmerie ins Auge. Die Besitzerin, eine Jüdin, schickten sie ins Getto. Unsere Familie zog in die Zielona 12.

Alle kannten Schulz vom Sehen. Er hatte ein steifes Bein, eine Prothese. Das Bein hatte er im Krieg mit Polen eingebüßt. Er war Spezialist für das Herumlungern auf dem Basar und an den Straßenecken zum Zwecke der Requirierung von Lebensmitteln von den Bauern. Wem's nottat, den »nahm er Maß«, daß der lange an seine Fäuste oder den Karabinerkolben dachte. Eine Bestie gegenüber den Juden.

Das Jahr 1942. Die nächste Aktion

Das war Mai oder Juni. Blitzschnell verbreitete sich die Kunde: Sie fangen die Juden ein und wollen sie irgendwohin abtransportieren. Ich lief aus dem Haus zur Kolejowa-Straße, und dort trieben fremde junge SS-Männer, »unsere« Gestapoleute und Gendarmen über die ganze Breite der Fahrbahn einen gewaltigen Zug von Frauen, Männern und Kindern vorwärts.

Ohne Bündel – so wie sie gingen und standen. Der Ausdruck der Gesichter unbeschreiblich. Kleine Kinder hielten sich krampfhaft an ihren Müttern fest. Alte schlurften mühsam einher. Es herrschte eine Gluthitze. Die Begleitmannschaft auf den Bürgersteigen hielt mit Gebrüll und Schlägen das Tempo des Marsches Richtung Bahnstation. Die Gaffer, unter denen auch ich mich befand, wurden nicht auseinandergejagt.

Erst auf der Bahnstation kam es zu wahrlich grauenerregenden Szenen, ich beobachtete sie aus sicherer

Entfernung. Die Kinder riß man von den Müttern weg, die Männer von ihren Frauen. Die geschlossenen Güterwaggons mit den winzigen verdrahteten Fensteröffnungen belud man bis zum äußersten, dabei wurden Beschimpfungen gebrüllt, mit Gewehrkolben geprügelt, getreten. Die in den Waggons Eingeschlossenen flehten um Wasser. An den Transport war ein Personenwagen für die Begleitmannschaft angekoppelt, die sich bewaffnet auf den Dächern und Trittbrettern plaziert hatte. Der Transport setzte sich in Bewegung. Unter dem Eindruck des Erlebten, erinnere ich meinen Rückweg nicht. Die Czortkower Eisenbahner, Lokomotivführer, erzählten, daß unterwegs in Kopyczyńce, Trembowlia weitere Waggons angekoppelt worden seien und der Transport fast ohne anzuhalten ins Lager der Judenvernichtung in Belżec gelangt sei. Aus anderen Städten – zum Beispiel Zaleszczyki – gingen ebenfalls Transporte.

Es war ungefähr in dieser Zeit, als ich, von einem Besuch bei Onkel und Tante heimkehrend, auf der Bahnstation Chorostków auf den Zug Tarnopol–Czortków–Zaleszczyki wartete. Auf der kleinen Bahnstation selber sowie nach links Richtung Kopyczyńce–Czortków und rechts Richtung Tarnopol–Trembowlia hielten Leute auf den Gleisen nach etwas Ausschau. Natürlich befriedigte ich meine Neugier. Die Leutchen suchten nach goldenen Pretiosen, die die Juden auf dem Weg in die Vernichtung aus den Waggons geworfen hatten.

Die Hitlerfaschisten bereiteten sich auf die »Endlösung der Judenfrage« vor. Bekanntmachungen wurden geklebt: Einziger Wohn- und Aufenthaltsort für die Juden ist das jüdische Viertel. Ihnen ist unter Todesstrafe untersagt, das Getto ohne spezielle Passierscheine zu verlassen. »Arier«, die man in dem Viertel faßt, werden erschossen. Jegliche Hilfe, das heißt, den Juden in ihrer Absperrung Lebensmittel und Arzneien zukommen zu lassen oder Juden zu verstecken, wird mit dem sofortigen Tod beider Seiten bestraft. Und so war es. Trotz dieser Ge- und Verbote halfen mutige Menschen, so gut sie konnten. Unsere Mama Bronisława auch.

Nachdem die Schließung des jüdischen Viertels bekanntgegeben worden war, sprachen Mama und ich über Maciek Grauer. Zum rettenden Verstecken von Macieks fünfköpfiger Familie fehlten die Bedingungen. Wie ich schon erwähnt habe, zählte unsere Familie sechs Personen, unsere direkten Nachbarn, nur durch einen niedrigen Zaun getrennt, waren ein älteres deutsches Ehepaar, von Rose. Wir standen ständig unter Beobachtung. Doch Mama konnte mit Hilfe anderer für Maciek ein Versteck besorgen. Mit dieser Nachricht schmuggelte ich mich ins Getto ein, wo in einem ebenerdigen kleinen Bau, der umwuchert war von irgendwelchem Steppengras, die Grauers wohnten. Ich hatte Angst hineinzugehen. Maciek, herausgerufen, kam zur Pforte. Er sah schrecklich armselig aus. Ich wiederholte ihm, was ich zu übermitteln hatte.

Bis heute erinnere ich seine traurigen Augen, die leise Stimme und die Antwort: »Weißt du, Wiesiek, wenn meine Mama umkommt, mein Papa, meine Schwester Krystyna und meine Großmama umkommen, wozu soll ich dann leben?!«

Nur noch einmal wagte ich es, mich heimlich auf das Terrain des Gettos zu stehlen. Sie paßten höllisch auf – die Gestapoleute, Gendarmen, die von der Kripo, die ukrainische Polizei und die jüdische Polizei, die mit dicken, langen Knüppeln ausgerüstet waren, mit denen sie so manch einem Anverwandten – um sich bei den Nazis lieb Kind zu machen – übel mitspielten.

In der Zielona-Straße wohnte neben uns eine jüdische Familie, Mutter und zwei Töchter, die eine zwanzig, die andere achtzehn, die Schneiderarbeiten ausführten und manchmal etwas für Mama nähten. Nicht für Geld, für Lebensmittel. Die Ware für diesen Tauschhandel lieferte ein Landwirt aus einem Dorf in der Umgebung (Namen und Dorf erinnere ich nicht), der mit dem eigenen Fuhrwerk kam.

Die ältere der Töchter fragte Mama unter vier Augen, ob sie nicht jemanden kenne, der sie beide verstecken würde. Denn ihre Mutter habe sich entschlossen, das Schicksal des jüdischen Viertels zu teilen. Der erwähnte Landwirt hatte nur eine Mutter. Die Zeit drängte. Er erklärte sich einverstanden. Er kam mit dem Fuhrwerk voller Stroh. Unter dem Stroh versteckt, gelangten sie ohne Hindernisse an Ort und Stelle. Sie erlebten die Befreiung durch die Russen Ende März 1944. Ihre Mutter kam um. Nach Rückkehr ins eigene Zuhause erzählten sie Mama, daß sie es nicht leicht gehabt hatten, während sie sich versteckt hielten, sie hatten viel erlebt und viel erlitten.

Wir sind im Frühling 1945 nach Polen repatriiert, und sie sind in Czortków geblieben. Was aus ihnen geworden ist, weiß ich nicht.

Das war in der zweiten Hälfte des Jahres 1942. Ich war unterwegs, um Milch zu kaufen, die man auf Zuteilung bekam und die so dünn war, daß sie eine grünbläuliche Farbe hatte. Ecke Średnia-Straße unter einem Zaun lag ein ermordeter Jude auf dem Rücken, mit einem Loch in der Stirn und der Binde nicht am Arm, sondern in der Hand. Vor Angst wagte sich keiner an den Toten heran, obwohl die Straße leer war. Vielleicht hatte er sich ohne Passierschein aus dem Getto entfernt? Wer weiß das schon?!

Ein anderer Vorfall ereignete sich unweit der Dominikanerkirche in der Mickiewicz-Straße. Ein noch jüngerer Jude, der den Bürgersteig entlangging, hatte sich vergafft und den anrückenden Gestapomann Thomanek (der mit den Handschuhen) nicht rechtzeitig bemerkt, um ihn schon von weitem zu grüßen. Thoma-

122

nek raste vor Wut und begann wie wild mit seinen Fäusten auf den Juden einzudreschen und ihn zu treten. Der Jude, ein kräftiger Kerl, tat alles, um sich auf den Beinen zu halten. Auf der anderen Straßenseite hatte sich inzwischen eine Menge Zuschauer eingefunden, und ich mittendrin. Weit und breit kein anderer Deutscher. Thomanek, trotz Parabellum am Gurt, paßte: Er erschoß den Juden nicht, jagte ihn nur davon. Fürchtete er, wir, die Beobachter, könnten eingreifen? Die von der Gestapo hatten Mut gegenüber den Schwachen und Wehrlosen.

Um den »Ariern« die jüdische Gemeinschaft gänzlich zu verekeln, organisierten die Hitlerfaschisten im Gebäude des ukrainischen Gymnasiums eine antijüdische Ausstellung.

Es wurde gezeigt, wie gefährlich für die Umgebung die Juden sind. Denn sie »säen« jeglicherart von Seuche, Typhus, Cholera, Läuseseuche und sonst noch alles, was besonders schlimm ist. Die Juden wurden als Menschenfresser vorgeführt. Der Ausstellungsbesuch war für die Schuljugend der Grund- und Handelsschule Pflicht. Auf mich und auf die Mehrzahl machte sie keinen Eindruck, und ihr Propagandaaspekt zeigte sogar die umgekehrte Wirkung.

Für die Bewohner des Gettos stellten die von der Gestapo, die Gendarmen, SS-Männer und andere »Helfershelfer« die größte Bedrohung dar. Das Viertel lag fast im Stadtzentrum, über eine Straße grenzte es an Basar und Marktplatz, und von Zeit zu Zeit hörte man Schreie und Schüsse. Der Tod rückte heran.

Es ließ sich nicht mehr verhehlen, daß den Juden ihr Ende bevorstand. Die Hitlerfaschisten hielten damit nicht hinterm Berg. Zu »ihrem Werk« mobilisierten sie Freiwillige vom *Bahnschutz* und andere selbsternannte Helfer. Ich habe sie auf den vorangegangenen Seiten erwähnt.

Der Tag, von dem ich erzählen will, war bewölkt und kühl. Weiter unten auf der Straße mit der Vorderfront zur Mickiewicz-Straße und den Górne Koszary (zusammen mit anderen beobachtete ich alles vom Balkon des Basars und Marktplatzes) stand, in scheußlichem Grün gestrichen, ein großer, alter, offener Plattformwagen aus der Vorkriegszeit. Hinter dem Plattformwagen ein Militärlastwagen mit einem Maschinengewehr auf dem Dach, ringsherum bewaffnete Gendarmen, SS, Gestapoleute.

Es hatten sich Juden in den tiefen Kellern der ans Getto grenzenden Gebäude versteckt (in denen vor dem Krieg Fässer mit Bier und andere Ware, die kühl aufbewahrt werden mußte, gelagert wurde, dort hatten auch die Sattler, Glaser usw. ihre Werkstatt). Aufgespürt hatten sie die von der Gestapo, darunter Thomanek. Mit der Pistole in der Pranke versuchte er, sie mit Gebrüll von da herauszuscheuchen. Als Antwort fielen Schüsse. Vor Angst sprang Thomanek zur Seite, als hätte er sich verbrüht. In den schießenden Keller warfen welche von der Gestapo Granaten. Unten ertönten noch etliche Schüsse, dann war alles still. Ob einer der Henkersknechte dort hinunterstieg, erinnere ich nicht.

Unterdessen trieben sie aus dem jüdischen Viertel mit den Händen im Genick eine Gruppe von Juden beiderlei Geschlechts und in unterschiedlichem Alter zu dem Plattformwagen. Die Hände die ganze Zeit im Genick, wurden sie verladen, eng zusammengepfercht, einer neben dem anderen und einer hinter dem anderen.

Bis zum heutigen Tage erinnere ich mich an eine junge hochgewachsene, hellblonde Jüdin im bloßen Kleid und an ihren furchtbaren, gellenden Schrei, wie sie auf polnisch und deutsch um ihr Leben flehte. Außer sich rief sie: »Ich habe keinem was Böses getan, ich will leben, tötet mich nicht!« (Ich bitte um Entschuldigung für einen persönlichen Einschub: Damals blieb mein Auge trocken, und jetzt, jetzt schreibe ich das unter Tränen.) Selbst ein Gewehrkolben brachte sie nicht zum Verstummen. Auf dem Rand des Plattformwagens hatten zwei SS-Männer, die Maschinenpistole im Anschlag, Platz bezogen, und dann setzte sich der Plattformwagen, gefolgt von dem waffenbestückten Militärlastwagen, zur Stätte der Vernichtung in Bewegung!

In den Jahren der sowjetischen Okkupation, 1939–41, hatten die Sowjets weit hinter den Górne Koczary, Richtung Jagielnica, links von der Chaussee mit dem Bau eines Militärflughafens begonnen, für die unterirdischen Hangare hatten sie mächtige Vertiefungen ausgehoben. Diese Gruben wurden zum Grab der Czortkower Juden. In ihrer Perfidie übertrafen sich »unsere« Gestapoleute selbst. Jeder Jude mußte für seinen Tod im Judenrat eine Bezahlung leisten in der Höhe von drei Złoty pro Kugel, wobei auf einen drei Patronen »fielen«.

Nach dem Bericht eines Augenzeugen – des Fahrers des Plattformwagens, der vor Gestapoleuten den Eid abgelegt hatte, »nichts gesehen und nichts gehört zu haben«, umstellten das ganze Gelände der »Aktion« Gendarmen, SS, *Bahnschutz*, deutsche Militärpersonen als Freiwillige, Kripobeamte und ihre »Helfer«. Über der Todesgrube hatten sie eine hölzerne Laufplanke und Plattform angebracht, von der der Erschossene in die Grube hinunterfiel. Auf die Juden schoß mit seiner Schmeißer der Gestapo-Mann Radke, der dabei auf einem Schemel saß. »Unsere« Gestapo und Gendarmen leisteten ihm blutige Hilfe. In der »Pause« zwischen den »Zufuhren« aus der Stadt stärkten sie sich mit Alkohol und belegten Broten.

Die Stadt, an die Atmosphäre des Terrors gewöhnt, war durch die bestialische Liquidierung des jüdischen Viertels wie gelähmt.

Nach der »gelungenen und heldenhaften Aktion« in Czortków fuhren die Czortkower Gestapoleute zu einem »Gastspiel« in das Kreisstädtchen Buczacz. Auf genau die gleiche Weise vernichteten sie die dortige jüdische Gemeinschaft. In Czortków und in Buczacz wurde die Aktion von dem Chef der Czortkower Totenköpfe, Peckmann, geleitet.

Noch eine gewisse Zeit lang durchkämmten die Hitlerfaschisten das Gelände des Czortkower Gettos, um mit Hilfe von Hunden die Juden aufzuspüren, die sich dort noch versteckt halten mochten, sowie auf der Suche nach Kostbarkeiten. Nachdem die Posten eingezogen waren, gingen die Leute ins einstige Getto. Ich bin auch dort gewesen. Ein Bild des Elends und der Verzweiflung. Ein Teil der Häuser, zumal die alten, verfallen. Einige Wände, Küchen- und Stubenöfen – eingerissen. Herausgerissene Fußböden, Fensterrahmen und Türen. Erbärmliche Überbleibsel von Bekleidung, zerbrochene Möbel, umherfliegende Bettfedern. Man konnte feststellen, daß diejenigen, die hier vor der Vernichtung gewohnt hatten, in unbeschreiblicher Enge zusammengepfercht waren und entsetzlichen Hunger litten. Überall schwebte auch in der Luft dieser eigenartige, fremde Mief.

Unser Vater und Ernährer der Familie mußte sich nach der zweiten Verhaftung, von Anfang 1943 bis zum erneuten Einmarsch der Russen in Czortków Ende März 1944, in Tarnopol verstecken. Kontaktperson zwischen dem Zuhause und dem Vater war wiederum ich. Während der Zugfahrten sah ich Jüdinnen als Landfrauen verkleidet. Man konnte sie leicht erkennen. Mit Kreuzen auf der Brust oder heiligen Kettchen demonstrierten sie ihr »Arischsein«. Die Gestapo-Gendarmerie-Bahnschutz-Patrouillen ließen sich davon nicht in die Irre führen.

Frauen, und noch mehr jüdische Männer, hatten in solchen Situationen keine Chance. Die Geschnappten trieb man an der nächsten Bahnstation aus dem Waggon, führte sie zur Seite, und dort endeten sie ihr Leben.

Radke

Dieser entartete Gestapomann traktierte alle seine »Schützlinge« – Juden, Polen, Ukrainer, Zigeuner, ja sogar Deutsche, die ihm in die Hände fielen – mit der gleichen brutalen Härte. Und eines Tages war das Maß voll. Das Czortkower Diversionskommando der Armia Krajowa fällte das Urteil über ihn. Man verfolgte ihn etliche Wochen. Heute kann ich getrost schreiben, wer Radke erschossen hat. Zwei mutige Männer von der AK: Paweł Budyś und Marian Pełychaty (beide leben sie nicht mehr). Sommers 1943 erwischten sie Radke in Zaleszczyki auf der Promenade am Dnjestr, wohin er mit seinem Liebchen in die Ferien gefahren war. Für die von der Gestapo war es ein Schock.

Peckmann

Die von der AK warteten eine Weile ab und beabsichtigten, genauso mit dem Chef der Gestapo, Peckmann, abzurechnen. Doch der erwies sich als ein schlauer Fuchs. Bis zum Tag der Flucht aus Czortków blieb er auf der Hut und ließ sich überallhin begleiten.

Von Iselt

Es hatte mit Peckmann nicht geklappt, es mußte mit dem Chef der Kripo, von Iselt, klappen, ein Erzlump. Den Juden gegenüber, aber nicht nur, war er stets »supergnädig«. Obschon er durch die Stadt und im Gelände mit Begleitschutz »umherschweifte«, »schnappten sie ihn« im Eingang zur Kripo. Das Urteil vollstreckten Stefan Chorostkowski und Kazimierz Henchen.

Die Familie Rajch

In derselben Straße wie wir, der Zielona-Straße, wohnte, gegenüber dem städtischen Elektrizitätswerk, die sechsköpfige Familie Reich – Großeltern, Eltern und zwei Kinder. Es war dies eine Familie von Getauften, seit welcher Generation, weiß ich nicht. Die Deutschen liquidierten solche bis zur dritten Generation. Umzug und Pflichtaufenthalt im jüdischen Viertel galten für sie nicht, sie konnten sich überall frei bewegen. Bis zu gegebener Zeit. Die Gestapo vergaß sie nicht. In einer Herbstnacht 1943 »kassierte« man sie und brachte sie im Gefängnis um. Zum Glück nicht alle. Durch Zufall wurde eine Tochter, etwa in meinem Alter, gerettet. Am Vortag der Verhaftung ihrer Angehörigen hatte sie Czortków verlassen. Nach ihrer Rückkehr erfuhr sie auf der Bahnstation von der Verhaftung der Eltern, des älteren Bruders und der Großeltern. Gute Menschen versteckten sie. Sie überlebte. Ich traf sie ein paar Tage nach Einnahme der Stadt durch die Rote Armee in der Sadowski-Straße. Ich hatte die Empfindung, als »schwebte sie herab« aus jener Welt.

Die Magyaren

In den Jahren der Hitlerokkupation waren in Czortków im Wechsel eine Kompanie Slowaken oder
Magyaren stationiert. Sie belegten Räumlichkeiten in
der Musikschule von vor dem Krieg auf der Rückseite
der »Mościcki«-Mädchenvolksschule in der Mickiewicz-Straße. Es war im Spätherbst 1943, vielleicht sogar noch später. Auf jeden Fall schneite es noch nicht.
Die Mickiewicz-Straße hinauf gingen meine Schulkameraden und ich von der Hl. Sonntagsmesse heim, an
der die Magyaren teilgenommen hatten. Manchmal
gingen sie in Kompaniestärke zur Messe. Von unterhalb der Straße hörten wir Lärm: »Unsere« Gestapoleute, Gendarmen und »Helfershelfer« trieben Frauen,
Männer und Kinder in Kolonne vor sich her. An den
vielen semitischen Gesichtszügen erkannten wir, wer
die Ärmsten waren. Die Frage war nur, wohin? Die mit
Maschinenpistolen ausgerüsteten Begleitmannschaf-
ten brüllten und sparten nicht mit Schlägen.

Unsere Magyaren gingen langsamen Schritts vor uns.
Die Kolonne überholte uns. In der Mitte ging ein hoch-
gewachsenes junges Mädchen von auffallender Schönheit und mit einem dicken schwarzen Zopf. Sie fiel den
Magyaren auf. Ich weiß nicht, ob sie sie kannten, auf
jeden Fall sprachen sie sie an. Das Mädchen rückte näher
zu den Magyaren heran, in diesem Fall näher an den linken Gehsteig. In einem bestimmten Augenblick sprang
das Mädchen aus der Kolonne und ab, zwischen die
Magyaren, und derer waren sechs, vielleicht acht. Die
Gestapomänner hielten auf der Stelle die Kolonne an –
und dann ging's los! Eine Wortschlacht zwischen Gestapo und Magyarenkompanie. Beide Seiten griffen nach
ihren Pistolen. Eine Schießerei drohte. Wir beobachteten es mit angehaltenem Atem. Die Magyaren ließen
sich das junge Mädchen nicht entreißen. Sie umringten

es und führten es zu sich ins Quartier. Einer von den Gestapoleuten folgte ihnen (und wir ihm). Auf ihr Terrain ließen sie den von der Gestapo nicht. Die ganze Stadt war außer sich vor Freude, daß man den Gestapotypen eins auf die Nase gegeben hatte. Was mit der jungen Jüdin geschehen ist? Man erzählte, daß sie gerettet wurde.

Und die Kolonne, die, wie man sagte, aus ungarischen Juden bestand, wurde auf das Gelände des Czortkower Gefängnisses getrieben. Wie ihr weiteres Schicksal war, weiß ich nicht.

24. März 1944, Mittwoch. Die Rote Armee marschiert in Czortków ein

Die Russen eroberten die Stadt in einer blutigen Panzerschlacht. Anderntags stellte man fest, daß das Gefängnis leer war. Leichname erschossener namenloser Männer fand man hinter dem Park in den Ackerfurchen, daneben umhergeworfenes Brot, weiße Kolatschen.

Aus Verstecken und den unmöglichsten Löchern tauchten Menschenschemen, Menschenschatten auf. Die wenigen geretteten Juden hatten Gesichter und Hände so bleich und beinah durchscheinend, daß sich die Adern deutlich abzeichneten unter der Haut. Vor den Ihren knieten sie nieder, hoben die Hände und redeten etwas auf hebräisch. Ein ergreifendes, erschütterndes Bild. Selbst die Rotarmisten, die die Mickiewicz-Straße entlang an die Front marschierten, blickten mit Ernst darauf.

Von denen, die ich kannte, hat keiner das Hitlergemetzel heil überstanden. Weder meine Lehrerin, die Somerówna, noch die Grauers, noch unser Hausarzt aus der Vorkriegszeit, Dr. Anderman, auch nicht die drei reichen Kaufleute Kesler, Rozencwajg, Rosen-

kranc und der auf jeden Wink von uns bereite Miet-
kutscher Gedali.

Im Juni 1944 traf ich auf der Straße einen jüdischen
Jungen, mit dem ich den Unterricht in der achten
Klasse der polnischen Zehnklassenschule begonnen
hatte. Seinen Familiennamen erinnere ich nicht. Er
hingegen rief mir in Erinnerung, daß er vor dem Krieg
die Grundschule in der Zamkowa-Straße besucht
hatte, deren Leiter mein Vater Mikołaj gewesen ist.

Zum Abschluß: Mögen unsere und alle Kinder, mögen unsere und alle Enkel niemals sehen und erleben,
wessen meine Generation in den Jahren des letzten
Krieges Zeuge gewesen ist.

Poznań, 1993

Auch so konnte es sich zutragen ...

Ich bin am 6. Mai 1925 in Warschau geboren in einer wohlhabenden Familie jüdischer Intelligenz, die mit der polnischen Kultur verbunden war. Mein Vater, Waldemar Aronson, kam 1896 ebenfalls in Warschau zur Welt, meine Mutter Helena hingegen 1899 in Łódź. In Warschau erblickte am 6. Mai 1921 meine Schwester Janka das Licht der Welt. Alle sind während des Krieges umgekommen.

Im Jahr 1931 zogen wir nach Łódź, wo ich das staatliche Gymnasium besuchte. Als der Krieg ausbrach, war ich Schüler der dritten Gymnasialklasse. In der ersten Septemberwoche 1939 versuchten wir im Familienverband mit dem Auto zuerst nach Warschau zu fliehen und von dort nach einer Woche Richtung Osten, nach Równy, wo entfernte Verwandte von uns ein Landgut besaßen. Als die Rote Armee in diese Gebiete einmarschierte, unternahmen wir die nächste Flucht nach Litauen, von wo aus wir uns dann in Lwów niederließen. Von Oktober 1939 bis Mitte 1942 wohnten wir in dieser Stadt, dort beendete ich die dritte und vierte Gymnasialklasse, machte das kleine Abitur und besuchte darauf die erste Klasse des Lyzeums und fing mit der zweiten an. Die Examina legte ich an einer »stillen«, das heißt an einer geheimen Schule ab. Als nächstes dann ging ich zur Arbeit mit den sogenannten »placówkarzy« außerhalb des Gettos. Die Arbeiter hier gaben sich Mühe, uns zusätzlich zu füttern, so gut sie konnten. Dadurch verfielen meine Kräfte nicht, was sich bemerkbar machte in einem für mein weiteres Geschick entscheidenden Moment.

Im Januar 1943 faßten die Deutschen unsere ganze Familie. Man brachte uns auf den *Umschlagplatz** (Stawki), wo wir getrennt wurden. Mich prügelten die von der SS und steckten mich dann in den Transport. Der Zug stand auf dem Gdańsker Bahnhof noch ein paar Stunden lang. In den Waggon hatte man so viele Menschen hineingequetscht, daß man sich nicht rühren konnte. Ich sah ein kleines Fensterchen dicht unter dem Dach meines Waggons, das nicht mit Gittern oder Draht gesichert war. Mit großer Anstrengung drängte ich mich bis zu diesem Fensterchen durch und beschloß, bei der ersten sich bietenden Gelegenheit hinauszuspringen.

Der Zug setzte sich gegen vier oder fünf Uhr früh in Bewegung, nach etwa fünfzehn Minuten hielt er wieder. Es war sehr finster. In Sekundenschnelle zog ich mich zu dem Fensterchen hoch (jetzt machte es sich bemerkbar, daß ich nicht so vom Hunger geschwächt war wie viele andere). Die Menschen im Waggon versuchten aus Angst vor Repressionen mich zurückzuhalten: Sogar hier noch hatten sie Hoffnung … Unter größten Schwierigkeiten gelang es mir jedoch, mich nach draußen zu zwängen, und dann sprang ich aus ein paar Metern Höhe hinunter auf den Boden. Ein paar Sekunden lang lag ich unter dem Zug und beobachtete, was vor sich ging. Ich sah ein paar SS-Männer, wie sie mit einem Scheinwerfer das Umfeld des Zuges absuchten. Vielleicht eine Minute verging, ehe das Scheinwerfer-

---

* im Original immer deutsch; an das Getto angrenzender Platz in Warschau, zu dem ein Anschlußgleis führte und von dem aus allein von Juli bis Oktober 1942 400000 polnische Juden nach Treblinka und in andere Vernichtungslager transportiert wurden. (Anm. d. Übers.)

licht in eine andere Richtung fiel, da erhob ich mich und rannte ein paar hundert Meter über ein Feld auf ein Wäldchen zu. Wieder leuchteten ringsum Scheinwerfer auf, und ich lag auf diesem Feld fünfzehn, vielleicht zwanzig Minuten lang, doch sie fanden mich nicht. Es war sehr kalt. Endlich fuhr der Zug ab.

Da stand ich wieder auf und ging weiter auf das Wäldchen zu. Nach einer gewissen Zeit erblickte ich eine kleine Kapelle. Ich trat ein und blieb dort bis zum Morgen. Gegen sieben machte ich mich auf den Weg, auf ein kleines Haus zu. Ich klopfte, ein Bauer machte die Tür auf, ich fragte ihn, wie ich nach Warschau käme. Er bat mich herein, gab mir Frühstück, fragte nach nichts, er begriff alles. Später brachte er mich zu irgendeiner Kleinbahn, und ich fuhr damit nach Warschau.

In Warschau ging ich zu Freunden meiner Schwester, doch sie hatten Angst, ich würde bei ihnen bleiben (wollen). Sie ließen mich jedoch übernachten und brachten mich anderntags zu ihrer Tante, die Deutsche oder auch Volksdeutsche war. Bei ihr wohnte ich zwei Wochen. Sie war es auch, die für mich Papiere, Arbeit und den ersten Kontakt mit der Geheimen Militärorganisation* »besorgte«. Anfangs trug ich den Namen Ryszard Żurawski, dann Ryszard Żukowski, schließlich Stanisław Witold Żukowski.

Meine erste Arbeit war bei einem Klempner: Mit den

---

* Der Verfasser wurde im Februar 1943 Soldat der Dispositionsabteilung »A« des Diversionskommandos des Bezirks Warschau der AK. (Seinen Namen erwähnt T. Strzembosz in der Abhandlung *Oddziały szturmowe konspiracyjnej Warszawy 1939–1944* [Sturmabteilungen des konspirativen Warschau 1939–1944], Warszawa 1983; vgl. auch *Dziennik bojowy oddziału dyspozycyjnego »A« Kedywu Warszawskiego Armii Krajowej. Warszawa 1.–30. August 1944* [Kampftagebuch der Dispositionsabteilung »A« des Warschauer Diversionskommandos der Heimatarmee. Warschau 1.–30. August 1944], bearb. v. H. Rybicka, Warszawa 1994, Biblioteka Narodowa.)

Dachdeckern zusammen reparierten wir die Dächer. Die Arbeit war angenehm, in frischer Luft und sicher: Auf den Dächern suchten die »szmalcowniks« nicht nach Juden! Die Mieter in den Häusern, wo wir arbeiteten, luden uns zu Tee und Kuchen ein.

Der Sohn dieses Klempners* war auch in der Sabotage, und durch ihn begann auch ich an allerlei Aktionen teilzunehmen: Zusammen gingen wir zwei-, dreimal die Woche Chemikalien in die Bremsen von Eisenbahnwagen zu gießen. Das machten wir in Warschau und bei Warschau. Nach ein paar Monaten bekamen wir englische chemische Detonatoren, die wir in die Tanks deutscher Autos werfen sollten. Und das war schon gar nicht so einfach. Einer paßte auf, der andere warf. Wieder vergingen zwei Monate. Etwa Mai 1943 begegnete ich in der Czerniakowski-Gruppe zum erstenmal » Żbik« (Zdisław Zajdler**). Erst jetzt lernte ich kennen, was wahre Kameradschaft, Gefühl für Disziplin, innere Beherrschung und moralische Prinzipien waren. » Żbik« sprach von einer Grenze, die zu überschreiten uns nicht gestattet sei. Das ist mir fürs ganze Leben geblieben.

Zu dieser Zeit hörte ich auf, bei dem Klempner zu arbeiten und wurde nun vom Kedyw*** bezahlt. Mit dem Sohn dieses Klempners verlor ich den Kontakt.

Meine erste große Aktion war »Palmiry« im Juli 1943. Ihr folgten andere. Heute fällt es schwer, sich genau zu erinnern, bei welchen Aktionen ich was getan habe, nach dreiundvierzig Jahren, während denen ich

* Es handelt sich um Alfred Bielicki, Pseudonym »Mietek«, der ebenfalls im Februar 1943 Soldat der Abteilung »A« geworden war, s. *Dziennik bojowy*, S. 113.
** »Żbik« kommandierte die Gruppe »Mokotów-Czerniaków-Śródmieście«, er ist am 17. Mai 1944 in Warschau gefallen.
*** Abk. f. Diversionskommando. (Anm. d. Übers.)

nicht viel gesprochen habe und keinen hatte, mit dem ich sprechen konnte, denn die Leute haben am Anfang meinen Erzählungen nicht geglaubt. Ich brüste mich nicht gern mit irgend etwas, also hörte ich auf zu reden und habe viele Sachen vergessen. Erst langsam kommen bestimmte Bilder zurück ...

Im Dezember oder Januar besorgte man mir vom Kedyw aus Arbeit in der *Hauptabteilung Forsten*. Ich konnte ganz gut Deutsch und arbeitete als Helfer des Buchhalters, der Pole war (der Direktor war ein Deutscher). Diese Arbeit war sehr bequem für alle: für mich, da ich mich nicht auf den Straßen herumtrieb und einen prächtigen Ausweis hatte, mit dem ich keine Angst vor den Menschenjagden haben mußte, sowie für das Kedyw, denn ich hatte stets das Telefon parat. Wenn eine Aktion war und ich fort mußte, deckte dieser Pole mich, indem er behauptete, daß er mich weggeschickt habe. Bei der Arbeit lernte ich eine Dame kennen, die mir ein Zimmer in Mokotów in der Villa ihrer Schwester, einer Gymnasiallehrerin, besorgte. Sie war es dann, die mir half, mich aufs Abitur vorzubereiten, das ich 1944 in der Direktion des geheimen Lehrbetriebs bei den Schwestern Niepokalanki* im Kloster in der Kazimierzowski-Straße ablegte. Die externen Schüler machten ihr Abitur in ... Klausur. (...)

Anfang 1944 wurde ich zusammen mit »Pat« (Leszek Rybiński), »Vogel« (Maciej Ptaszycki) und anderen Schüler der Fähnrichschule. Wir waren etwa acht. Wir erhielten Bücher, legten irgendwelche Prüfungen ab. (...) Alle beendeten die Schule als Stabsgefreite, ich bei der Infanterie, andere bei der Kavallerie. Das war ein paar Monate vor dem Aufstand.

In den letzten Monaten vor dem Aufstand ging es

* Schwestern des Ordens der Unbefleckten Empfängnis Mariae. (Anm. d. Übers.)

sehr heiß her. Es gab ständig die fürchterlichsten Menschenjagden, und jeder junge Mensch war verdächtig.

Rena (heute: Rena Rostworowska), Beata Branicka, »Pat«, »Remec« (Olgierd Cemerski) und ich bildeten einen engeren Freundeskreis. Jeden freien Augenblick verbrachten wir gemeinsam, überwiegend im Palast in Wilanów oder in Natolin oder in der Wohnung der Branickis in der Smolna-Straße. Diese Örtlichkeiten waren ziemlich sicher, da die Gestapo in Palästen nicht suchte. Wenn zum Beispiel in Warschau oder unterwegs Menschenjagden waren und wir uns in Wilanów aufhielten und nach Warschau zurück mußten, schickten uns die Branickis in einem Landauer mit einem Vierergespann weißer Pferde und einem Kutscher in Livree zurück. Die Deutschen hätten nie gewagt, diesen Landauer anzuhalten.

Diese Freundschaft mit ihnen dauerte bis zum Tod. Jetzt lebt nur noch Rena.

In der zweiten Hälfte des Jahres 1943, nach einer mißlungenen Aktion gegen den Chef des deutschen Geheimdienstes, fragte mich »Żbik« unvermutet, ob ich Jude sei. Nach ganz kurzem Zögern bejahte ich. Bis zu diesem Zeitpunkt hatte ich meinen Kameraden zu verstehen gegeben, daß ich aus der Gegend von Lwów stammte. »Żbik« erzählte mir, daß sie meine Dokumente geprüft hätten: Eine solche Familie existierte dort nicht. Da kamen sie im Kedyw auf den Gedanken, daß ich entweder ein ukrainischer Spitzel sei oder Jude. Noch an demselben Tag benachrichtigte »Żbik« »Andrzej« (Dr. phil. Józef Rybicki, Chef des Kedyw des Warschauer Bezirks, ihm unterstand meine Abteilung), der den Befehl gab, niemanden davon in Kenntnis zu setzen. »Żbik« händigte mir nach ein paar Tagen neue Papiere aus – viel besser gefälschte, vermutlich in einer der geheimen Werkstätten der AK – auf den Namen Żukowski. Doch jenen Umstand auf längere Sicht vor den

Menschen, mit denen ich sehr nahe verbunden war, zu verbergen, erwies sich als unmöglich. Sie stellten immer viele Fragen, auf die die Antwort schwerfiel. Ich berichtete Beata, »Pat«, »Remec« und »Słoń« davon. (...)

Die letzten Julitage saß ich am Telefon und wartete auf den Befehl, die Abteilung von der Stunde des Aufstands in Kenntnis zu setzen.

Am 1. August in den Vormittagsstunden erging der Befehl, und wir begannen, uns in Wola zu gruppieren, im Gebäude des Zollamts unweit des Gdańsker Bahnhofs. Ich glaube, ich bin einer der ersten gewesen, die dort hingefahren sind. Bis drei Uhr waren alle eingetroffen, rund siebzig, fünfundsiebzig Personen. Das war das erstemal, daß die ganze Abteilung »A« des Kedyw zusammenkam und wir uns kennenlernten. Und mit Sicherheit das letztemal. Wir legten schon die weißroten Armbinden an, die militärischen Rangabzeichen, die Adler; natürlich war dies das erstemal, daß ich mein eigenes Rangabzeichen als Stabsgefreiter anlegte, und ich war sehr stolz. (...)

Pünktlich um siebzehn Uhr sprangen wir aus dem Zollamtsgebäude und begannen, den *Umschlagplatz* in Stawki anzugreifen, der von der SS verteidigt wurde.* Das war genau das Gebäude, in dem mich die SS vor dem Transport nach Treblinka festgehalten hatte, vor achtzehn Monaten. In der ersten Stunde des Kampfes hatten wir bereits hohe Verluste: Verwundete und Ge-

---

* Die Abteilung »A«, gruppiert im Zollamtsgebäude in der Inflancka-Straße (heute befindet sich dort eine Entbindungsklinik), die 68 Soldaten zählte, begann den Aufstand mit dem Sturm auf die Lebensmitteldepots in der Stawki-Straße und eroberte als nächstes die SS-Schule in derselben Straße. Die befreiten Juden waren aus verschiedenen Ländern Deportierte, überwiegend aus Ungarn. Nach dem *Dziennik bojowy* hatte es am ersten Tag keinen Toten, aber sieben Verwundete gegeben. Die Verluste fielen auf die Kämpfe der nächsten Tage.

fallene. Nach Eroberung jenes Gebäudes nächtigten wir dort. Wir befreiten auch fünfzig Juden, die dort arbeiteten. Außerdem fanden wir eine Menge Lebensmittel, Uniformen und etliche Waffen. Wir zogen diese Uniformen an und sahen auf einmal wie Militärpersonen aus, in Mützen mit dem Adler, Uniformen mit Rangabzeichen, Stiefeln und dgl.

Am zweiten August in der Frühe marschierten wir nach Wola, die Menschen standen auf den Straßen, in den Fenstern und begrüßten uns und weinten. Das war sehr ergreifend und ist mir für immer im Gedächtnis geblieben.

(Als nächstes nahm »Rysiek« mit seiner Abteilung teil an den Kämpfen in Wola, wurde am 9. August am Bein und am Schlüsselbein schwer verwundet. Man brachte ihn in das Krankenhaus in der Długa-Straße. Mit einem Bein in Gips konnte er nicht durch die Kanäle evakuiert werden. Er blieb also mit den Zivilisten im Krankenhauskeller in der Długa.)

Wir hatten großes Glück: Bei uns im Keller lagen ein paar (drei oder fünf) verwundete deutsche Soldaten, die uns retteten. Als die SS in diesen Keller stürmte, hielten die Deutschen sie auf, indem sie behaupteten, daß wir sie gerettet hätten (unsere Militäruniformen hatten wir schon früher weggeworfen). Diese Szene dauerte zwei Sekunden. Die von der SS brüllten: *Raus, raus,* ich hatte neben mir zwei Besen liegen, auf die gestützt, ich mich ein wenig bewegte. Halb nackt ging ich auf die Straße hinaus, und das war das erstemal seit drei Wochen, daß ich den Himmel sah. Mit Hilfe der beiden Besen und auf einem Bein marschierte ich Stunden inmitten von Greisen, Kindern und Frauen Richtung Pruszków. Schließlich fand ich mich in der Psychiatrie in Twórki bei Pruszków wieder, wo ein Verwundetenhospital eingerichtet worden war. Dort war auch »Remec«, der als Priester verkleidet aus Warschau herausgekommen war.

Eines Tages, in der zweiten Septemberhälfte, erschien mit einer Rote-Kreuz-Delegation Andrzej (?) Potocki, der mich aus dem Palast in Wilanów kannte. Als die Delegation ihre Visite beendet hatte, kam er noch einmal zurück und teilte mir mit, daß anderntags die Gestapo hier sein würde, und dann drohte uns die Gefahr, daß man unsere Papiere überprüfte. Noch am selben Tag besorgte Potocki irgendeinen Bauern mit Fuhrwerk, und wir beide, »Remec« und ich, machten uns davon. Mit dem Zug fuhren wir Richtung Krakau, und irgendwie gelangten wir noch selbigen Tages nach Dalechowice. Dalechowice war das Gut von Renas Tante Krystyna, und »Remec« hatte von Rena diese Adresse, für alle Fälle, bekommen.

In Dalechowice gab es ein schönes Herrenhaus, weit weg von den Deutschen; das war dort ein »freies Polen«, und die scheuten sich davor, dort aufzutauchen. Nach dem Aufstand kamen auch Rena mit Familie und andere dorthin. Wir sind fünf Monate in Dalechowice gewesen, bis Januar 1945. Dort erhielten wir großartige ärztliche Hilfe, großartige Verpflegung. Die Atmosphäre war wundervoll. Im November 1944 hatte ich bereits angefangen, besser zu laufen, und half in der Konspiration.

Die Rote Armee traf dort im Januar ein, und natürlich warfen sie uns auf der Stelle raus.

»Remec« und ich fuhren nach Łódź, wo ich vor dem Krieg gewohnt habe und meine Familie ein kleines Palais hatte. Während des Krieges war dort das Kommando der deutschen Polizei in Łódź untergebracht. Als wir ankamen, stand das Haus leer. Wir etablierten uns in zwei Zimmern in der zweiten Etage. Nach ein paar Tagen erschienen Vertreter der »Obrigkeit« und requirierten das kleine Palais, und uns wollten sie rauswerfen. Ich war ein bißchen naiv und ließ mir das nicht gefallen; nach einem schrecklichen Krach gaben sie mir ein Zimmer mit Bad.

In diesem einen Zimmer lebten »Remec«, »Pat«, Beata und ich, und manchmal auch Staszek Likiernik, Rena, Danuta Mancewicz, Irys (Irena Wnęk) und andere. Beata schlief manchmal im Badezimmer. Damals fing ich mit dem Medizinstudium an der Universität Łódź an.

Unterdessen war der Krieg zu Ende, und ich kam nach dem ersten Semester zu dem Ergebnis, daß dieses System nichts für mich ist, und suchte nach einer Möglichkeit, in den Westen auszureisen. In dieser Zeit waren in Polen zionistische Organisationen aktiv, die Juden schmuggelten. Nur daß ich sie davon überzeugen mußte, daß ich Jude war, und das war gar nicht so leicht. Zuerst schickten sie mich nach Krakau, wo ich gefälschte griechische Papiere bekam. Von Krakau aus fuhr ich mit noch anderen über Prag nach Budapest. Im Zug durften wir nicht sprechen, denn wir konnten natürlich kein Griechisch. In Budapest waren wir rund zehn Tage in einem Transitlager, und von dort gelangten wir über die Grüne Grenze nach Österreich … Von da durch das II. Korps, in dem man am 31. Mai 1946 meinen Offiziersrang, als Leutnant der Infanterie, bestätigte, über Ancona und Bologna, wo ich wieder eine Weile Medizin studierte, führte mich der Weg nach Palästina, wo ich 1947 ankam, immer noch als Stanisław Żukowski. Hier kehrte ich dann zu meinem richtigen Namen zurück, was keineswegs so einfach war (so phantastisch gefälschte Papiere hatte ich!), ich mußte das gerichtlich klären, da war es schon 1948. Es vergingen nur wenige Monate seit meiner Ankunft, und in Israel begann der nächste Krieg. Doch das ist eine ganz andere Geschichte.

Israel, 1989

Text nach einem Manuskript, das unter Mitwirkung von Hanna Rybicka bearbeitet wurde.

Calik

Der Winter im Dezember 1941 war schneereich und frostig. Ich wohnte mit Mutter und einem jüngeren Bruder in einer Hütte ohne Rauchfang im Dorf Kurzany, Kreis Brzeżany, im östlichen Grenzgebiet. Ich war zwölf und mein Bruder Józio zehn. Wir waren aus Stanisławowo in dieses entlegene Nest geflohen, wo Frühjahr 1940 der NKWD meinen Vater verhaftet und bald darauf ins Lager in Ostaszków abtransportiert hatte. Uns gelang im letzten Augenblick die Flucht, und nach langem Umherirren gerieten wir schließlich in dieses Dorf. Wir lebten von einem Tag auf den anderen. Angst, Hunger und Kälte wurden beinah etwas Normales für uns. Doch irgendwie lebten wir, und das war in jenen unmenschlichen Zeiten das Wichtigste. Alptraumhafte Monate gingen ins Land. Im Dorf Kurzany wurden wir von der russischen Okkupation befreit und den deutschen Besatzern unterstellt. Anfangs, in Unkenntnis über den wirklichen Stand der Dinge, freuten wir uns sogar ein wenig, denn man konnte sich schwerlich vorstellen, daß es noch schlimmer kommen könnte. Die Deutschen, so sagte man sich, sind schließlich kein Volk von Wilden, sie werden uns wenigstens nicht ermorden und Gott weiß wohin verschleppen.

Mutter, vor dem Krieg Lehrerin, wurde als Schweinemagd im nahen, von Deutschen bewirtschafteten Vorwerk zwangsverpflichtet. Ich arbeitete freiwillig, um Mutter zu helfen, im Stall bei den Pferden, sogenannten Perscherons, die bei der Artillerie Verwendung fanden. In Kürze drangen grauenerregende Nachrichten zu uns über den Massenmord der Deutschen an der Zivilbevölkerung, besonders den Juden. Im Vorwerk arbeitete ein Buchhalter, der, wie sich herausstellte, jüdischer Abstammung war. Eines Tages setzten ihn die Deutschen in einen Militärlaster und fuhren ihn weg. Er kam nie wieder.

Unser Leben war wie das der meisten Dorfbewohner schwer, doch irgendwie lebte man. Die Arbeiter im Vorwerk bekamen ein sogenanntes Deputat. Es war armselig, aber immerhin, ein paar Kartoffeln, Getreide, Schnaps. Wer keinen Schnaps trank, was die Mehrzahl tat, tauschte ihn gegen Lebensmittel ein. Außerdem stahlen die auf dem Landgut Beschäftigten, was sich nur stehlen ließ, und ergänzten auf diese Weise ihre spärlichen Lebensmittelvorräte. Dennoch kam es im Dorf zu Fällen von Hungertod und Blutruhr.

Das Weihnachtsfest stand ins Haus. Nachdem wir vom Vorwerk zurückgekehrt waren, machten wir uns an den vorfesttäglichen Hausputz. Vor allem machten wir Feuer in der Küche mit dem in der Nacht zuvor im nahen, zum Vorwerk gehörigen Wald gestohlenen Reisig und Holz. Der Rauch ballte sich über dem Küchenherd und suchte einen Ausgang unter dem Strohdach. Er wallte auch unter der Decke. Józek brachte Schnee vom Hof herein und warf ihn in einen großen Topf, der auf dem Herd stand, und verwandelte ihn so in Wasser. Das war eine vernünftige Handlung, denn sauberen Schnee hatten wir zur Genüge, während sich der nächste Brunnen an die zweihundert Meter weit von unserem Haus entfernt befand. Mit Hilfe eines Haspelrades Wasser aus dem Brunnen zu schöpfen, war beschwerlich, und mit schweren Eimern durch den Schnee zu waten, gehörte auch nicht zum Angenehmsten. Wie auch immer, Wasser hatten wir reichlich. Das Großreinemachen in der Hütte, Stube-Küche eigentlich, war kein kompliziertes Unterfangen. Das Mobilar, alles in allem zwei Eisenbetten, ein Tisch und drei Hocker, trug Mutter mit meiner Hilfe in den Flur, damit es beim Saubermachen nicht störte. Als nächstes machten wir uns an die Grundtätigkeiten, die im Totmachen von Küchenschaben und Mäusen bestand, die es nicht zurück in ihre Löcher geschafft hatten und im übrigen uns nicht besonders fürchteten, dem Einsammeln jeglichen anderen Ungeziefers und dem Verbrennen des ganzen Dreckzeugs im Küchenherd. Nachdem der Lehmfußboden mit einem Besen aus Birkenreisern gekehrt war, mußte man ihn ein wenig glätten und mit einem feuchten Lappen darüberfahren, damit er hübscher aussah und keine Risse wegen zu großer Trockenheit zeigte. Nachdem die Möbel und anderes kleineres Haushaltsgerät wieder an Ort und Stelle waren, wuschen wir uns selber in gewärmtem Schneewasser, und damit war im Prinzip die Arbeit getan. Die Mutter rieb ein paar Kartoffeln und briet, wenn man die fettlose Zubereitung so nennen kann, auf der heißen Herdplatte Plinse, die uns immer, obwohl wir sie ziemlich häufig aßen, sehr gut schmeckten. Das Abendessen wurde von Tee gekrönt. So nannten wir die Flüssigkeit im Hinblick auf ihre schöne Farbe, die dem Wasser mit Hilfe von Karamel verliehen wurde, einer auf dem Herd gebrannten süßen Masse, die aus Zuckerrüben von den Feldern des Vorwerks hergestellt wurde.

Bevor wir zu Bett gingen, sprachen Józio und ich wie gewöhnlich halblaut unser Gebet. Halblaut deshalb, damit Mutter kontrollieren konnte, daß wir nicht den Text kürzten oder andere kleine Schwindeleien begingen. Unsere Gebete waren, so kann man sagen, Standardgebete. Vaterunser … Gegrüßet seist du, Maria …, Gott, schenk Gesundheit … hier erwähnte man entsprechend die Familienmitglieder und fügte hinzu:

allen Menschen und mir. Zum Schluß sagten wir noch: Gott, mach, daß unser Papa wieder nach Hause kommt, amen. Und wir gingen schlafen. Mutter betete stets länger, das Gesicht in den Händen verborgen. Sie mußte das natürlich nicht halblaut tun wie wir, ihre Söhne. Jetzt weiß ich, wenn ich an jene Zeiten denke, daß unsere Gebete nicht erhört werden konnten, da Vater, Häftling im Lager Ostaszków, 1940 ermordet worden war, doch das wußten wir damals noch nicht und hofften noch jahrelang, wenn wir nicht gar felsenfest davon überzeugt waren, daß er zurückkehrt. In diesem Fall erwies sich jedoch die Hoffnung als Mutter der Einfältigen. Ich weiß nicht, womit wir uns dem Höchsten abgeneigt gemacht hatten, daß unsere Gebete um die Gesundheit der übrigen Mitglieder unserer Familie gleichfalls nicht gnädig erhört wurden, und wenn, dann nur in geringem Maße. Meinen Großvater ermordeten in Kołomyja Bandera-Leute; den Mann der Schwester meiner Mutter, Janinas, haben sie, aller Wahrscheinlichkeit nach in Katyń, umgebracht. Die erwähnte Tante Janina, Heldin der russischen wie der deutschen Okkupationszeit, erlitt nach Kriegsende einen Gehirnschlag, ihre Sinne verwirrten sich, und sie starb im Krankenhaus, ohne daß sie uns vor ihrem Tod wiedererkannt hätte. Doch von dem allen ahnten wir nichts in jener frostigen Dezembernacht. Wir mußten ganz der Gegenwart leben, im Vertrauen darauf, daß die Zukunft besser sein würde.

Ich löschte die Petroleumlampe. Wir gingen zu Bett, Mama legte sich in ihres, mein Bruder und ich in unser gemeinsames. Wie gewöhnlich schwatzten wir noch ein bißchen, doch bald überkam uns der Schlaf. Aber ein langer Schlaf war uns in dieser Nacht nicht beschert. Ein Klopfen an der Tür weckte uns, anfänglich sacht, dann immer hartnäckiger. In jenen Zeiten verhieß ein solches Klopfen an die Tür, zumal des

Nachts, meist nichts Gutes. Voller Furcht sprangen wir im Bett hoch und lauschten ratlos auf das Heulen des Windes und dieses Klopfen. Nach kurzer Unterbrechung begann wer an das vereiste Fenster zu hämmern. Wir meinten eine schwache Kinderstimme zu hören:»Proszę pani … proszę pani …« Mutter machte die Tür auf. Die Stube betrat ein kleines menschliches Wesen. Ich zündete die Lampe an. Im Dämmerlicht erblickten wir einen kleinen Jungen in Lumpen, der sich kaum auf den Beinen hielt. Er zitterte vor Kälte, klapperte mit den Zähnen und war mit Reif oder Schnee bedeckt. Er mochte neun, vielleicht zehn Jahre alt sein. Er sagte keinen Ton, stand nur so da mit hängenden Armen. Mutter und wir, ihre Söhne, hatten im Leben schon viel menschliches Unglück gesehen, wir hatten sogar gemeint, inzwischen abgehärtet zu sein, doch der Anblick dieses unglücklichen Kindes, das mitten in der Stube stand in tiefer, eiskalter Nacht, war so erschütternd, daß keiner von uns ein Wort hervorbrachte. Diese Erstarrung hielt jedoch nicht lange an. Mutter setzte mit der ihr eigenen Energie den kleinen Ankömmling auf einen Hocker, mir befahl sie, Holz auf die Glut zu legen, und Józek, Schnee zu holen. Bald war das Wasser im Topf warm, in einem Blechtöpfchen wurde Milch gewärmt. Es fand sich auch ein Stückchen etwas altbackenen Aschenbrots, das heißt eine Art Plins aus Mehl und Wasser, auf der Herdplatte gebacken. Unser Gast starrte begehrlich auf all das Gute, doch so entsetzlich durchgefroren, wie er war, trank er mit großer Mühe nur ein Schlückchen Milch, aber essen konnte er nicht. Mutter zog dem Unglücklichen die Sachen aus, die eher Fetzen statt Kleidung waren, badete ihn in einer Schüssel mit warmem Wasser und plazierte ihn dicht am Küchenherd, damit er sich richtig durchwärmen konnte. Die Lumpen von dem kleinen Gerippe, verlaust wie ihr Träger, trug ich in den

Hof hinaus und vergrub sie im Schnee. Anderntags verbrannte ich sie. Mutter hatte ihm inzwischen zur Desinfektion die Haare mit Petroleum eingerieben und ihm irgendwelches Zeug von Józio angezogen, denn unser Gast und mein Bruder hatten ungefähr die gleiche Körpergröße. Der kleine Besucher war nicht wiederzuerkennen. Er verspeiste das Stück Aschenbrot, trank den Rest Milch aus und fing an zu flennen. Józek machte es genauso, und so heulten sie eine Weile im Duett. Mutter beruhigte sie irgendwie, machte für den Gast ein provisorisches Lager am Küchenherd zurecht, und alle begaben sich zur verdienten, wenn man so sagen darf, Ruhe. Ich versuchte, ein bißchen mit meinem neuen Kameraden zu sprechen, doch der murmelte nur, daß er Calik heiße und keine Eltern habe, und schlief ein. Der Morgen graute. Das Schlimmste hatten wir noch gar nicht hinter uns. Wir hegten keinen Zweifel, daß Calik ein jüdisches Kind war, und für das Verstecken von Juden kannten die deutschen Okkupanten nur eine einzige Strafe – die Todesstrafe.

Mutter und ich mußten wie üblich zur Arbeit im Vorwerk. Mutter zu den Schweinen, ich zu den Pferden. Die Tiere mußten gefüttert werden. Aber was mit Calik anfangen? Unser Häuschen bestand aus nur einer Stube mit Vorflur. Uns besuchten Nachbarn, hauptsächlich ukrainische Knechte, die ebenfalls auf dem Vorwerk arbeiteten, ständig oder während der Saison. Die Leute waren unterschiedlich, welche waren gut, andere schlecht. Etliche von ihnen begannen in Bälde Polen zu ermorden, und etwas später auch Deutsche. Eine Gefahr bildeten auch die Nachbarskinder, die im Laufe des Tages erschienen, um mit meinem jüngeren Bruder zu spielen. Sie konnten sich verplaudern und, ohne es zu wollen, Calik und uns den Deutschen ausliefern. Dazu durften wir es nicht kommen lassen. Calik aus dem Haus zu jagen, kam nicht in Frage, obschon Mutter mit Sicherheit vor Angst zitterte bei dem Gedanken daran, daß sie wegen dieses Unglückseligen die eigenen Söhne verlieren konnte, die sie wie durch ein Wunder vor der Verschickung nach Sibirien gerettet hatte und die sie durch übermenschliche Aufopferung und ein Glück, welches uns vorläufig in diesem ganzen Unglück hold war, am Leben erhielt. In dieser Situation beschlossen wir, daß Calik sich über Tag in dem Schuppen auf dem Hof aufhalten sollte, in dem wir Feuerung, Stroh und allerlei Geräte aufbewahrten, und zur Nacht zu uns ins Haus kommen würde. So machten wir es auch. Ich bereitete Calik in dem Kämmerchen ein verstecktes und möglichst bequemes Lager. Im Morgengrauen weckten, fütterten und kleideten wir ihn, in das wärmste Zeug, das wir besaßen, brachten ihn in dieser Kammer unter und verboten ihm, das Versteck zu verlassen. Ein paar Tage gingen so dahin. Calik sah ein bißchen wohler aus, obwohl ihm Beine, Nase und Ohren wehtaten, die er sich zuvor erfroren hatte. Von ihnen schälte sich die Haut. Heiligabend verbrachten wir gemeinsam. Calik sang sogar die Weihnachtslieder mit, aber es war nicht allzu fröhlich. Wir dachten an unseren verschleppten Vater und andere Angehörige, deren Schicksal uns damals nicht bekannt war. Calik erzählte uns, daß seine gesamte Familie von Deutschen ermordet worden und zusammen mit anderen Juden bei Rohatyń, unweit des jüdischen Friedhofs, verscharrt worden war. Wir kannten die Stelle, denn während der Okkupation wohnten wir eine Zeitlang in Rohatyń, und das ganz nah bei diesem Friedhof. Calik hatte sich, wie er uns sagte, während der Jagd auf die Juden im Wald versteckt und war dann, nach langem Umherirren durch Dörfchen und Wälder, zu dem Dorf Kurzany gelangt. Weil er nicht länger die Kälte und den Hunger ertragen konnte, klopfte er ausgerechnet an unsere Tür. Wie sich herausstellte, war dies kein Zufall, da er uns zuvor beobachtet und gehört hatte, daß wir polnisch sprachen. Das entschied über seinen verzweifelten Entschluß.

Ziemlich viel Zeit verging. Calik fühlte sich entschieden besser, nahm sogar zu, obwohl seine Kost eher schmal war. So wie unsere. Eines Tages kam der Gutsverwalter in den Schweinestall, ein polonisierter Armenier, der den Polen gegenüber wohlwollend eingestellt war, und fragte meine Mutter, ob das stimme, daß wir in unserem Haus ein jüdisches Kind versteckten. Er hatte das zufällig vom Direktor des Vorwerks erfahren, bei dem eine derartige Denunziation eingegangen war. Es unterlag keinem Zweifel, daß der Direktor, ein gewisser Pitch, bei der nächsten Gelegenheit die Gendarmen benachrichtigen würde oder andere deutsche Soldaten, die ziemlich häufig aus Brzeżany aufs Vorwerk kamen. Mutter dankte dem Gutsverwalter für die Information, aber sie leugnete natürlich. Ob er ihr geglaubt hatte oder nicht, das erfuhren wir nie.

Es gab keinen anderen Ausweg. Calik mußte unverzüglich aus unserem Haus verschwinden. Das Risiko für uns alle und auch für Calik selbst war viel zu groß. Was jedoch sollten wir mit diesem unglückseligen Bürschchen anfangen? Unter den verschiedenen mehr oder weniger gefährlichen Varianten, andere konnte es ja auch gar nicht geben, hatten wir, wie es schien, die beste gewählt. Abends, ohne daß uns wer bemerkt hätte, brachten wir Calik zu dem Schweinestall des Vorwerks, wo Mutter arbeitete. Über die gesamte Länge des Stalls hinweg gab es einen Boden, auf dem eine große Menge Stroh aufbewahrt wurde. Dort, an einem vom Eingang weitentfernten Platz, brachten wir Calik unter. Ihm Essen zukommen zu lassen, war im Prinzip nicht schwierig. Das Versteck im Schweinestall hatte den zusätzlichen Vorzug, daß er Kartoffeln essen konnte, soviel er wollte, da sie an Ort und Stelle in einem riesigen Neigungskessel als Viehfutter gekocht wurden.

Diese Pseudoidylle währte jedoch nicht lange. Aus den umliegenden Dörfern kamen Nachrichten über die Ermordung von Polen durch ukrainische nationalistische Banden, die UPA*. Im nahen Wald fand man bald darauf den massakrierten Leichnam eines jungen Polen, Schmiedegehilfe auf dem Vorwerk. Wir hatten keinen Zweifel, daß dies auf das Konto von Bandera-Leuten ging, wie man in diesen Gebieten allgemein die Ukrainer nannte, die sich an der Ermordung von Polen beteiligten. Eine Zeit unbeschreiblichen Schreckens war angebrochen. Feinde hatten wir im Übermaß. Wir fürchteten die Deutschen, die Bandera-Leute und die russischen Partisanen, die in den umliegenden Wäldern jetzt ab und an auftauchten. Nur die polnischen Partisanen fürchteten wir nicht, die sich ebenfalls bemerkbar machten und sogar, wie das Gerücht ging, einen Zug in die Luft gesprengt hatten, der mit Treibstofftanks an die Ostfront unterwegs gewesen war. Auch Caliks Los bereitete uns Sorgen. Wir hatten den Jungen ins Herz geschlossen, doch er stellte für uns eine ernste Bedrohung dar. Aus Angst vor den Bandera-Leuten fuhr der Direktor des Vorwerks über Nacht gemeinsam mit seinem kleinen Gefolge ins dreißig Kilometer entfernte Brzeżany. Zur Bewachung des Gutes blieb in der Nacht allein sein Verwalter zurück, den er im Hinblick auf die besonderen Umstände mit einem Karabiner ausgerüstet hatte. Es gab auch einen Nachtwächter, einen Ukrainer, der keine Feuerwaffe hatte. Die Bandera-Leute hausten wie die

* für: Ukraińska Powstańcza Armia – Ukrainische Aufständischenarmee. (Anm. d. Übers.)

Wilden. Sie metzelten nicht nur Polen, sondern auch Deutsche und russische Partisanen. Über die Ursachen für diesen Irrsinn will ich hier nichts schreiben, denn das ist ein anderes Thema. Von einem Tag zum anderen, oder eher von einer Nacht zur anderen, erwarteten wir den Überfall der Bandera-Leute auf das Vorwerk. Ich muß hinzufügen, daß aufgrund der Bemühungen des Verwalters die wenigen Polen, die bisher im Dorf gelebt hatten, in ein kleines Steinhaus gezogen waren, das zu den Baulichkeiten des Vorwerks gehörte. Die Enge war fürchterlich, doch hier war uns leichter ums Herz, und hier waren wir auch zu einem eventuellen Kampf gegen die Bandera-Leute bereit. Wir hatten Äxte, Brechstangen, Holzknüppel und Steine. Fenster und Türen waren verstärkt worden. Wir waren drei Männer im Haus, darunter ich und mein Bruder Józio. Wir trösteten uns damit, daß die Bandera-Leute im allgemeinen ebenfalls keine Feuerwaffen hatten. Wir schliefen angezogen und im Wechsel. Wir warteten, und unser Gefühl trog nicht. Eines Nachts drangen Bandera-Leute gewaltsam ins Herrenhaus ein und stahlen Lebensmittel, Alkohol, Kleidung und andere wertvollere Sachen. Bevor sie wieder verschwanden, zerschlugen oder zerhackten sie viele kostbare Gegenstände, unter anderem zerstörten sie das Klavier. Der Verwalter, der wie üblich in seinem Zimmer im Herrenhaus schlief, entkam unbemerkt durchs Fenster, wodurch er mit dem Leben davonkam. Von diesem Überfall erfuhren wir erst am anderen Morgen. Ein seltsamer Überfall, weil niemand getötet wurde. Dafür fand man Tage später nahe beim Dorf Kurzany die Leichen zweier deutscher Soldaten. Man hatte sie nicht erschossen, sondern mit Äxten oder Messern abgeschlachtet, ein Verweis darauf, daß die Mörder Mitglieder der UPA waren oder Bauern aus der Gegend, vermutlich gleichfalls Bandera-Anhänger.

Der Mord hatte für das Dorf fatale Folgen. Bis an die Zähne bewaffnete Deutsche erschienen. Rings um das Vorwerk stellten sie Maschinengewehre auf. Alle Männer, die man im Dorf und im Wald zu fassen bekam, sammelte man an einem Ort, prügelte sie und erschoß jeden zehnten. Einige der Gefaßten verluden sie auf einen Lastwagen und transportierten sie ab. Wir, die ständigen Arbeiter auf dem Vorwerk, blieben dem Wunsch des Direktors gemäß unangetastet.

Unter den gegebenen Umständen lebte Calik in seinem Versteck. Was für ein Leben das war, kann man sich unschwer vorstellen. Es gab jedoch Hoffnung, daß dieser Alptraum zu Ende gehen und daß auch das jüdische Waisenkind einen günstigen Kriegsausgang noch erleben würde. Vorläufig träumte Calik, der schließlich noch ein Kind war, davon, dem Boden zu entkommen und ein bißchen durch den Park des Herrenhauses zu rennen. Das durften wir jedoch nicht zulassen. Dafür erlaubte ihm Mutter, nachts in den Schweinestall herunterzukommen und dort herumzulaufen und zu spielen.

Unterdessen hatten die russischen Truppen die Deutschen hinter den Dnjepr zurückgedrängt. Im Spätherbst 1943 tauchten am Himmel des öfteren russische Flugzeuge auf. Vermutlich flogen sie, um Brzeżany und Tarnopol zu bombardieren, wo eine Menge deutscher Truppenverbände zusammengezogen waren. Wir, das Restchen von Polen, die in diesen Gebieten noch am Leben geblieben waren, waren dem Schicksal auf Gedeih und Verderb ausgeliefert. Wohin fliehen? Vorwerk und Dorf Kurzany waren von riesigen Wäldern umgeben. Wir besaßen kein einziges Transportmittel. Die größte unmittelbare Gefahr drohte uns weiterhin von seiten der Bandera-Leute. Doch wir hatten auch Angst vor den Deutschen und der anrückenden Roten Armee. Zum Vorwerk kamen immer häufiger deutsche Soldaten. Sie begannen mit dem Abtransport des hier gelagerten Getreides und der Kartoffelvorräte, und später der Tiere. Eines Tages holten sie die Pferde, die Perscherons. Die Ställe, in denen ich arbeitete, leerten sich. Mir tat es leid um die Pferde, die ich liebgewonnen hatte, obwohl es deutsche waren. Ich ritt ohne Sattel auf ihnen und paßte auf der Weide auf sie auf. Auch den Schweinestall leerten sie nach und nach. Wir hatten Angst, die Deutschen könnten auf den Boden steigen und Calik dort finden. Doch nichts dergleichen geschah.

Und es kam die verhängnisvolle Nacht. Abends fuhren etliche Autos mit deutschen Soldaten ins Vorwerk ein. Den Leuten, die hier angestellt waren und wohnten, wurde untersagt, die Häuser zu verlassen. Diese Nacht taten wir kein Auge zu. Man hörte Salven und einzelne Schüsse. Am Morgen des darauffolgenden Tages fuhr die Mehrzahl der Soldaten wieder ab. Eine Gruppe Deutscher in Uniform und Zivil blieb zurück, die verschiedene Landwirtschaftsartikel und Zuchtvieh auf Lastwagen und Fuhrwerke verluden. Kurz darauf hatten auch sie das Vorwerk verlassen. Um so schneller begab ich mich zum Schweinestall, auf den Boden, mit Essen für Calik. Doch Calik war nicht da. Unsere Suche blieb ohne Erfolg. Wir erfuhren, daß in der vergangenen Nacht die Deutschen im Dorf eine Razzia veranstaltet und den nahen Wald durchsucht hatten. Man erzählte sich, sie hätten nach Stepan Bandera und seinem Stab gesucht. Man berichtete uns auch, daß man im Wald mehr als ein Dutzend Leute gefaßt, auf Lastwagen verladen und abtransportiert habe. Unter ihnen soll ein kleiner Junge gewesen sein. Wenn das Calik war, und er muß es wohl gewesen sein, grübelten wir, was hatte er im Wald zu suchen? Bestimmt hatte ihn die große Anzahl von Soldaten erschreckt, und er hatte sich in den Wald geflüchtet.

Doch vielleicht war er ja vor ihrem Erscheinen ein bißchen spazierengegangen und hatte später dann keine Gelegenheit mehr gehabt, in sein verhältnismäßig sicheres Versteck zurückzukehren? Ich stieg ein paarmal täglich auf den Boden, immer in der trügerischen Hoffnung, daß er dort auf mich warte. Aber er wartete nicht.

Polen im Dorf Kurzany und den Nachbardörfern gab es im Prinzip nicht mehr. Wem nicht die Flucht gelang, den brachten die Bandera-Leute um. Die Häuser, in denen Polen gelebt hatten, wurden niedergebrannt. Nur ein Dorf – Hucisko – wehrte sich und hielt durch bis zum Eintreffen der russischen Truppen. Wir, das heißt meine Mutter und ihre zwei Söhne, entkamen dank der Hilfe des Verwalters nach Brzeżany, um niemals mehr nach Kurzany zurückzukehren. Der Krieg ging zu Ende. Im Rahmen der Repatriierungsaktion kamen wir nach Polen, in die Westgebiete. Die Zeiten der Menschenverachtung schienen vorüber. Das waren Illusionen.

Warschau, April 1993

HALINA DĘBICKA-ULŁOWICZ
ZOFIA DĘBICKA geb. ZIELIŃSKA

Das Haus in der Orzechowska-Straße

Es gibt da ein kleines Haus, eine Villa eigentlich, in Warschau, das eine reiche Geschichte hat. Zwar handelt es sich nur um einen Zeitraum von fünf Jahren, doch ich glaube, daß andere Häuser nicht einmal in hundert Jahren so viele Begebnisse fassen, Zeugen so vieler menschlicher Geschicke waren. Ich habe geschrieben: es gibt, denn es steht tatsächlich. Aus Schutt und Asche wiederaufgebaut, wohnen ehrenwerte Bürger darin, ein Professor, ein Arzt, doch es ist nicht mehr das Haus von einst.

Die Staszic-Siedlung liegt im Zentrum von Warschau, doch die schmalen Sträßchen, abseits von den Hauptstraßen, die an diesen Sträßchen gelegenen Villen mit kleinen Gärten dabei, schaffen eine Atmosphäre der Intimität, der Abgeschiedenheit. In einer der kleinen Straßen, Orzechowska, Ecke Błogosławiony Ładysław stand eine einstöckige Villa mit einem Dachgeschoß. Wie alle kleinen Häuser in diesem Quartier – Orzechowska, Filtrowa, Łeczycka – war es verwaschen rosa verputzt und mit Wein bewachsen. Meine Mutter Zofia Dębicka* wohnte darin, da das

---

* Zofia Dębicka, geb. 20. Sept. 1900 in Warschau, war die Tochter von Halina geb. Sempołowska Zielińska und Zdzisław Zieliński. Anfänglich besuchte sie den von Tante Stefania Sempołowska geleiteten geheimen Schulunterricht, 1917 beendete sie in Lublin das Kunicki-Gymnasium. In den Jahren 1912–1915, als Zwölfjährige, war sie in der Häftlingsfürsorge »Patronat« aktiv, organisierte in diesem Rahmen eine Art Klub

Haus vis-à-vis, in dem die Eltern zuvor gewohnt hatten, von einer Abteilung der SS mit Beschlag belegt worden war. Damals war mein Vater Ludwik Dębicki*, erster Kriegskommandant des konspirativen Warschau, schon nicht mehr.

für Kinder von Häftlingen und half bei Paketaktionen. Sie war auch im Roten Kreuz tätig, wo sie unter der Leitung von Stefania Sempołowska die Kartothek und Gefangenenstatistik, später die der politischen Häftlinge führte. Nach Geburt der Töchter Halina und Barbara lebte sie eine gewisse Zeitlang in Kubowo bei Gniezno auf dem kleinen Gut ihres Vaters. 1939, während der Belagerung Warschaus, war sie Sanitäterin im Spital Nr. 4. Ab Juli 1940 arbeitete sie im RGO (Rada Główna Opiekuńcza – Hauptfürsorgerat) in der Sektion des »Patronats« als Kundschafterin unter den Familien Inhaftierter, als nächstes in der Zelle für Gefängniswesen der Vertretung, wo ihre Aufgabe unter anderem darin bestand, mit den Gefängnisangestellten Kontakt zu halten, die bei der Weitergabe von Kassibern und Medikamenten vermittelten. 1941 oder Anfang 1942 nahm sie ihre Tätigkeit bei der Żegota [vgl. Vorwort!] auf, in deren Rahmen sie Dokumente, finanzielle Unterstützung und Unterschlupf für Flüchtige aus dem Getto und Personen, die infolge von Denunziation in ihren bisherigen Wohnungen bedroht waren, beschaffte. Man erinnert sich ihrer mit Dankbarkeit in so manch einem Buch im In- und Ausland. Nach dem Warschauer Aufstand und einem vorübergehenden Aufenthalt in Pruszków nahm sie Wohnung in Piastów, wo sie die Arbeit in der Organisation fortsetzte. Nach dem Krieg war sie eine Zeitlang in der Verwaltung der Studentenheime am Narutowicz-Platz beschäftigt, mußte jedoch aus Krankheitsgründen auf die Berufstätigkeit verzichten. Sie nahm sich der Erziehung der Enkel Andrzej, Marek und Dorota an. 1963 war sie im Redaktionskomitee für die 4bändige Ausgabe der Werke von S. Sempołowska, die im PIW [Państwowy Instytut Wydawniczy – Staatliches Verlagsinstitut] erschienen. Gestorben am 23. August 1970 in Warschau.
* Ludwik Dębicki, Sohn von Jakub und Helena geb. Krzyżanowska, geb. 1888 in Kątkowce in Rußland, absolvierte das Gymnasium in Odessa und dann, 1913, die Fakultät für Straßen- und Brückenbau an der Technischen Hochschule in Kiew. 1914 ver-

Er wurde am 29. Januar 1940 zusammen mit einer Gruppe von Kameraden verhaftet und im Juni aus dem Pawiak in unbekannte Richtung abtransportiert. Erst nach dem Krieg benachrichtigte das Polnische Rote Kreuz unsere Mutter, daß er in einem Massengrab in Palmiry (Puszcza Kampinoska) liege, erschossen am 21. Juni 1940.

Mama wohnte in der Orzechowska-Straße zusammen mit mir, zwölf Jahre alt, meiner jüngeren Schwester Barbara*, sieben Jahre, ihrer Mutter Halina Zielińska, die infolge eines Oberschenkelhalsbruchs, der nicht heilen wollte, ans Bett gefesselt war, und ihrer Tante Stefania Sempołowska, einer bekannten Linksaktivistin und Lehrerin. Stefania Sempołowska war gemeinsam mit den Rechtsanwälten Patek, Berenson, Natalia und Wanda Gąsiorowska Mitbegründerin des »Patronats« noch an der Jahrhundertwende, einer Hilfsorganisation für politische Häftlinge. Sie war eine bekannte Gestalt in allen Gefängnissen Polens, die Kommunisten nannten sie die »Marquise«. Sie war

wundet, gelangte er in deutsche Kriegsgefangenschaft. Nach Beendigung des Krieges trat er der Polnischen Armee im Hauptmannsrang bei. 1926 in den Ruhestand versetzt, arbeitete er beim Straßen- und Brückenbau (u.a. in Modliń). Seit 1933 Leiter der Abteilung Sozialversicherungswirtschaft. 1939 nimmt er an der Septemberkampagne teil und kämpft als Freiwilliger im Lublinschen. Nach der Kapitulation kehrt er nach Warschau zurück und wird erster Kriegskommandant des konspirativen Warschau. Am 29. Januar 1940 verhaftet und im Pawiak mit Rataj und Niedziałkowski in eine Zelle gesperrt, fand er am 20. Juni 1940 in Palmiry den Tod.
* Barbara Kłębowska geb. Dębicka, geb. 12. Februar 1931 in Poznań, Tochter von Zofia und Ludwik, Schwester von Halina, Frau von Antoni Kłębowski, Mutter von Marek und Dorota. Während des Krieges hielt sie sich überwiegend bei Bekannten der Eltern auf dem Land auf. Nach dem Krieg Röntgenologin. Gest. 7. Mai 1992 in Warschau.

eine schöne Frau, die bis zu ihrem Tode ein knöchellanges, stets schwarzes Kleid trug. Als junges Mädchen hatte sie sich in einen seinerzeit bekannten Aktivisten verliebt, der aus Polen flüchten mußte und sich in der Schweiz das Leben nahm, nachdem er testamentarisch sein gesamtes Vermögen Fräulein Stefania zugunsten ihres Betätigungsfeldes vermacht hatte. Seit jener Stunde trug sie Trauer, heiratete nie und widmete sich ausschließlich denen, die ihrer Hilfe bedurften, dem Kampf um die Würde und Freiheit des Menschen. In den Zwischenkriegsjahren hatte sie ihr Büro in der Smolna 7 (der Krieg hat dieses Haus vom Erdboden getilgt, nur ein Gedenkstein hat sich behauptet, den man hier vor zwanzig Jahren aufgestellt hat). Das Büro in der Smolna kannte das ganze Arbeiter-Warschau, die Familien der Inhaftierten, einem jeden wurde Hilfe zuteil ...

Stefania Sempołowska war auch Lehrerin für Geschichte und Geographie. Sie wendete Lehrmethoden an, die erst nach dem zweiten Krieg populär wurden: Dias, Filme, Platten. Sie konnte wunderschön deklamieren, kannte Słowacki, Mickiewicz, Ursyn Niemcewicz, Norwid, Asnyk, Staff auswendig, sie verlieh auch ihren Unterrichtsstunden Farbe durch Poesie. 1936, als an der Warschauer Universität die ersten Schlägertrupps des ONR* auftauchten, und in Deutschland der Hitlerterror wütete, unterrichtete sie zum Zeichen des Protests an der jüdischen Schule in Nalewki.

Mit Janina Mortkowiczowa gab sie die fortschrittlichen Kinderzeitschriften »Dom i Szkoła« (Haus und Schule) und »W Słońcu« (Im Sonnenschein) heraus. Zudem war sie Publizistin, ihre Artikel erschienen im »Robotnik« (Der Arbeiter) Ihre Polemiken, offenen

---

* für: Obóz Narodowo-Radykalny; extrem rechtsgerichtete politische Gruppierung; 1934 gegründet. (Anm. d. Übers.)

Briefe an Piłsudski und andere Mitglieder der damaligen Regierung brachten ihr eine Menge Feindschaft ein. Aber sie hatte auch treue Freunde: die Mortkiewiczs, Falski, Klimek, Berenson, Patek, Dąbrowska, Nałkowska und vor allem – Korczak. Daher, als sie aus dem verwüsteten Haus in der Smolna zuerst zu Rechtsanwalt Berenson umzog, um ihn zu schützen, und später, nach Berensons Tod, in die Orzechowska, wanderten all die Menschen, die jetzt mehr Hilfe als je zuvor benötigten, hinter ihr her in die Orzechowska-Straße. Papiere mußten für sie angefertigt, Unterschlupf gefunden werden, man mußte verstecken … Manche kamen mehrmals wieder. Man mußte von etwas leben, es mußte wenigstens für einen Topf Suppe für alle Hungrigen reichen. Meine Mutter konnte nicht viel ausrichten, deshalb handelte sie wie die meisten, womit sich nur handeln ließ, buk Kuchen, verkaufte, was sich noch zu Geld machen ließ. Ich mußte zur Arbeit in einer Bandagenfabrik – früh, nachmittags besuchte ich den geheimen Schulunterricht … Meine jüngere Schwester nahmen Verwandte auf das Gut mit, dessen Verwalter der Onkel war, sie hatte mindestens zu essen.

Als die Liquidierung des Gettos begann, war das Haus in der Orzechowska der reinste Turmbau zu Babel. Juden, die sich versteckten oder aus dem Getto geflohen waren, Leute von der AK, meine Mutter war erst im ZWZ* und später in der AK, ich – in »Dziks« Abteilung Kolporteurin, eine kleine graue Maus, der niemand Aufmerksamkeit schenkte und die durch Warschau huschen konnte, um Waffen, Zeitungen, Dokumente zu überbringen … Häufige Gäste waren meine Cousins mütterlicherseits vom Bataillon »Zośka«: Andrzej (»Długi«) und Marek (»Baobab«)

---

* für: Związek Walki Zbrojnej; konspirative militärische Organisation; 1940 gegründet; 1942 in AK umgewandelt. (Anm. d. Übers.)

Długoszowski. In der Orzechowska war die Kontaktstelle. Es gab Nächte, da saßen wir auf dem Fußboden herum, weil kein Platz war, um sich hinzulegen, so viele Menschen waren da.

Die Villa war unten abgeschlossen, der Schlüssel hing in der Küche, damit kein ungebetener Gast uns überraschen konnte. Wenn es geklingelt hatte, beugte man sich aus dem Küchenfenster, um zu sehen, wer unten stand. Wenn es Gestapo war, blieb Zeit, um Leute und »trejfene« Papiere auf dem Boden zu verstecken, bevor man hinunterging und die Tür öffnete.

Zwei Jahre lang wohnte bei uns auch ein Engländer, ausgestattet mit den Papieren eines *Reichsdeutschen*, weil er fließend deutsch sprach. Ronald Geoffrey war der Neffe eines Admirals aus dem Zweiten Weltkrieg. Man hatte ihn gemeinsam mit vier Kameraden in Frankreich abgeworfen. Alle waren geschnappt und ins Lager gesteckt worden, aus dem sie entkamen. Sie schlugen sich nach Polen durch, doch unweit der einstigen Grenze faßte man sie erneut und steckte sie wieder in ein Lager, diesmal bei Łódź. Drei von ihnen entkamen mit Hilfe der AK. Einer davon, Ronny, fiel uns zu. Er biwakierte in meinem Zimmer. Im Schreibtisch unterhielt er eine Funkstation, von der wir erst am Tag vor seinem Abflug nach England erfuhren, im April 1944. Er flog aus den Lubliner Wäldern ab, zu denen Zosia Wyszyńska ihn eskortierte, die diese Wälder wie niemand sonst kannte, weil sie allmonatlich von dort mit Fallschirmen abgeworfenes Geld, Dokumente, Befehle abholte (ein Kapitel in dieser Geschichte hier ist Zosia gewidmet).

Die in dieser wahren Geschichte Geschilderten bilden nur einen kleinen Teil derer, die sich während des Krieges, der Okkupation und des Aufstandes durch unser Haus bewegt haben oder durch viele Angelegenheiten mit ihm verbunden gewesen sind …

Die Siudeckis fehlen, vor dem Krieg Inhaber eines bekannten Geschäfts für technisches Zubehör, deren Haus auf der gegenüberliegenden Straßenseite für viele Menschen eine Zuflucht gewesen ist.

Julia Szlamsowa fehlt. Ihr Mann war Administrator an der Warschauer Technischen Hochschule, dort blieb er während der Okkupation. Ihr Sohn Mietek war in der Diversionsabteilung der AK. Bei ihnen hielten sich Janina Mortkowiczowa mit Tochter Hanna und Enkelin Joasia verborgen …

Es fehlen Andrzej und Marek Długoszowski, prachtvolle Jungs vom Bataillon »Zośka« …

Kein Wort über den »Baron«, den Kommandeur der Warschauer Diversion der AK … Ein schöner Mann mit geradezu ungeheuerlichem Mut. Wie viele Menschen hat er aus dem Getto geholt und in den Wald transportiert!

Und wo sind heute die Sadowskis, Inhaber eines Lebensmittelgeschäfts an der Ecke unsres Sträßleins, die wohlwissend, was bei uns vor sich ging, häufig etwas zum Essen schickten, dabei halfen, mit Waren zusammen Menschen durchzuschmuggeln, im Lager Waffen und verschiedenerlei Dokumente, Kennkartenmatritzen und Ausweisformulare u. v. a. zu verstecken.

Kurz nach dem Krieg arbeitete meine Mutter, war aber kränklich und daher mehr zu Hause als auf der Arbeit. Gegen Ende ihres Lebens begann sie ihre Erinnerungen niederzuschreiben, sie hat nicht viel mit der Maschine ins reine zu schreiben geschafft, ein Heft blieb, das nicht zu entziffern war. Diese paar Dutzend Seiten sind ein kleiner Teil dessen, was sie zu übermitteln beabsichtigte, damit nicht in Vergessenheit gerieten, die wohl den grausamsten Kreuzzug der letzten paar Jahrhunderte durchgemacht haben …

Amelka

Amelka war meine Schulkameradin. Nach ihrem Jurastudium und der Heirat, ihr Mann war ebenfalls Jurist, lebte sie in Krakau. In der Zwischenkriegszeit sahen wir uns selten, hin und wieder begegneten wir uns bei meiner Tante, deren Lieblingsschülerin Amelka gewesen war. Und während des letzten Krieges, nachdem wir uns etliche Jahre nicht gesehen hatten, trafen wir uns bei der Tante. Das war nach Amelkas und ihres Mannes Flucht aus Krakau, wo sie in einem kleinen Vorstadthaus Arbeit für den Untergrund geleistet hatten. Von Nachbarn rechtzeitig gewarnt, daß Gestapo das Haus umstellt habe, entkamen sie durch ein Fenster mitsamt dem Material – Druckerzeugnissen –, das das Haus belastet hätte. In Warschau lebten sie dann unter falschem Namen und setzten die illegale Tätigkeit fort.

Amelkas Mann, ein hervorragender Anwalt, ein außerordentlich kluger, rechtschaffener, mutiger Mann, hatte den ganzen Tag, trotz der ihm auf Schritt und Tritt drohenden Gefahren, mit organisatorischer Arbeit und der Hilfe für Bedürftige ausgefüllt. Amelka, die ihr Mann buchstäblich und im übertragenen Sinne »auf Händen trug«, arbeitete mit ihm.

Seit sie nach Warschau gekommen waren, hatten wir ständig Kontakt – sie suchten die Verbindung zu Leuten, die Dokumente fälschten: Namensänderungen, Anmeldungen, Arbeits- und Wohnbescheinigungen usw.

In einem Gartenviertel der Stadt gelegen, ziemlich geräumig und mit Telefon ausgestattet, bot meine Wohnung eine Menge Kontaktmöglichkeiten. Bald waren sie häufige Gäste (sie hatten nicht weit entfernt ein Zimmer gemietet bei einer außerordentlich lieben und achtbaren Dame, Frau G.). Besonders Herr Edward

(Amelkas Mann) kam beinah allmorgendlich, wenn Amelka mit ihrem Hausstand beschäftigt war, vorbei, um den »Bedarf« anzumelden, Neuigkeiten in Erfahrung zu bringen, zu telefonieren. Oft bat ich ihn um seinen Rat, oft machte ich ihn zum Schiedsrichter, wir haben viel gelernt von diesem verständigen, gewissenhaften Menschen.

13. Oktober 1943. Amelka rief an und erkundigte sich, ob nicht ihr Mann bei mir gewesen wäre, da sie vergeblich auf ihn wartete, dort, wo sie für gewöhnlich zu Mittag aßen, seine Verspätung beunruhigte sie um so mehr, da in der Stadt in großem Umfang Menschenjagden stattfanden. Während des Nachmittags rief sie ein paarmal an, mit wachsender Unruhe, immer größerer Nervosität, schließlich kam sie, denn sie wußte, daß er sie, wenn er der Menschenjagd entkam, bei mir suchen würde. Wir warteten auf das Läuten des Telefons, die Türklingel. Er meldete sich nicht …

Amelka blieb nunmehr bei uns. Gemeinsames Unglück, genauso wie gemeinsame Ziele, verbindet mehr als Blutsverwandtschaft. Amelka war sich darüber im klaren, daß sie hier, wo Ehemann und Vater von den Deutschen hingerichtet worden waren, das meiste Verständnis und Mitgefühl, den größten Trost finden würde. Und – wenn irgendwann irgendeine Nachricht von ihrem Mann einträfe, dann würde diese hier bei mir eintreffen.

Nach ein paar Wochen kam ein nicht mehr junger, ausgemergelter Mann, der weder seinen Namen noch eine Adresse nennen wollte (solcherart Vorsicht war durchaus üblich) und als einzige Personalie angab, Richter und nach längerer Gefängnishaft im Pawiak wieder auf freiem Fuß zu sein; er brachte mündliche Nachrichten von Amelkas Mann, die leider gerade nicht anwesend war. Herr Edward war Ecke Aleje Jerozolimskie und Emilia Plater gefaßt worden. Sehr kurzsichtig, fiel er, auf der Flucht vor dem Verdeckwagen, einem Gendarmen in einem Hauseingang direkt in die Arme, der reichte ihn weiter an die »Greifer«. Er hatte kompromittierende Beweise seiner Arbeit bei sich – falsche Papiere für etliche Personen, eine größere Menge Geld zu Unterstützungszwecken, die eigenen gefälschten Dokumente und eine gefälschte Anmeldung – mit einem Wort zuviel »Schuldbeweise« für die Deutschen, die schließlich Menschen auch völlig grundlos liquidierten. Jener Richter war zusammen mit Herrn Edward, der sich großartig hielt, zu einem der vielen Verhöre zur Gestapo gebracht worden; nach diesem Verhör hatten sie den Richter freigelassen, und von Herrn Edward fehlte seitdem jede Spur. Auf der Fahrt im Gefängniswagen tauschten sie die Adressen ihrer nächsten Angehörigen und Nachrichten für sie aus, für den Fall, daß einer von beiden freikam.

Es war dies die einzige Information über Amelkas Mann, trotz ihrer übermenschlichen Anstrengungen, etwas über ihn zu erfahren und ihn zu retten. Sie verkaufte restlos alles, zahlte den »Hyänen«, von denen es damals leider eine Menge gab, für Botschaften (die natürlich falsch waren), fiel allerhand Individuen in die Hände, von denen geflüstert wurde, daß sie viel vermögen; zweimal bestimmten sie Tag und Stunde für den Abtransport von Herrn Edward mit dem Krankenwagen aus dem Pawiak und die Übernahme an vereinbarter Stelle. Alles war selbstredend Lüge. Sie klapperte einige Gefängnisangestellte ab. Bei einem davon war ich mit dabei. Als Chefarzt des Gefängniswesens besaß er zwar den Ruf eines anständigen Menschen, doch er war mit einer Deutschen verheiratet, und als hohes Tier der Haftanstalten hatte er eine »Begleitmannschaft« rund um die Uhr, ins Haus hinein kam man schon, doch ob man wieder hinauskam, war die Frage. Sämtliche Bemühungen, wie übrigens meistens in jenen Zeiten, waren nichts als Selbsttäuschung und eine Beruhigung für das Gewissen, daß man nichts unversucht gelassen hatte.

Ein paar Monate lang schlief Amelka in meinem Zimmer, auf dem Fußboden, sie wollte nichts hören von einem bequemeren Lager (bestimmt dachte sie an ihren Mann, der auf einer harten Pritsche oder der Erde schlief). Bis zum Morgengrauen brannte eine Kerze an ihrem Lager, bei deren Schein sie nächtelang las, aber ich hörte auch häufig ihr leises Weinen, wofür sich schwerlich Worte des Trostes fanden.

Morgens traf ich sie dann stark und beherrscht an, voller Eifer zur Weiterarbeit bereit. Den ganzen Tag lief sie herum, überbrachte Radiomeldungen, zahlte Unterstützungen aus, nahm an Versammlungen progressiver Untergrundorganisationen teil, erledigte Dinge, half, tröstete und richtete andere auf. Abends las und übersetzte sie den Hausgenossen die Goebbelsschen Propagandaartikel, die zunehmend trübselig ausfielen, bei den Polen folglich Enthusiasmus weckten, und wenn es im Haus dann still geworden war, schrieb sie lange in der Nacht Briefe an Personen, die Hilfe brauchten.

Oftmals war Amelkas Zimmer (später hatte sie dann ein Extrazimmer) voller Menschen – sie saßen auf Stühlen, auf dem Bett, sogar auf dem Schreibtisch. Sie kamen mit Bitten, geschäftlichen Angelegenheiten, kamen zum Gedankenaustausch, zum Neuigkeitenaustauschen, Verbindungsleute aus den unterschiedlichsten Gegenden Polens trafen ein.

Die kluge, stille, herzensgute Amelka wurde von allen Hausbewohnern geliebt und verwöhnt. Meine Mutter, die mit gebrochenem Bein danlederlag, strahlte bei ihrem Anblick und fragte: »Kommen Sie heute spät nach Hause? Werden Sie wohl ein wenig Zeit für mich haben? Werden Sie uns etwas vorlesen, bringen Sie uns einen Bericht mit?« Frania (von der noch die Rede sein wird) führte endlose Gespräche mit ihr, meine Tochter, die ungeheuer ordnungsliebend war, sammelte widerspruchslos ein, was die zerfahrene Amelka über die ganze Wohnung verstreut hatte, kehrte die Asche vom Teppich und stopfte die Brandlöcher in dem Sessel neben dem Telefon, an dem Amelka zahllose Gespräche führte. Selbst die Aufwärterin, die morgens kam, wandte sich mit den neuesten Neuigkeiten an sie: »Und wissen Sie schon, Frau Amelka, daß die Fritzen … usw. …«

Amelka mochte keine Hausarbeit, hauswirtschaftliche Tätigkeiten. Meistens aß sie daher meine kulinarischen Meisterstücke: Auch ich gab mich nur, wenn es sich gar nicht umgehen ließ, hauswirtschaftlichen Tätigkeiten hin. Bisweilen hatte Amelka ihre hausfraulichen Anwandlungen, dann verkündete sie: »Ich mache heute das Mittagessen – es gibt Braten auf bretonische Art!« Und tatsächlich gab es Braten auf bretonische Art, auch wenn Speck das Fleisch ersetzte, doch was für eine Mahlzeit! Denn alles, was Amelka machte, machte sie gut.

Amelka war klein, zierlich, zart, doch Nerven hatte sie »wie ein Mann«, die trogen sie nie. Ich erinnere mich an einen Nachmittag: In unserem Viertel gab es eine dichte, langandauernde Schießerei, von der Aleja Niepodległości her. Amelka war nicht da, sie hielt sich bei Freunden auf, die in dieser Gegend wohnten. Weil das »drahtlose Telefon«, das während der Okkupation so ausgezeichnet funktionierte, die Flucht von Häftlingen aus Mokotów meldete und im Zusammenhang damit eine große deutsche Aktion, mit Toten, Verwundeten und Verhafteten infolge dieser Aktion, wuchs unsere Sorge um Amelka. Nach etlichen Stunden tauchte sie auf, eine blasse, aber ruhige Amelka, die auf unsere freudigen Ausrufe, Umarmungen und Fragen sagte: »Es war nichts weiter. Ich stand mit erhobenen Armen an einer Wand, ringsum haben sie geschossen, doch mich haben sie nicht getroffen! Ich bin mehr betrunken als erschreckt, denn nach dem allen bat ich die Falskis um einen Schnaps!«

Ich erinnere die Nacht, in der uns ein junger deutscher, mit Granaten behängter Offizier »besuchte«. Er »besuchte« uns, da er sich, wie sich herausstellte, in die Stimme einer mehrtägigen Untermieterin verliebt hatte, die sehr schön französische Lieder sang, die er aus dem Fenster gehört hatte. Dieser Offizier war, wie sich erwies, der Sohn von Generalfeldmarschall Keitel, er wollte meine junge Untermieterin unbedingt mit nach Deutschland nehmen! Amelka, die auf Bitten des verzweifelten Mädchens bei dem Gespräch assistierte, mußte ihr ganzes diplomatisches Geschick, ihren Takt und ihre Ruhe aufwenden, um das Mädchen aus dieser peinlichen Situation »herauszureden« und »zu befreien«.

Ich erinnere auch eine Nacht vor dem Aufstand (als die Spannung fast den Zenit erreicht hatte, und die SS-Abteilung aus unserer Nachbarschaft zusammenpackte und sich anschickte, Warschau zu verlassen), in der an der Tür scharf geklingelt wurde.

Wir sahen zum Fenster hinaus – unten vor der Tür blitzten deutsche Helme. Obwohl einem vor Angst schier das Herz stehenblieb, mußte man den Deutschen aufmachen. Im Vestibül standen neben einem Sessel die fertiggepackten Sanitätertaschen. Die Deutschen stürmten mit dem Ausruf herein: *Wo ist der Mensch?* Zum Glück befand sich bei uns im Haus kein Mann. Amelka verharrte an Ort und Stelle, so, wie sie war, in ihrem langen japanischen Morgenmantel, selbst ein einziger kompromittierender Beweis, und verdeckte die Beweise für die in Vorbereitung befindliche Aktion! Sie bediente sich ihres tadellosen

Deutsch, war würdevoll und beherrscht, ganz die unnötigerweise aus dem Schlaf geweckte Dame des Hauses.

Die letzte Erinnerung an unser heute nicht mehr existierendes Haus ist ein Bild des Speisezimmers mit umgeworfenen Stühlen, heruntergerissenen Gardinen, zerschlagenen Gläsern und Flaschen, das Werk betrunkener Wlassow-Soldaten, und mit einer Patience, die Amelka aus schnapsgetränkten Karten legte. Als wir längst in einer fremden Wohnung lebten und dort aus dem Fenster die brennenden Häuser in der Ferne, noch in der Ferne, sahen, starrte Amelka stundenlang in den Feuerschein und flüsterte wieder und wieder: »Was machen sie mit den Menschen? Was machen sie mit den Menschen aus diesen Häusern?«

Nach der Vertreibung aus Warschau, im Zieleniak, gab Amelka, die als einzige aus unserer kleinen Schar ihren Schmuck gerettet hatte, indem sie mit ihrer ganzen Ruhe dem Wlassow-Soldaten erklärt hatte: *Otdaj, eto nitschewo nje stoit!**. Jeder von uns gab sie eine kostbare Kleinigkeit, einen Ring, eine Brosche, ein Armband mit den Worten: »Da, nimm, am besten steckst du es in den Mund, da finden sie es nicht. Und wenn sie uns trennen, kann dir das Schmuckstück von Nutzen sein, eine Rettung vielleicht in einem schweren Augenblick, hilft durchhalten, schließlich dauert es jetzt nicht mehr lange!«

*

Amelka, das war Frau Aniela Steinsbergowa, eine in der Zwischenkriegszeit bekannte Linksaktivistin. Zusammen mit ihrem Mann, ebenfalls Anwalt, übernahm sie in Prozessen vor allem die Verteidigung von Linken und Kommunisten.

---

* Gib her, das ist nichts wert!

Während des Krieges Mitglied der »Żegota«, aktiv verbunden mit der AK. Unerhört tapfer. Nach der Befreiung hatte sie einen hohen Posten im Amt des Ministerrats inne, doch ihre Auffassung von der sogenannten »sozialen Gerechtigkeit« wich vollkommen von der der Machthaber in den fünfziger Jahren ab, so daß sie sehr rasch dieses Amt verließ und die Arbeit in einem Rechtsanwaltskollegium aufnahm, zudem schloß sie sich der Bewegung KOR* an. Sie starb vor zwei Jahren.**

Frania

Frania war eine bekannte Ärztin in Łódź, ihren Mann, der ebenfalls Arzt war, verhafteten die Deutschen in den ersten Kriegstagen, und bestimmt ist er erschossen worden, da er spurlos verschwand. Frania versteckte

---

* für: Komitet Obrony Robotników – Komitee zur Verteidigung der Arbeiter; gegründet 1971 mit dem Ziel, von der kommunistischen Macht Verfolgten zu helfen; operierte nicht im Untergrund, sondern suchte Öffentlichkeit. Zu den aktivsten Mitgliedern zählten Jacek Kuroń und Adam Michnik.(Anm. d. Übers.)
** Aniela Steinsbergowa, geb. 27. Juni 1899 in Warschau, war eine bekannte sozialistische Aktivistin: Nach ihrem Jurastudium trat sie in den Zwischenkriegsjahren als Verteidigerin in politischen Prozessen auf, u. a. im Prozeß gegen die Arbeiter von »Semperit«. Nach dem Krieg erwarb sie sich ebenfalls Anerkennung durch ihre Teilnahme an Prozessen zur Rehabilitierung der AK-Aktivisten, und dann – bis zur zwangsweisen Emeritierung – als Mitglied des KOR (1976–1981). 1960 publizierte sie aus dem Manuskript *W Więzieniach* (In den Gefängnissen) von S. S. Sempołowska (Schriften II, Warszawa, PIW) und beschäftigte sich auch mit Übersetzungen. Ihr Buch *Widzenie z ławy obrończej* (Vom Standpunkt der Verteidigung) erschien 1977 in Paris im Literatur-Institut als 273. Band der »Bibliothek der Kultur«. Sie starb am 22. Dezember 1988 in Warschau.

sich mit Kindern und Mutter in Warschau, die Mutter kam um, Frania und ihre Kinder blieben am Leben.

Seit dem Frühjahr 1943 lebte sie als Pflegerin meiner Mutter und Tante bei uns, Greisinnen, die das Bett nicht verließen. Keine von beiden wußte darüber Bescheid, daß Frania Ärztin war (niemand im Haus außer mir wußte über ihren richtigen Beruf und die Gründe ihres Sich-Versteckens Bescheid). Es war komisch, nicht selten Gespräche der alten Damen über Ärzte, die sich als Pfleger versteckten, zu hören; beide behaupteten, daß das ein Beruf ist, den man nicht verbergen kann, daß sie sofort Bescheid wüßten, wenn zum Beispiel Frania Ärztin wäre – sie ist eine prachtvolle Krankenschwester, setzt wunderbar Spritzen, massiert und richtet das Bett ausgezeichnet, doch wenn man mit ihr über medizinische Fragen sprechen will, antwortet sie: »Ich weiß nicht, ich kenne mich damit nicht aus, habe nie davon gehört …«

Als ich Frania zum erstenmal zu Gesicht bekam – klein, abgezehrt, dürr, erschöpft von all dem Schweren, das sie durchgemacht hatte, fürchtete ich, sie könnte den anstrengenden Pflichten und schwierigen häuslichen Verhältnissen (nach dem Tod meines Mannes war mir die Pflicht zugefallen, fünf Personen zu unterhalten, und ich kam nicht besonders gut zurecht damit) nicht gewachsen sein, doch Frania, die sich bei uns wie zu Hause fühlte, gewann schnell ihr inneres Gleichgewicht wieder, nahm an Gewicht zu, straffte sich, sah jünger aus. Sie war nicht nur eine hingebungsvolle Krankenschwester und eine Hilfe im Haushalt, sondern vor allem ein verläßlicher Freund, Ratgeber und Halt. Sie nahm am häuslichen Leben, seinen Freuden und Traurigkeiten lebhaften Anteil. Wenn sie abends die Kranken für die Nacht vorbereitet hatte, kam sie in mein Zimmer oder in die Küche, wo wir Käsekuchen buken (den wir vergebens zu verkaufen versuchten!), die Tür hinter uns zu machten und unser eigenes »Leben« begannen – über Tagesnachrichten diskutierten, von unseren Nächsten sprachen, Erinnerungen austauschten.

Franias lebhafte Intelligenz, ihr Gefühl für Humor, ein reiches Leben lieferten Themen am laufenden Band. Oft lachten wir Tränen – wir waren damals noch nicht alt, in den Vierzigern, und die Entspannung nach einem arbeits- und erlebnisreichen Tag fanden wir an unseren Abenden.

Frania war Mitglied der progressiven Untergrundorganisation und Judenhilfe. Viele Personen kamen zu ihr, die Unterstützung in verschiedenster Form benötigten, Kontakte suchten und Nachrichten über Inhaftierte, Abtransportierte, Sich-Versteckende brachten. Franias Hilfe betraf in großem Maß das Proletariat, oftmals erhielt sie Dankesbriefe – manche im Jargon* geschrieben, andere in drolligem Polnisch, einer war sogar gereimt! Das Gedicht lockte bei allen im Hause Tränen hervor, sowohl Tränen der Rührung als auch Lachtränen, denn die Reime waren Jerusalemer (da man in diesem Fall schwerlich von tschenstochauischen [= Knittelverse – d. Übers.] sprechen konnte)!

Frania ging nicht viel aus dem Haus; allzu bekannt, hatte sie Angst, auf der Straße erkannt zu werden. Patienten kamen zu ihr – zur Untersuchung, zum Spritzen, man brachte jüdische Kinder zum Impfen. Manchmal ging Frania abends zu einem Kranken, um ihn zu untersuchen oder zu behandeln, für den Fall, daß das »schlimme« Aussehen (wie man damals sagte) keinen Arztbesuch erlaubte, auch nicht zuließ, einen Arzt »von der Straße« zu rufen. Einmal nahm eine solche Exkursion in die Stadt ein trauriges Ende: auf

* Gemeint ist Jiddisch. (Anm. d. Übers.)

die durch die Dämmerung laufende Frania traten in der Aleja Niepodległości drei Männer zu, einer hielt ihr den Mund zu und sagte: »Ruhig, Schwester, nicht schreien, sonst gibt's ein böses Ende!«, die beiden anderen raubten den warmen Mantel, die Handschuhe, die Überschuhe, die Ärztetasche, und ließen sie in der eisigen Kälte in Schwesternkittel und Häubchen zurück. Zum Glück gaben ihr Freunde, die nicht weit weg wohnten, einen Mantel und irgendwelches Schuhwerk, damit sie nach Hause zurückkehren konnte.

Es gab auch ein heiteres Abenteuer, doch das ereignete sich zu Hause. Ich betrieb zu jenem Zeitpunkt mit einer Bekannten ein Hutgeschäft. Eines frühen Morgens klingelte es an der Eingangstür. Frania blickte zum Fenster hinaus und kam erschrocken in mein Zimmer geeilt, um mir aufgeregt mitzuteilen, daß da ein junger, eleganter Herr mit Aktentasche und »amtlichem Aussehen« gekommen sei und sich nach der Inhaberin des Hutgeschäfts erkundigt habe, ich also selber öffnen gehen müsse. Ich öffnete. Führte ihn nach oben. Der Herr war tatsächlich elegant, jung, stattlich, sah sich aufmerksam in der Wohnung um – musterte mich, erkundigte sich nach Hutmodellen, Preisen u. ä. m., versprach, mit der Gattin wiederzukommen, das Geschäft an Bekannte weiterzuempfehlen. Ich zitterte vor Angst und betete im tiefsten Inneren, daß dies »nur« das Finanzamt war. Beim Hinausgehen fragte er, ob er nicht kurz mit der Person sprechen könne, die ihn aus dem Fenster nach dem Wer und Wohin gefragt hatte. O Gott – das war mit Sicherheit nicht das Finanzamt! Ich sagte ihm, daß es sich um eine Krankenschwester handelt, die gekommen war, um meiner Mutter eine Spritze zu geben, sie wohnt irgendwo bei Warschau, die Adresse kenne ich nicht, ich bedaure, daß er sie nicht sprechen kann, da sie gerade gegangen ist! Der elegante Herr drückte ebenfalls sein Bedauern aus, er suche nämlich gerade eine solche Person, bat um die Telefonnummer. Und ging.

Wir berieten uns noch, was nun zu tun sei, rätselten noch immer herum, wer wohl dieser »Gigerl« gewesen sein mochte, als das Telefon läutete, und eine Männerstimme Frau Frania ans Telefon bat. In einem kurzen Gespräch voller Umschreibungen, wie sie in der Okkupationszeit üblich waren, gab er sich zu erkennen: ein Arzt, ein Jude, aus Franias Heimatstadt. Mit einem Wort – kein Feind, sondern ein Freund. Als bei dem Treffen, das sie beide vereinbarten, Frania erzählte, was für eine Angst er uns eingejagt hatte, berichtete er, daß auch er voller Ungewißheit zu diesem »Hutgeschäft« gegangen sei, wo er sich davon überzeugen wollte, daß er mit seiner Frau, die ein »schlimmes« Aussehen hatte, getrost wiederkommen konnte, um einen Hut zu kaufen. (Er wußte nicht, daß Hüte, die ein »arisches« Aussehen verliehen, eine Spezialität unseres Hauses waren!) Franias Gesicht, das kurz am Fenster auftauchte, beruhigte ihn völlig. Frania erkannte ihn nicht, da die dandyhafte Kleidung und das kleine Schnurrbärtchen sein Aussehen vollkommen veränderten. Er kam danach mit seiner Frau, empfahl uns Damen aus der Bekanntschaft, und es gab viel Heiterkeit bei der Erzählung von unseren gegenseitigen Befürchtungen.

Frania war eine unersetzliche Hilfe beim Verstecken Gefährdeter, die häufig durch unsere Wohnung schlüpften. Sie verstand es, rechtzeitig die Tür zu schließen, mit einem Stühlescharren die schweren Schritte in der Diele zu übertönen, die unsere Kranken hätten beunruhigen können, sie verstand es, wenn schon Bettzeug fehlte, geschickt unter dem Schwesternkittel aus dem Krankenzimmer Kissen vom Kanapee, die Sofadecke hinauszutragen. Sie bettete zur Nacht und kochte Riesentöpfe Suppe für Menschen, die z. T. tagelang weder gegessen noch geschlafen hatten.

Frania hatte zwei Kinder, eine zwanzigjährige Tochter und einen vierzehnjährigen Sohn. Der Sohn lebte im Internat, besuchte aber sonntags die Mutter. Der Junge war zierlich, blond, mit großen blauen Augen, still und schüchtern. Er liebte seine Mutter abgöttisch. In dem Zimmer, in dem sie Sonntag nachmittags saßen, war es mucksmäuschenstill, man konnte nur immer wieder Franias Hand sehen, die über den angeschmiegten Kopf des Sohnes strich, und dessen große blaue Augen, die voller Verehrung auf die Mutter gerichtet waren.

Franias Tochter, ein stattliches, energisches Fräulein, kündigte mit schallender Stimme ihre Visite an. Sie kam oft, doch immer nur kurz. Sie wohnte mit einer Freundin in Mokotów, wo sie als »Haushilfe« arbeiteten. Sie galten als Mädchen vom Lande, die der Krieg aus ihren Heimatgefilden vertrieben hatte. Um ihre »dörfliche« Herkunft zu unterstreichen, hatten sie in ihrem Zimmerchen überall (aus meinem Album stammende) Fotos von bäuerlichen Landschaften, der Ernte, von Ausritten, dem Haus im Garten u. ä. aufgehängt. Beide Mädchen arbeiteten mit Bravour organisatorisch und gesellschaftlich. Ihre Arbeitgeber erwiesen sich als äußerst großzügig und geduldig, da ihre »Hilfen« meistens in der Stadt umherliefen. Ich glaube, daß sie sehr wohl orientiert waren*, nur loyal schwiegen und sich im stillen bestimmt über die Pho-

---

* Wie aus dem Buch von Alina Margolis-Edelman *Ala z Elementarza* (Ala aus der Fibel), London 1994, »Aneks«, S. 87–88, 98, ersichtlich, wußte die Architektenfamilie – von der Autorin die »Zezaks« genannt – über nichts Bescheid, sondern war überzeugt, daß ihre Untermieterinnen, Alicja Zacharczyk (Alina) und Zosia (Renia Feldman), Töchter polnischer, »ins Oflag verbrachter« Offiziere sind, so wie man es ihnen dargestellt hatte.

tographien im Zimmer der Mädchen amüsierten! Die Mädchen nahmen später in den Reihen der AL* am Aufstand teil, und Franias Tochter machte sich im November 1944 dadurch einen Namen, daß sie mit dem Auto, beinah vor den Augen der Deutschen, ein gutes Dutzend Juden aus einem getarnten Bunker in Żoliborz** heraus und zuerst nach Jelonka ins Krankenhaus, später nach Grodzisk brachte. Die tapfere Tochter einer tapferen Mutter! (Einer von ihnen war der Anführer des Aufstands im Warschauer Getto – ihr späterer Ehemann – Dr. Marek Edelman.) Als uns die Deutschen nach dem Aufstand, und dem berühmten Zieleniak, im Pruszkower Lager ausgeladen hatten, legte Frania unverzüglich die Schwesternarmbinde an und führte uns mit dem Gesichtsausdruck einer Person, die schon lange im Lager amtierte, zunächst in die Küche, wo wir Kartoffeln schälten, und nach ein paar Tagen, nachdem sie Kontakt mit den ansässigen Leuten, die im Lager arbeiteten, angeknüpft hatte, führte sie unser ganzes Grüppchen so ruhig und sicher hinaus, wie sie danach (im Zuge der weiteren Arbeit) viele Menschen hinausgeführt hat …

*

Die Krankenschwester Frania ist die spätere Professorin Dr. Anna Margolisowa – eine großartige Ärztin für Lungenheilkunde, und ein großartiger Mensch, geliebt von all ihren Patienten im heimatlichen Łódź. Sie starb vor zehn Jahren.

* Armia Ludowa – Volksarmee. (Anm. d. Übers.)
** Diese Aktion schildert A. Margolis-Edelman in ebendiesem Buch (*Ulica Promyka*, S. 129–134); den Bericht von Dr. Stanisław Śwital *Siedmioro z ulicy Promyka* haben W. Bartoszewski und Z. Lewinówna in dem Band … *ten jest z Ojczyzny mojej. Polacy z pomocą Żydom 1939–1945*, 2. erw. Aufl. Kraków 1969, »Znak«, S. 379–384 aufgenommen.

175

Czesława

Czesława, eine junge Polonistin am Anfang ihrer Karriere, lernte ich ein paar Tage nach Einmarsch der Deutschen in Warschau kennen. Ich löste die Wohnung meiner Tante Stefania Sempołowska in der Smolna-Straße auf. Der größte Teil des Mobiliars, jedes Stück davon ein Familienandenken, mußte verkauft werden. Da tauchte Czesława auf, eine langjährige Mitarbeiterin und Freundin, die, da sie es der Tante leichter machen und helfen wollte, einen großen Teil der Möbel erwarb (um sie, wie sie betonte, »nach dem Krieg«, dessen Ende allen nicht fern schien, »zurückzugeben«). Ich war von der originären Schönheit Czesławas, ihrer Intelligenz, Kultur, ihrem herausragenden Witz entzückt.

Im Frühjahr 1943 traf ich erneut mit Czesława zusammen. Jetzt war sie es, die Hilfe brauchte: Obdachlos und einsam, suchte sie einen Unterschlupf und menschliche Nähe. Die ersten paar Tage wohnte sie bei meiner Schwester, dann bei mir, doch all das war nur provisorisch, eine vorübergehende Lösung. Man mußte für sie Bedingungen schaffen, die der Normalität am nächsten kamen, die ihr Sicherheit gaben, denn seiner selbst sicher zu sein, war in jenen Zeiten die Grundvoraussetzung fürs Durchhalten. Unsere Wohnung war dermaßen überfüllt mit Menschen, daß sie nicht nur keine Ruhe garantierte, sondern geradezu Gefahr heraufbeschwor.

Ich fand ein Zimmer bei einer Bekannten, die nicht weit von uns wohnte. Die Unterredung war knapp: »Ist das eine Person, die sich anmelden kann, denn im Hinblick auf die Töchter möchte ich keine unangemeldeten Mieter haben«, und »Wenn Sie ein Zimmer frei hätten, würden Sie es dieser Person vermieten?« Auf mein »Aber ja« erwiderte sie: »Erledigt!«. Sie war die

Frau eines Majors in Gefangenschaft, Russin von Geburt.

Und Czesława wohnte dort etliche Monate, hätte bis zum Aufstand dort wohnen können, wenn nicht ständig diese innere Unruhe gewesen wäre, die sie von einem Ort zum andern trieb. Sie zog also zu Freunden, dann zu meiner Schwester, dann zu einer Verwandten von mir, einer Invalidin ohne Beine – nirgends blieb sie lange. Trotz guter Papiere, einer Arbeitskarte, war sie sich nie sicher, ob die sie schützen würden, ob sie nicht etwas verriet – ihr Aussehen, ihre Unkenntnis von den katholischen religiösen Bräuchen. Vor Weihnachten und Ostern kam sie zu meiner Mutter »zum Unterricht«, wie sie sagte – um zu lernen, welche Bräuche diese Feiertage begleiteten, was gegessen wurde an diesen Festtagen, welche Wünsche man übermittelte, sie prägte sich Gebete, den Katechismus ein. Sie bestellte bei uns immer neue »arische« Hüte, blondierte ihr natürlich blondes Haar, studierte vor dem Spiegel ihre Figur, ihren Gang, den Ausdruck ihrer hinreißenden Sirenenaugen. Am frühen Morgen verließ sie das Haus, kam spätabends wieder, wodurch sie den Anschein von Berufstätigkeit erweckte; tätig war sie auch ohne Wahrung des Scheins unablässig, wenn schon nicht beruflich, so auf jeden Fall gesellschaftlich. Sie spürte Gettoflüchtlinge auf, prüfte die Lage, in der sie sich befanden, brachte Juden, die nicht auf die Straße gingen, Nachrichten, besorgte Beihilfe.

Czesława war unsere »Morgenzeitung«. In der Früh, nach Verlassen des Hauses trat sie in den Laden des befreundeten Herrn S., Ecke Filtrowa-Straße, nahm dort ein Frühstück zu sich (ein Käse- oder Wurstbrötchen und einen Becher Milch, irgendein Frühstück hatte Herr S. stets parat für Menschen, die aus während der Okkupationszeit natürlichen Gründen nicht in Ruhe zu Hause essen konnten) und telefonierte, nachdem sie sowohl auf dem Weg zum Laden als auch an Ort und Stelle Neuigkeiten eingeholt hatte, von dort und erkundigte sich: »Sind alle gesund?«, und dann erteilte sie in Worten, die so geheimnisvoll wie poetisch waren, Informationen, zum Beispiel über eine Menschenjagd: »Das Eis sprüht Funken unter den Füßen, doch auf dem Narutowicz-Platz ist es die reinste Schlitterpartie.« »Die Sonne umstrahlt uns, doch über der Marszałkowska sehe ich von hier Wolken sich ballen« – (je Wetter und Jahreszeit), es verstand sich natürlich von selbst, daß die erwähnten Stadtteile von einer Menschenjagd betroffen waren.

Czesławas allegorischen, blumigen Telefongespräche waren bekannt in unserm Kreis. Wenn Czesława sagte: »Bei der Heimkehr vom Büro, wo ich so viel Arbeit habe, daß mir schier der Kopf platzt, was sich abträglich auf meinen Intellekt auswirkt, schaute ich, um auf andere Gedanken zu kommen, bei der Schneiderin vorbei. Entzückende Sachen habe ich dort gesehen. Sie ist eine wahre Dichterin ihres Berufs, ich habe bei ihr auch Ihr Kleid gesehen, das kurz vor der Vollendung steht. Sie hat mir das grüne Band gezeigt, das Sie zur Verzierung gebracht haben. Sicher, es ist hübsch, doch zu Ihren himmelblauen Augen würde ich Weiß vorziehen, mit aller Entschiedenheit Weiß, das nicht so absticht von dem grauen Organdy des Kleides. Ich bin von diesem Grau einfach hingerissen, und obwohl ich weiß, daß es keine Frau gern sieht, wenn eine andere ganz ähnlich angezogen ist, doch für die Freundin eines Wesens von nachgerade überirdischer Güte wie Sie macht man schon mal eine Ausnahme, nicht wahr? Ich flehe Sie an, nehmen Sie für mich von diesem grauen Organdy drei Meter, ich bin ja so beschäftigt, und was die Paspelierung angeht, sehen wir noch; vielleicht eine leichte weiße Stickerei, wie für ein Kindlein in der Wiege. Ich möchte mich verjüngen!«

Übersetzte man das in eine »menschliche« Sprache, bedeutete dies, daß sie statt vorübergehender Meldungen (grüne Abschnitte) eine feste Anmeldung (weiße Abschnitte) vorzieht, daß sie um drei Kennkarten (graue Farbe) und Geburtsurkunden (kindliche Stickerei) bittet. Man mußte in der Lage sein, sich rasch zu orientieren.

Ihren Schützlingen händigte sie das Geld auf verschiedene Weise aus – denen, die nicht hinausgingen, brachte sie es in die Wohnung, denen, die in der Stadt verkehrten, gab sie es an einer verabredeten Stelle in einer Grünanlage, in einem Geschäft, an einem Kiosk beim Wassertrinken, in der Kirche. Cafés wurden wegen zu vieler Menschen an einem Ort gemieden.

Ich erinnere ein solches Telefongespräch, das Czesława von meiner Wohnung aus mit der Richterin M. führte, um sich mit ihr zu verabreden: »Ich möchte Sie davon in Kenntnis setzen, daß der Gottesdienst für meine Cousine am Mittwoch um acht Uhr morgens in der Erlöserkirche stattfindet. Sie beide haben sich so gemocht, also möchten Sie ja vielleicht ein Gebet für ihre Seele sprechen. Ich selber werde in der zweiten Bank sitzen, vom Eingang rechts«, darauf die Richterin naiv: »Wieso? Warum nicht in der Apotheke in der Nowy Świat wie immer, sondern in der Kirche?« Obwohl Czesława einen fürchterlichen Schreck bekam und ziemlich wütend war, lachten wir über dieses Mißverständnis noch ein paar Tage.

Obschon die Befreiung immer näher rückte, die deutschen Truppen sich auf dem Rückzug befanden, verließ Czesława immer mehr der Lebensmut … Als der Aufstand ausbrach, war sie bei uns; die ersten Tage schien es, daß sie wieder zu sich kam, neuen Mut faßte, sogar ein bißchen von ihrem Humor kehrte zurück, sie spottete über alte Ängste, lachte über ihr Talent, hundert Gerichte aus Nudeln herzustellen, die sie dreimal täglich kochte, weil keine anderen Vorräte da waren. Sie rettete in beträchtlichem Maße die Situation anläßlich der »Visiten« der Wlassow-Banden durch ihre Russischkenntnisse, die sie unvermutet aus irgendwelchen Winkeln ihres Gedächtnisses hervorkramte. Doch nach ein paar Tagen, als die Abendnachrichten unserer Freunde aus dem Quartier der Aufständischen immer tragischere Kunde brachten, die Übergriffe der Wlassow-Banden einen immer bedrohlicheren Charakter annahmen und uns zwangen, unser einsames Häuschen zu verlassen und in das benachbarte große Wohnhaus voller Menschen umzuziehen, brach Czesława erneut zusammen.

Als sie dann eines Abends erfuhr, daß die Besitzerin unseres Häuschens, die ebenfalls vor den Banden in das große Mietshaus geflohen war, erzählt hatte, in der Orzechowska sei ein Kommunistennest, lauter Juden, man müsse den Deutschen Bescheid geben, war Czesława dem Wahnsinn nahe. Als uns ein paar Tage später die Deutschen aus den Häusern und einem unbekannten Los entgegentrieben, hörte ich Czesława, die in einer Reihe mit mir ging, flüstern: »Genauso wie im Getto, das alles ist wie im Getto, die Deutschen bringen uns auf den Umschlagplatz …« Am Tor des Zieleniak nahm sie Zyankali (jede von uns trug es stets bei sich), glitt still zu Boden, so still, daß es keine von uns bemerkte. Als wir uns umblickten und Ausschau nach Czesława hielten, sahen wir sie liegen, in ihrem geblümten Schlafrock, auf der von deutschen Absätzen aufgewühlten, mit polnischem Blut befleckten Erde. Weil sie noch schwache Lebenszeichen von sich gab, machte ein Deutscher, der in der Nähe stand, ihrem Leben mit einem Kopfschuß ein Ende.

Das war die einzige aus unserer kleinen Schar, die so tragisch endete, ohne den Tag der Befreiung erlebt zu haben.

Czesława hieß in Wirklichkeit mgr Lotta Wegmeister*.

Stasia

Stasia, von Beruf Kinderpsychologe, war eine nahe Verwandte Czesławas. Sie besaß die offenbar familieneigene Anmut, Czesławas Charme, Witz und Intelligenz. Doch im Unterschied zu ihr war sie sehr beherrscht, ruhig, mutig. Etwas über dreißig, und sie sah auch kein bißchen älter aus, hatte sie die Kennkarte einer Vierundfünfzigjährigen, was sie jedoch nicht nur nicht verunsicherte, sondern ihrer Meinung nach zusätzlich Sicherheit verlieh, denn die Deutschen sahen einem nicht ins Gesicht, sondern bloß in die Papiere, wie sie sagte, und dieses »fortgeschrittene« Alter erlaubte es ihr, sich sicherer in der Stadt zu bewegen, wenn Menschenjagden stattfanden. Und sie »bewegte sich« pausenlos, von morgens bis abends. Ihre gerettete Familie, Freunde, über ganz Warschau verstreut, hatten nur durch sie Kontakt. Die Liste ihrer Schützlinge umfaßte ein paar hundert Namen. Überall mußte sie die Runde machen, sich nach Bedürfnissen erkundigen, helfen. Stasia wußte alles über alle – wer eine Wohnung brauchte oder Arbeit, wo ein Zimmer frei war oder eine Anstellung, wer Papiere haben mußte

* L. Wegmeister war eine Cousine väterlicherseits von H. Merenholc, die ebenfalls bestätigt, daß sie nach der Einnahme von Gift, »als sie schon schwach war, durch den Schuß eines Gestapomannes getötet worden ist« (s. B. Engelking, *Na łące popiołów. Ocaleni z Holocaustu* [Auf der Aschenwiese. Gerettet vor dem Holocaust], Warszawa 1993, S. 193–222).

und wer von seiner Garderobe abgeben könnte. Mit einem Wort: ein »Informationsbüro«! In warmer Kappe und Schaube winters, sommers im schwarzen Kleid, mit einer großen Einkaufstasche, in deren doppeltem Boden Ausweise und Geld versteckt waren, wanderte sie den ganzen Tag durch Warschau, half Leuten, brachte Bedürfnisse in Erfahrung, bat gutwillige Menschen um Hilfe.

Als sie die Stunde vor dem Ausbruch des Aufstands zu uns kam, hatte sie in ihrer Einkaufstasche mehr als einhunderttausend Złoty, die sie am »Punkt«, wie jeden Monatsersten, als Beihilfe entgegengenommen hatte. Unerhört niedergeschlagen, weil sie das »menschliche« Geld bei sich hatte, wollte sie trotz der Schüsse aus dem Haus, um wenigstens den näherbei Wohnenden die Unterstützung hinzutragen, doch die Deutschen ließen niemanden auf die Straße, und wir beruhigten sie, daß man ja doch ohnehin nichts kaufen könne, daß der Aufstand auf drei Tage geplant sei, sie also schon in Bälde das Geld austragen könne. Sie mußte also bei uns bleiben. Gemeinsam mit Czesława kochte sie die berüchtigten Nudeln, hob durch ihre Heiterkeit und ihren Optimismus unsere Stimmung ebensogut wie eine positive Radiomeldung, die wir entbehren mußten. Ihr nie versiegender Humor hellte die bedrücktesten Gesichter auf; in einer Schar von fünfzehn Frauen, unter denen sich alte und kranke und blutjunge befanden, alle jedoch niedergeschlagen, beunruhigt und in Ängsten um ihre Nächsten, die in den Reihen der Aufständischen kämpften, kümmerte sich Stasia um alle und alles: daß die Kranken es möglichst bequem hatten, sie paßte auf, daß die Mädchen aßen, vermochte die Nervösesten zu beruhigen. Als Stasia Czesławas seelischen Zustand gewahrte, teilte sie das Zimmer mit ihr und redete nachts leise auf sie ein und überzeugte sie, ärgerte sich und machte Späße, ließ sie nicht einen Augenblick allein, schritt neben ihr auf dem Kreuzweg zum Zieleniak. Wenn es nicht den Moment gegeben hätte, da Stasia einer Freundin half, ihrem Mann wiederaufzuhelfen, würde Czesława heute vielleicht an der Stefania-Sempołowska-Schule unterrichten.

Noch heute sehe ich diesen heißen Augustmittag. Ich sehe sie alle neben mir her über das aschebedeckte Pflaster der Grójecka gehen, zwischen noch glimmenden Häuserresten hindurch. Amelka mit gesenktem Kopf, die eine elegante Hutschachtel, einen Armvoll Garderobe trägt, die Stück um Stück, mit müder Geste in den Straßenstaub geworfen, weniger wird, Frania mit schmerzlich gerunzelten Brauen, in hellblauem Kittel und weißem Häubchen, Marysia mit vor Anstrengung zusammengepreßten Lippen, die mit ihrem zierlichen Figürchen ihren kranken, schwankenden Mann stützt, Stasias Gesicht, schweißüberströmt, weil sie trotz der Wahnsinnshitze einen Pelz, Marysias einziges Vermögen, trägt, wie immer die Tasche in der Hand; die alte Frau W., unsere von allen verlassene Nachbarin, wie sie einen Koffer schleppt mit dem Silberzeug aus der töchterlichen Aussteuer und den Anziehsachen der Enkel. Nur Czesławas geblümten Schlafrock sehe ich nicht mehr …

Nach Eintreffen im Pruszkower Lager gab Stasia als erste die Parole »zurück zum Leben« – sie entnahm ein Stück Seife ihrer Tasche, ging unter den Kaltwasserhahn und befahl dann uns allen, das gleiche zu tun. Die erste Körperwäsche nach etlichen Tagen, das kalte Wasser spülten die Müdigkeit herunter und belebten ein wenig, als nächstes dann die Arbeit in der Küche beim Kartoffelschälen für die Tausenderscharen von Warschauvertriebenen, alle paar Stunden die Nachrichten über Möglichkeiten, das Lager zu verlassen, von Frania aus der Rotkreuzbaracke gebracht, und

Stasias Schlagfertigkeiten, über die alle Augenblicke die ganze Küche in Gelächter ausbrach, ließen uns heller in die Zukunft sehen und unser Gleichgewicht wiedererlangen. Stasia stimmte als erste ein Lied an, denn ihrer Meinung nach sollte man selbst in den Tod mit einem Lied und einem Lächeln auf den Lippen gehen: »den Deutschen zum Trotz!«

Noch einen Schock durchlitten Stasia und ich. Als wir vor dem Lagertor standen, angeführt von Frania und Frau K. (einer Freiwilligen Krankenschwester im Lager, die in Piastów wohnte), mit Passierscheinen, deren Begründung imaginäre schwere Krankheiten waren, näherten sich etliche Männer von der Gestapo dem Tor, sahen flüchtig die Krankenblätter durch und trennten aus mir bis heute unerfindlichen Gründen Stasia und mich von den Gefährtinnen und wiesen uns an, uns einer kleinen Männergruppe anzuschließen. Ein Mann in der letzten Reihe fragte, ob wir wüßten, wohin man uns brachte. Auf unser erschrecktes Verneinen hin sagte er nur: »Zum Abknallen!« Noch ein Blick auf die Gefährtinnen, die reglos auf der Stelle stehen, trotz des für sie schon geöffneten Tores, noch eine ausgestreckte Hand der totenbleichen Stasia und die Worte: »Amelka, nimm die Tasche, vielleicht nützt sie euch«, und schon stoßen uns Gewehrkolben der Männergruppe hinterher. Dann ein Augenblick der Unaufmerksamkeit der in ein Gespräch vertieften Soldaten und Stasias Geflüster: »Wenn wir schon sterben sollen, dann besser auf der Flucht!«, und sie rennt los, querfeldein Richtung Baracken, doch das Barackentor ist zu … Wir hören: »*halt! halt!*« und das Repetieren der Gewehre, da öffnet sich das Eisentor, wir schlüpfen hinein, und hinter uns schlägt das Tor mit lautem Knall zu. Frania hatte die Richtung unserer Flucht bemerkt, es gelang ihr, von der anderen Seite zur Baracke zu rennen, und sie rettete uns durch das Öffnen des Tores. Sie zerrte mir den hellen Regenmantel herunter, über Stasias schwarzes Kleid warf sie ein weißes Tuch, nahm ihr die Brille ab und warf sie in die Ecke. Als die Deutschen nach ein paar Sekunden in die Baracke stürmten, fanden sie die gesuchten Frauen nicht. Diesmal noch nächtigte unsere ganze Gruppe auf dem Lagergelände, anderntags gelangten wir glücklich hinaus in eine relative Freiheit – jenseits des Lagertores.

Wir nahmen Wohnung in Piastów. Stasia war unser Bankier – beinah jeden Abend trennte sie ihre Tasche auf und entnahm dem Versteck Geld. Man mußte schließlich essen, Barfüßige und Nackte mußten bekleidet werden. Stasia führte aufs penibelste Buch, schließlich würde sie eines Tages irgendwem Rechenschaft ablegen müssen, wie sie behauptete. Stasia machte die Einkäufe, legte Vorräte an. Stasia scheuerte den Fußboden. Stasia stand am frühesten auf, um Wasser zu pumpen, Stasia stand abends am Herd und sang die alten Lieder aus dem »Quiproquo«*.

Je mehr Leute Frania aus dem Lager schleuste, je schneller stiegen die Ausgaben, und Stasia mußte immer öfter die Tasche auftrennen und einen Fünfhunderter herausnehmen. Dann sagte sie: »Für jemand anderen waren sie bestimmt, und einem anderen dienen sie, auf jeden Fall erfüllen sie ihre Aufgabe – sie helfen Menschen zu überleben!«

*

Sie heißt mgr Helena Merenholc. Nach dem Krieg ist sie viel im Polnischen Rundfunk tätig gewesen, viele wunderbare Hörfunksendungen für Kinder stammen

---

* (lat.) »irgendwer für irgendwen«; bekanntes Warschauer Kabarett der Vorkriegszeit. (Anm. d. Übers.)

von ihr. Heute lebt sie im Ruhestand, kümmert sich weiterhin um Menschen, obwohl sie 83 ist. Und noch immer ist sie so lebhaft wie heiter.*

Marysia und Nela

Durch Vermittlung von Czesława lernte ich ihre zwei Freundinnen Marysia und Nela kennen. Marysia war Polonistin, Lehrerin, Nela Gartenbauingenieur.

Nach tragischen Erlebnissen, dem Selbstmord ihres Mannes, versteckte Nela sich mit ihrem kleinen reizenden Töchterchen in einer Arbeiterfamilie und unterhielt mit körperlicher Arbeit sich und ihr Kind.

Marysia, mit einem Deutschen, einem Hitlergegner, verheiratet, versteckte sich mit ihrem Mann unter falschem Namen als Bruder und Schwester. Weil es in ihrer Wohnung immer »heißer« wurde und über uns eine kleine Mansardenwohnung frei war, beschlossen wir, sie dort einzuquartieren. Ich konnte mit der Besit-

---

* Helena Merenholc, geb. 1911 in Warschau, Psychologin, arbeitete vor dem Krieg in der Pädologischen Beratungsstelle der Gesellschaft der Freunde des Kindes, während sie zugleich ein Praktikum in der psychiatrischen Abteilung in der Czysta-Straße absolvierte. Im Warschauer Getto fand sie beim Centos (Centralne Towarzystwo Oświaty – Zentraler Bildungsverein) eine Anstellung, der von Dr. Adolf Berman geleitet wurde. Auf der »arischen« Seite versteckte sie sich als Stanisława Królikowska. Nach dem Krieg war sie anfangs im Zentralkomitee der Juden in Polen aktiv, dann beim Polnischen Rundfunk als literarische Redakteurin für Kindersendungen, von 1971 ab Regisseur in der Theaterredaktion des PR. Im Mai/Juni 1990 führte Barbara Engelking ein Gespräch mit H. Merenholc, das sie unter dem Titel *Nie żałuje ani jednego dnia spędzonego w getcie …* (Ich bedauere nicht einen einzigen Tag, den ich im Getto verbracht habe) in dem Buch *Na łące popiołów. Ocaleni z Holocaustu* [a.a.O.], S. 191–222, veröffentlicht hat.

zerin des Häuschens nicht die Mietkonditionen besprechen, wenn ich nichts von der engen Bekanntschaft mit den künftigen Mietern preisgeben wollte, und das »schlimme« Aussehen Marysias sowie die schwachen Polnischkenntnisse ihres Mannes ließen persönliche Verhandlungen nicht zu, folglich erledigte Nela, deren Aussehen keinerlei Zweifel weckte, in die besten, elegantesten »Klamotten« geworfen, die wir auftreiben konnten, mit der Hausherrin die Wohnungsangelegenheit für ihre Anverwandten, Flüchtlinge aus dem Osten. Die Ehrlichkeit ihrer Worte unterstrich sie mit dem Vorzeigen von Ausweisen (wir verfügten u.a. über erstklassige mit gefälschtem Stempel der Starostei in Sarny und der dortigen Pfarrei, der auf in der Sonne vergilbtes Papier gedrückt wurde, mit, ebenfalls aufgrund von Sonneneinwirkung, entfärbter Tinte geschrieben, ein paar Tage am Körper getragen und dann leicht am Fußboden abgewetzt, nahmen sie ein so glaubwürdiges Aussehen an, daß das geschickteste Auge sie nicht von strapazierten Originalurkunden zu unterscheiden vermochte). Unter irgendeinem nichtigen Vorwand ging ich zu der Wirtin und lernte dort, zum Schein, Frau X. kennen, die »für die Familie« eine Wohnung suchte.

Die »neue« Bekannte und ich vertieften uns in ein Gespräch, wir entdeckten gemeinsame Bekannte – Gutsbesitzer aus den östlichen Grenzgebieten (wobei wir natürlich mit fiktiven, von vornherein festgelegten Namen operierten) –, waren so begeistert voneinander, daß gegen Ende des Gesprächs Frau X. mich bat, mich doch ein wenig ihrer Verwandten anzunehmen, die mit den Warschauer Verhältnissen nicht vertraut waren. Abends zogen die neuen Mieter ein, und am nächsten Morgen erschien die neue Nachbarin, um sich eine Axt zu borgen. Das war ein Vorwand, um offiziell in Anwesenheit der Aufwärterin sich nicht nur mit mir, sondern auch mit Czesława bekannt zu machen, die zu diesem Zweck extra schon morgens zu uns gekommen war. Die unter dem Vorwand der Axt aufgenommenen nachbarlichen Beziehungen wurden freundschaftlich.

Die Hausbesitzerin, die die neuen Mieter beinah nie zu Gesicht bekam, interessierte sich sehr für sie. Sie fragte mich nach ihnen aus, ich wußte natürlich nichts Konkretes, außer daß es sich um »sehr liebe Menschen« mit hoher Kultur handele, denen ihre Herkunft als Großgrundbesitzer ihren Stempel aufgeprägt habe, daß sie ganz gebrochen seien nach dem Verlust ihres Familienbesitzes u. ä.

Marysia und ihr Mann brachten es fertig, obschon sie fast nie die Wohnung verließen, allen vertraut und notwendig zu werden. Sie halfen nicht nur materiell (Marysia war wohlhabend, als Mitinhaberin eines Textilgeschäftes räumte sie zum Teil den Warenbestand, um Menschen materiell zu unterstützen; Nela nahm sich des Verkaufs an, deren »ländliches« Aussehen es ihr erlaubte, sich frei in der Stadt zu bewegen), sondern stellten ihre Wohnung zur Verfügung – bei ihnen hielt sich Czesława auf, um zu entspannen und ihren Grießbrei zu kochen, zu ihnen kam sonntags Nela mit Töchterchen, damit die Kleine etwas Auslauf bekam, baden und soviel Koteletts essen konnte, wie das Bäuchlein zu fassen vermochte, hierher kam man, um Ruhe zu finden, zu plaudern, ein Stück köstlichen Kuchens zu essen, den Liedern zu lauschen, die Herr Arnold zur Gitarre sang. Oft, wenn es bei uns in der Wohnung zu voll war, ging ich »nach oben«, um ein Nachtquartier für jemanden zu erbitten, und bekam nie eine Absage. Beide im Versteck Lebenden – eine Jüdin und ein Deutscher, KZ-Kandidaten, ständig in Todesgefahr – fürchteten sich nicht, einem Verfolgten Unterschlupf zu gewähren, noch eine weitere Gefahr auf sich zu nehmen. Wie ich später erfuhr, fürchteten sie sich wohl, hatten sie tödliche Angst, schliefen in solchen Fällen die ganze Nacht nicht, und dennoch lehnten sie niemals ab. Und genau das ist Heldentum!

Vor dem Aufstand, während der schweren Angriffe durch sowjetische Flugzeuge, war es bei ihnen in der Wohnung direkt unterm Dach vor Lärm nicht auszuhalten. Vor Bomben hatten wir keine Angst, es gibt schlimmere Todesarten, und keine Wohnung in unserem kleinen Häuschen garantierte Sicherheit [...] Häufig kamen sie zu uns in den ersten Stock hinunter. Herrn Arnold, der damals schon schwerkrank war, brachte man mit dem Feldbett. Leise stöhnte er, manchmal hörte man ihn flüstern: »Wie gut mir das tut, hier mit euch allen zusammen zu sein!«

In Erinnerung geblieben ist mir Marysias Gestalt, stets in einer Haushaltsschürze, wie sie sich geschäftig tummelt, hier einen Gefallen tut, dort sich kümmert, Köstlichkeiten backend, die sie dann mit verzweifelter Miene zum Kosten anbot: »Nicht wahr, ein scheußliches Zeug!«, das Kosten endete stets damit, daß die Hausfrau die leere Schüssel zurückbekam.

Ich sehe auch Marysias winziges Figürchen, das den taumelnden Ehemann auf dem Weg ins Lager Pruszków stützt, ihren verzweifelten Blick, der vergeblich nach einem Tropfen Wasser für ihn Ausschau hält.

Als wir das Pruszkower Lager verließen, war Marysia bei ihrem Mann in der Krankenbaracke. Aufgrund von Franias Bemühungen war es gelungen, Herrn Arnold einen Platz auf dem Wagen zu verschaffen, der Kranke ins städtische Krankenhaus oder zu Verwandten und Bekannten brachte (für Marysia hatten wir bereits ein Zimmer gemietet). Im letzten Augenblick kam es zu einem Zwischenfall, der beinah die Pläne zunichte gemacht hätte: Doktor R., leider ein

Pole, der auf dem Lagergelände arbeitete, sagte zu dem Arzt, der den Krankentransport abfertigte, einem Deutschen: »Das ist eine Jüdin!« Der Deutsche verzog das Gesicht, warf einen Blick auf Marysia, ihren Mann, dann noch einen in den Personalausweis, winkte ab und sagte: »*Raus!*«

Herr Arnold lebte nur bis zum Morgengrauen. Beerdigt wurde er auf dem Friedhof in Żbików unter einem fremden, seinem Okkupationsnamen. Nach dem Begräbnis wohnte Marysia, die nun keinen Menschen mehr auf der Welt hatte, bei uns. Doch nicht für lange. Weil sie uns mit ihrem »schlimmen«, wie sie behauptete, Aussehen nicht in Gefahr bringen wollte, ging sie zu fremden Leuten. Als Hilfe im Haushalt, Aufsicht für Kinder (die sie sehr liebte), Zigarettendreherin (für den Verkauf) hielt sie durch bis zur Befreiung. Danach zog sie, getrieben von einer ewigen Sehnsucht nach ihrem toten Ehemann, in die Welt hinaus.

Wo bist du, Marysia, erinnerst du dich an uns, denkst du manchmal an die gemeinsam verlebten tragischen, aber doch auch schönen Tage? Mit den Dokumenten für Marysia und ihren Mann gab es eine dramatische Geschichte. Die schon fertigen Geburtsscheine, die Abschnitte der Rückanmeldung, Kennkarten, zum Glück ohne Foto, hatte ich über Nacht unter dem Fäßchen mit Sand versteckt, das schwer war und nie von der Stelle auf der Treppe verrückt wurde. Weil alle anderen Verstecke, wie Rauchfänge, Hohlräume hinter den Balken auf dem Dachboden, voller Waffen waren, die meine Neffen und ihre Freunde dort versteckt hatten, und die Deutschen nie auf der Treppe suchten, kam mir dieses Versteck am sichersten vor. Als ich morgens auf die Treppe hinaustrat, sah ich die Spur des weggerückten Fäßchens, dafür keines von den Dokumenten! Halbtot vor

Schreck, doch mit gleichgültiger Miene, erkundigte ich mich bei der Wirtin, ob sie die Treppe gekehrt habe, worauf ich zur Antwort erhielt, daß der Hausmeister zum erstenmal in diesem Jahr »geruht habe«, die Treppe sauberzumachen. Die Sache wurde immer schlimmer. Ich ging zum Hausmeister und erkundigte mich bei ihm, ob er nicht ein Päckchen gefunden habe, das einer meiner Bekannten vermisse, ein Finderlohn sei ausgesetzt worden. Er gab mir zur Antwort, daß er nichts gefunden habe. Nicht lange danach kam er zu mir, um mich in aufdringlicher Weise zu »bitten«, ihm eine große Geldsumme zu leihen, die er angeblich zum Handel benötigte. Ich erwiderte ihm, daß ich über eine so große Summe nicht verfüge, doch meine Bekannten fragen werde, vielleicht könnte einer von denen das Geld leihen, ich werde ihm Bescheid sagen.

Unverzüglich setzte ich mich mit meinen »Jungs« von der AK in Verbindung, so nannte man sie, obschon sich ihr Alter zwischen sechzehn und vierzig bewegte. Sie kamen zur kleinen Grünanlage, die an unser Haus grenzte, und verabredeten die ganze Aktion. Abends, nach der Polizeistunde, erschienen sie zu dritt in Polizeiuniform, mit Sturmriemen unter dem Kinn, riefen den Hausmeister auf die Treppe hinaus und forderten die Aushändigung des Päckchens. Als er sich herauszuwinden versuchte, alles abstritt, erklärten sie ihm, daß er, wenn er nicht auf der Stelle das Päckchen herausrückt und auch nur einen Mucks darüber verlauten läßt, daß er es gefunden hat, er sowie seine ganze Familie innerhalb von vierundzwanzig Stunden liquidiert würden! Der Kerl bekam es mit der Angst zu tun, händigte das Päckchen aus, gab sein Wort, daß bislang niemand von dem Päckchen wüßte oder je davon wissen würde, daß er bloß einfach »verdienen« wollte. Und er hielt sein Versprechen – keiner bekam in diesem Zusammenhang irgendwelchen Ärger. Schreck und Nervosität waren alles (und die verdiente Strafe für mich). Natürlich mußten neue Papiere beschafft werden. Marysia und ihr Mann erfuhren nie von dieser Geschichte.

Zosia

Zosia wohnte einige Häuser von uns weg, in der Langiewicz-Straße, zusammen mit der »Schwarzen Hanka«. Ich hörte viel von ihr, doch kannte ich sie nicht persönlich, da man sich damals auf die notwendigen Kontakte beschränkte. Ein paar Stunden nach Hankas Abfahrt, brachte sie irgendwelche notwendigen Kleinigkeiten, die Hanka zu Hause vergessen hatte, zu mir, in der Meinung, ich würde die Möglichkeit haben, etwas in den Pawiak zu übermitteln. Und seit diesem Tag, gegenseitig voneinander angezogen, sahen wir uns täglich.

Sie war nicht hübsch im üblichen Sinne des Wortes, doch originell, sehr schlank und von einer ungewöhnlichen Grazie und Anmut und Intelligenz, daß es unmöglich war, sie nicht zu mögen, und zwar vom ersten Augenblick an. Sehr musikalisch, mit einer bezaubernden Stimme, sang sie ganze Tage alles, was sich das ständige Auditorium, d. h. die Hausbewohner und die zahlreichen »Gäste«, wünschten, Volkslieder und Opernarien, Vorkriegsschlager und sentimentale französische Hirtenlieder.

Zosia wurde nicht nur zur Hausgefährtin, sondern auch zum Liebling aller, und die »Jungs« verliebten sich in sie »unsterblich«. Sie war meine Busenfreundin, die Vertraute meiner Tochter, die Freude meiner kranken Mutter, an deren Bett sie im Schneidersitz auf dem Fußboden saß, vergnügte Geschichten erzählte und Lieblingslieder sang: »Ulicą Szpitalną szły sobie kaczki«, »Kujawiak, kujawiaczek«, »Ja wrócę« und »O św. Antoni, zgubiłam serce na miedzy«.

Unser Liebling galt im elterlichen Haus als »enfant terrible«. Ständig wurde sie von den älteren Schwestern zurechtgewiesen, die sich um ihre »gute Erziehung« sorgten und ständig wegen ihrer »Extravaganzen« um Entschuldigung baten. Ihr feuriges Temperament, ihre Phantasie paßten nicht in den Rahmen eines großbürgerlichen Hauses der Vorkriegszeit, nicht in den Rahmen jenes »guten Tons«. Zosia »lebte sich« in der Kriegszeit »aus«, machte sich von der Familie selbständig, viele Dinge tat sie nicht so, »wie es sich gehörte«, sondern so, wie es nottat!

Da Zosia gut Deutsch konnte, arbeitete sie bei der Eisenbahn – sie kündigte auf dem Dworzec Zachodni (Westbahnhof) die Züge an. Sie ging in Eisenbahneruniform, in der sie wie ein draufgängerischer junger Bursche aussah. Sie drängte sich zur Arbeit in der Organisation. Weil die Bewegungsfreiheit einer uniformierten Eisenbahnerin, die weder Menschenjagden noch Durchsuchungen zu fürchten brauchte, 100%ige Sicherheit für die Transporte gewährte, vertraute man ihr das aus Abwürfen stammende Geld für die Abteilungen der AK in den Wäldern an. Allwöchentlich fuhr sie, mit einem Koffer schwer bepackt, ins Lubliner, Piotrkower, Kielcer Land. Intelligenz, Wagemut, Pfiffigkeit, das Pflichtgefühl, mit dem sie die Aufträge ausführte, rückten sie an die Spitze der weiblichen Kuriere. In Kürze vertraute man ihr eine ganze Abteilung weiblicher Kuriere an, schlug sie zur Auszeichnung vor.

Leider –, wegen ihrer Abstammung streckten sich die deutschen Fühler immer dichter nach ihr aus. Sie mußte ihren Posten bei der Bahn aufgeben, die Wohnung – sie mußte sich verstecken. Nichtsdestotrotz fuhr sie weiterhin ins Land, der Gefahr nunmehr stärker ausgesetzt, da ohne Uniform und Eisenbahnerausweis, wollte von einem Verzicht auf die Arbeit nichts hören.

Die letzten Wochen vor dem Aufstand verbrachte sie bei uns. Zosia hatte vor nichts Angst, auch nicht vor der Bombardierung, und während der immer häufigeren nächtlichen Angriffe verstand sie es, eine solche Atmosphäre der Ruhe zu schaffen, den ängstlichsten Personen, zu denen meine Mutter gehörte, so zu suggerieren, daß es sich bei den fallenden Bomben um den Beschuß der Fliegerabwehr handelte, sie so gefangenzunehmen durch eine fröhliche Geschichte oder ein leise gesungenes Lied, daß die Fliegerangriffe weniger schrecklich schienen. Bei Tag bereitete sie für den nahenden Aufstand handgefertigte Verbände vor und stellte den Inhalt von Sanitätertaschen zusammen, half im Haushalt, und alles tat sie lachend und singend. Dieser ihr Gesang stürzte uns in ein nicht eben erfreuliches Abenteuer.

Das Haus von uns vis-à-vis war von einer SS-Abteilung besetzt. Die Mehrzahl war bereits geflohen, die Übriggebliebenen, mit einem jungen Offizier an der Spitze, packten eilig die letzten Sachen, nagelten die Kisten zu und verluden sie auf Autos. Der Offizier, der die Soldaten beaufsichtigte, saß im offenen Fenster, hörte, ob er wollte oder nicht, Zosia singen, und – verliebte sich in ihre Stimme! In der Nacht kam er mit ein paar Soldaten zu uns, führte eine oberflächliche Hausdurchsuchung durch und verschwand. Nach wenigen Minuten kam er allein zurück, »zur Visite«, in langen Hosen, weißen Handschuhen (einer Granate im Gürtel) und – mit einer Flasche Wein! Er müsse, bezaubert von der Stimme der Sängerin, diese unbedingt kennenlernen, lauteten seine Worte. Der Oberleutnant war fünfundzwanzig und der Sohn des Generalkommandeurs der Luftwaffe, sein Name, sofern mich meine Erinnerung nicht trügt, Keitel. Die weißbehandschuhten Hände schenkten den Wein ein, und die Granate im Offizierskoppel brachte uns dazu, ein wenig an den Gläsern zu nippen. Das Gespräch wurde französisch geführt – er informierte uns, daß die Deutschen sich »momentan« vor der Roten Armee zurückzögen und an der Weichsellinie zum Stillstand kommen und zum Gegenangriff übergehen sollten, daß er uns »wohlwollend rät, mit ihm mitzukommen«, um »vor den Bolschewiken zu fliehen«. Er war verblüfft, als wir uns bedankten und dabei zum Ausdruck brachten, daß wir entschlossen seien, in Warschau zu bleiben. Zosia überschüttete er mit Komplimenten, ließ seine hingerissenen Augen nicht von ihr, machte Anspielungen auf seinen Herzenszustand! Das versetzte die »Heldin« des Abends in eine derartige Nervosität, daß sie unterm Tisch krampfhaft Amelkas und meine Hand hielt, uns flüsternd anflehte, nur ja keinen einzigen Augenblick das Zimmer zu verlassen. Nach einer Stunde ging ihr Bewunderer, doch wir legten uns nicht mehr hin, sondern harrten nervös der Folgen dieser Visite. Doch zum Glück fuhren der Oberleutnant und der Rest der SS ab.

Am Tag des Aufstands ging Zosia, um sich von der Tante zu verabschieden, es gelang ihr nicht mehr, zu uns zurückzukommen, sie rannte zu ihrer alten Wohnung und fand dort den Tod. Ein paar Monate nach meiner Rückkehr nach Warschau erfuhr ich, daß man Zosias Körper im Treppenhaus in der Langiewicz-Straße gefunden habe, zertrampelt von den Stiefeln der Wlassow-Soldaten.

Die Erinnerung an Zosia lebt in uns, den »Übriggebliebenen«, und wenn wir uns gelegentlich mal treffen, gelten viele Worte und Gedanken Zosia.

Die Weiße Hanka und die Schwarze Hanka

Die »Weiße« – still, arbeitsam, konzentriert; die »Schwarze« – temperamentvoll, lebens- und abenteuerlustig. Die Hankas waren Freundinnen. Die erste, die ich kennenlernte, war die Schwarze Hanka, die Jędrek G. zu mir geleitet hatte. Sie war Medizinstudentin, die Weiße Hanka war bereits Ärztin. Beide stammten sie aus Lwów, ihre Männer waren Freunde von Kind an. Der Ehemann der Schwarzen Hanka versteckte sich, wechselte ständig den Aufenthaltsort und hatte selten Kontakt mit seiner Frau, schließlich verschwand er spurlos. Der Mann der Weißen Hanka lebte schon nicht mehr (man hatte ihn im Getto Lwów hingerichtet); mühsam erhielt sie sich und die Eltern von Handel, der bei ihrer »abstrakten« Wesensart nicht eben schwunghaft war. Die Schwarze Hanka besaß mehr Lebenserfahrung, folglich half sie der Freundin so gut es ging.

Die Weiße Hanka war der Ansicht, daß man mit einem guten Wort zu allen Menschen vordringen könne, daß es genüge, den Deutschen klar zu machen, wie häßlich es ist, den Leuten das Leben zu nehmen, und schon hören sie mit dem Morden auf, daß ihre Wirtin genug sagen würde, daß ein goldenes »Schweinchen«*, das man einem von der Kripo in die Hand drückt, einem Freund die Freiheit sichert.

Viel Kummer bereitete sie uns mit ihrer Zerstreutheit: Bald verlor sie die »linken« Dokumente (und man mußte neue anfertigen), dann wieder ließ sie zum Verkauf bestimmten Stoff in der Straßenbahn liegen (und wir mußten Geld zusammenlegen, um den Verlust zu decken). Die Krönung allerdings war, daß sie beinah einen Schrank in Brand gesetzt hätte, der

---

* Goldmünze (500 Złoty). (Anm. d. Übers.)

der Wohnungsinhaberin gehörte. Sie rechtfertigte sich damit, daß sie nicht angenommen habe, eine nahe beim Schrank aufgestellte Karbidlampe könne ein Feuer hervorrufen!

Von ihrem ausgezeichneten »Aussehen« überzeugt, hatte sie absolut kein Gefühl für Gefahr, leider zog sie jedoch trotz ihrer sehr hellen Haare und der blauen Augen, vornehmlich durch die Figur, Verdächtigungen auf sich. Einmal, als ich mit der Weißen Hanka an der Straßenbahnhaltestelle nahe beim Denkmal des Sappeurs stand (in Erwartung eines Treffens), rief mich eine Bekannte, die zufällig vorbeikam, für einen Moment zu sich, um mich darauf aufmerksam zu machen, daß ich mich einer großen Gefahr aussetze, wenn ich mich am hellichten Tag auf der Straße und noch dazu in der Nähe des deutschen (!) Stabes mit einer Person von so schlechter Reputation sehen ließe. Leider kam Hanka wegen ihres Vertrauens zu den Menschen und ihrer Naivität ums Leben. Nicht genug, daß sie sich fortwährend mit Päckchen vor dem Tor des Hauses, in dem sie wohnte, tummelte, sie ließ sich auch noch in Geplauder mit dem Hausmeister ein, von dem bekannt war, daß er für die Gestapo arbeitete (er wurde später von der Organisation zum Tode verurteilt und hingerichtet), worauf sie zu mir sagte, daß dies ein guter, ordentlicher Mensch sei, den man auf so häßliche Weise und ganz bestimmt zu Unrecht verdächtige. Und dann kam dieser »gute« Mensch eines Nachts mit den Deutschen, die sie in die Szuch-Allee mitnahmen, von wo sie nicht mehr lebend herauskam. Das einzige Geheimnis der Weißen Hanka war die Adresse ihrer Eltern, ob und wie also die beiden Alten ohne sie zurechtkamen, und was mit ihnen passiert war – niemand wußte es.

Die Schwarze Hanka war Mitglied einer Kampftruppe der Organisation. Nach deren Auffliegen und der Zerstreuung ihrer Mitglieder, nach Wohnungs- und Dokumentenwechsel, wollte sie erneut die Arbeit aufnehmen. Wir suchten so lange nach verschiedenen Möglichkeiten, bis es uns endlich gelang, sie in eine Gruppe einzubringen, die Kollaborateure »unter die Lupe nahm«. Sie ging mit Eifer, Mut und Vorsicht zu Werke. War gewitzt und besaß ein gutes Wahrnehmungsvermögen. Im Gegensatz zur Weißen Hanka war sie der Ansicht, daß man sich einem Deutschen nicht nur nicht mit einem guten Wort, sondern mit dem Revolver näherte, daß man einen Deutschen oder seinen Knecht nicht bekehren konnte, sondern sie aus dem Weg räumen mußte. Unschätzbare Dienste leistete sie bei der Rekognoszierung und Liquidierung des berüchtigten Gestapo-Mannes Pilniak, der in der Foksal wohnte. Mit zäher Verbissenheit vermochte sie tagelang einem verdächtigen Typen zu folgen, stundenlang auf der Straße unweit des Hauses oder Lokals, in das er gegangen war, auszuharren.

Als sich die Nachricht verbreitete, daß die Juden (für schweres Geld) die amerikanische Staatsbürgerschaft erwerben und unter dem Schutz der Deutschen ins Ausland, in luxuriös eingerichtete Lager für Ausländer, reisen könnten, packte die Schwarze Hanka das Reisefieber, sie wollte sich endlich in Sicherheit wissen und riet anderen dringend zu diesem Schritt. Im allgemeinen war die Nachfrage ziemlich groß – der Umstand, daß man die amerikanische Staatsbürgerschaft bei der Gestapo erwarb, daß die Deutschen diese »amerikanischen« Bürger mit Courtoisie behandelten, daß sie den vor der Abreise Stehenden zwei Hotels zur Verfügung stellten, daß sie die Mitnahme der gesamten Habe gestatteten, daß sie Pullmanwagen 2. Klasse bereitstellten, blendete die Obdachlosen, Erschöpften, Malträtierten, Gehetzten.

Eine solche Staatsbürgerschaft kostete von etlichen

zehntausend bis zu über hunderttausend Złoty (die Höhe dieser Summen schien die Realität der Transaktion zu bestätigen). Hanka hatte das Geld nicht, doch weil sie unternehmungslustig, energisch und zu allem entschlossen war, brachte sie in Erfahrung, welcher von den »jüdischen« Gestapo-Männern sich mit der Angelegenheit befaßte, verfolgte ihn und spürte seine Wohnung auf (in der Św. Teresa-Straße). Sie beschloß, ihn im Tor abzufangen, bevor er in den zwei Häuser weiter wartenden Wagen einstieg, und ihn dazu zu bewegen, daß man sie unentgeltlich mit ins Ausland nahm oder sie einem Familienpaß hinzufügte. Sie bat mich um Begleitung bei dieser Exkursion. Lange warteten wir im Flur, und als der Gestapo-Beamte herauskam, blickte er sich nach allen Seiten um, trat auf uns zu und fragte: »Die Damen möchten zu mir?« »Ja.« »Dann reden Sie bitte schnell, ich bin in Eile.« Mit einem verzweifelten, flehentlichen Blick brachte Hanka ihre Bitte vor, und ich musterte inzwischen den berühmten Gestapo-Beamten S. Elegancki: ein schöner junger Mann mit grünen Augen und einer frischen Narbe über der Stirn (die von einem unlängst stattgefundenen Anschlag auf ihn stammte), der Gesichtsausdruck sympathisch, die Stimme gedämpft, vertrauenerweckend, schier unglaublich, daß dies einer der größten Lumpenkerle von der Gestapo war!

»Gut, Sie bekommen einen Paß umsonst, wir haben ein gewisses Kontingent kostenloser Pässe, aber ich muß darauf hinweisen, daß deren Besitzer bis zur Abreise im Pawiak interniert werden, nur die Selbstzahler können in Hotels wohnen – im ›Polski‹ und im ›Royal‹.« »Aber ist das gewiß, ist das sicher, Herr Doktor?« fragte Hanka. »Ich bin allein, habe keine Familienangehörige, niemanden, mit dem ich mich beraten könnte. Können Sie mir auf irgendeine Weise den Erfolg dieses Unternehmens garantieren?« »Falls das für Sie eine Garantie sein kann, so erkläre ich Ihnen, daß ich bereits Frau und Kind fortgeschickt habe und ihnen mit dem letzten Transport folgen werde! Weil Sie sich in meine Obhut begeben, sich vertrauensvoll an mich gewandt haben – ohne Angst vor einem von der Gestapo –, begleite ich Sie persönlich zum Pawiak, bringe Sie dort bestmöglich unter und behalte Ihre Aufnahme in den Transport im Auge.«

Seltsamerweise hinterließen sowohl er als auch die Unterredung mit ihm einen guten Eindruck (später erfuhr ich, daß er der Organisation gewisse Dienste geleistet hat, deshalb hatten sie ihn nicht zum Tode verurteilt – die große Schramme versicherte die Deutschen des Anschlags, was ihm gegenüber Vertrauen schuf, und sein Leben blieb erhalten).

Als Hankas Gespräch mit S. zu Ende war, wagte ich mich mit meiner Bitte hervor: In einer Warschauer Vorortvilla hatte man meine Bekannte verhaftet – als die Kripo das Haus umstellte, ging sie zu ihnen hinaus, um wegen Lösegeld mit ihnen zu verhandeln, wobei sie durch stetes Erhöhen der Summe und dadurch, daß sie mit ihrem Schmuck lockte, dermaßen die Aufmerksamkeit der Kripoagenten auf sich konzentrierte, daß es ihrem Mann und Sohn gelang, durchs Fenster in den Wald zu fliehen. Sie hatte angenommen, es würde ihr gelingen, sie zu bestechen, doch leider, die von der Kripo nahmen sowohl das Geld als auch sie mit, und sie verschwand spurlos. Weil man die sogenannten Festgehaltenen jedoch überwiegend zur Kripo oder zur Gestapo brachte, wollte ich den Einfluß dieses hohen Gestapo-Beamten nutzen, um die Bekannte zu retten. Nachdem er mich angehört hatte, sagte er: »Das ist nicht meine Abteilung, Herr N. befaßt sich mit diesen Angelegenheiten. Wir wohnen zusammen, kommen Sie heute um fünf, dann werden wir gemeinsam beraten, was sich da machen läßt.« Ich ging natürlich hin, und obwohl Herr N. und seine schöne Frau einen abstoßenden Eindruck machten, war ich ein paarmal bei ihnen. Sie kontaktierten mich mit noch einem weiteren Gestapo-Beamten. Sie waren alle so vorzügliche Schauspieler, so durchaus wahrscheinlich waren ihre Nachrichten von der Verschwundenen, so sicher die Wege, die sie auf der Suche nach ihr beschritten hatten, daß sie sich, bevor mir überhaupt klar wurde, daß ich Betrügern zum Opfer gefallen war, nicht nur eine ziemlich hohe Geldsumme, sondern auch noch Wein für den »Chef« und Schmuck für seine Freundin erschlichen hatten.

Daß dieser Kontakt mit den »jüdischen« Gestapo-Beamten nicht tragisch für mich endete, ist ein Wunder: Vielleicht rief bei diesen viehischen Typen eine »Arierin«, die sich für eine ihr fremde Jüdin in die »Höhle des Löwen« wagte, so etwas wie Achtung hervor? Ihr Ende war übrigens ein verdientes – als sie den Deutschen nicht mehr von Nutzen waren, waren sie des Todes!

Um auf die Schwarze Hanka zurückzukommen – sie packte ihre Habseligkeiten und fuhr mit einer Luxuslimousine zum Pawiak. In den ersten Tagen hatte sie Bewegungsfreiheit, durfte sogar in die Stadt gehen, und sie besuchte mich. Dann gab es nur noch Briefe von ihr – sie bat um finanzielle Hilfe, um Lebensmittelpäckchen (sie hungerten). Wir schickten ihr Fett, Zucker, Zwiebeln. Die Briefe wurden immer verzweifelter, schließlich brachen sie ab. Später will man sie in Auschwitz gesehen haben.

1946 erhielt ich ein kleines Päckchen aus Amerika. Als Absender figurierte Hanna Szymczak (Hankas Okkupationsname). Ob das hieß, daß Hanka überlebt und meiner gedacht hatte, oder ob das nur ein Zufall war, weiß ich nicht. Warst du das, Hania? Du hast dich nie mehr gemeldet!

Marta

Ich kann nicht ohne Rührung an Marta denken – ein zierliches, schüchternes, hilfloses, zerstreutes Persönchen, das sich um eine alte kranke Mutter und einen sechzehnjährigen Neffen kümmern mußte, die mit Marta zusammen in einem einsamen Dorf in einer Hütte am Waldrand lebten. Die Mutter war fast gebrechlich, der Neffe vielen Gefahren ausgesetzt. Marta mußte die größten Anstrengungen unternehmen, ihre Natur überwinden, um der Aufgabe gerecht zu werden, für Menschen zu sorgen, die noch schwächer waren als sie. Zu Hilfe kamen ihr Freunde und das sprichwörtliche »bißchen Glück«!

Der Name Marta war nicht ihr richtiger, sondern ihr Okkupationsname. Einmal fuhr sie mit der Vorortbahn nach Warschau, und weil sie nichts Besseres zu tun hatte, blätterte sie im Kalender, wobei sie registrierte, daß in ein paar Tagen der Namenstag für Marta sein würde. Am Vorabend fiel sie den Deutschen in die Hände, die sie »nichtarischer« Abstammung beschuldigten. Man brachte sie zur Gestapo in die Szuch-Allee und dort unterzog man sie Untersuchungen, die unter anderen Umständen zum Lachen gewesen wären: Man machte anthropologische Messungen, fotografierte ihr Profil, gab ihr Lyrik zu lesen, um den Akzent zu prüfen, fragte sie (eine Vierzigjährige) den Katechismus ab! Die Meinung der die Untersuchungen durchführenden Gestapo-Leute war geteilt – die einen behaupteten, daß dies ohne Zweifel eine Jüdin sei und – ab zum Umlegen mit der! Die anderen vertraten die Ansicht, daß die Frau »völlig unschuldig« sei und man sich um sie nicht den Kopf zerbrechen müsse. Angesichts dessen beschloß man, die Geprüfte einem Endexamen zu unterziehen, und fragte sie: »Wann ist ›Marta‹?« »Morgen«, antwortete die Verdächtigte, ohne eine Sekunde nachzudenken. Die Gestapo-Männer lachten schallend, sahen im Kalender nach und waren verblüfft, daß die Antwort stimmte.

Sie ließen sie laufen, doch die Wohnung mußte sie verlassen, weil auf der gefälschten Kennkarte, so wie es sein mußte, die richtige Adresse stand. Als nach einer gemeinsamen Beratung sich der Neffe einverstanden erklärte, sich freiwillig zur Arbeit in Deutschland zu melden (für viele junge Burschen war das sicherer als der Verbleib auf dem Territorium des G. G.*), erhob sich das Problem neuer Papiere für ihn. Weil unbenutzte Geburtsscheinformulare schwierig zu bekommen waren und die Zeit drängte, kam man überein, einen von den alten Scheinen, die Dr. F. haufenweise besaß, mit einer Spezialflüssigkeit von seinen Eintragungen zu befreien, die entsprechenden Daten einzutragen, wonach er seine Funktion bestens erfüllen würde. Ich erfuhr später, daß nach einer gewissen Zeit die ursprünglichen Buchstaben so deutlich wiederhervortraten, daß die Geschichte, wenn der Junge nicht zu außerordentlich anständigen Leuten gekommen wäre (die ihm von ihrer Entdeckung erst nach Kriegsende erzählten), tragisch hätte enden können.

Marta kam nicht nur aus »geschäftlichen Gründen« zu uns, sondern auch, um ein wenig Ruhe zu finden, von Freunden und Verwandten zu erfahren, die Radiomeldungen durchzulesen, um »sich aufzuerbauen«, wie sie sagte. Einmal brachte uns der Besuch der zerstreuten Marta viel Aufregung, aber noch mehr Gelächter!

Wenn es an der Tür »unserer« Villa klingelte, wurde aus dem Küchenfenster geschaut, und wenn es »einer von uns« war, warf man, statt aus dem ersten Stock

---

* Generalgouvernement – die nicht dem Deutschen Reich eingegliederten Teile des besetzten Polens. (Anm. d. Übers.)

hinunterzugehen und zu öffnen, den Schlüssel im Schlüsseltäschchen auf den Gartenweg, damit sich der Gast selber öffnen konnte – man konnte schwerlich ein Dutzend, bisweilen ein paar Dutzend Mal täglich die Treppe hinuntergehen. Auch diesmal wurde auf Martas Klingeln hin der Schlüssel hintergeworfen, und jeder befaßte sich weiter mit seinen Angelegenheiten, bis Marta hereinkommen, den Schlüssel auf den Küchentisch legen und sagen würde: »Ich bin's, darf man eintreten?« Weil Minuten vergingen und von Marta nichts zu sehen und nichts zu hören war, warf ich nochmals einen Blick aus dem Fenster und sah, daß sie mit der Eingangstür rang. Auf meine Frage, was denn los sei, antwortete sie, daß sie heute irgendwie die Tür nicht aufbekäme. Ich ging also hinunter und bat sie, mir den Schlüssel durchs Fensterchen zu reichen, damit ich von innen öffnen konnte. Es stellte sich jedoch heraus, daß sie den Schlüssel nicht aus dem Schloß bekam, da sie ihn in die falsche Öffnung gesteckt und zu allem Überfluß das ganze Haus noch mit dem zusätzlichen Riegel versperrt hatte, der nur zur Nacht vorgeschoben wurde. Eine unangenehme Situation: Marta kann nicht ins Haus, niemand von uns hinaus – weder ich, um Marta beim Manipulieren mit dem Schlüssel zu helfen, noch die Aufwärterin zum Einkäufemachen, noch Amelka, die einen wichtigen Treff hat; und die Verhandlungen durchs Fenster lenken die Aufmerksamkeit der in der Nachbarschaft stationierten Deutschen auf uns. Marta, die fremd in dieser Gegend ist, nach einem Schlosser zu schicken, davon kann keine Rede sein – sie würde keinen finden! Blieb allein der Hausmeister, doch einen Mann zu holen, der nicht ganz sicher ist, und damit Marta zu gefährden, gefällt uns nicht. Anrufe zu allerlei Bekannten, die helfen könnten, bleiben erfolglos – es ist Mittagszeit und keiner zu Hause. Es ist wirklich zum Verzweifeln. Ich hieß Marta auf einer Bank im Park Platz nehmen und auf ein Zeichen von uns warten. Zum Glück kam der Briefträger als unser Befreier, dem es irgendwie gelang, die Tür aufzubekommen.

Gib mir einen Kuß, Marta!

Marta hieß in Wirklichkeit Stefania Beylin – sie war nach dem Krieg eine bekannte Filmkritikerin.*

Jadwiga

Frau Jadwiga war jeder Zoll eine Dame – hochgewachsen, ruhig, ernst, vornehm gekleidet, gepflegt. Sie ging ständig in tiefer Trauer, und zwar nicht nur deshalb, weil die Schleier das »nichtarische« Aussehen kaschierten, sondern weil sie der Ansicht war, daß alle Jüdinnen Trauer tragen sollten. Frau Jadwiga war die Gattin eines beliebten Arztes – sie hatte offenbar einen Teil ihres Vermögens gerettet, denn sie verfügte über Bargeld und half anderen, übrigens stets anonym. Eine gute Frau und Mutter, nahm sie die Verantwortung für das Leben von Mann und Sohn auf sich, und obwohl sie kühl und steif wirkte, empfand sie fremdes Unglück zutiefst. Sie wohnte mit der Familie bei ihren Bekannten und erlaubte weder Mann noch Sohn, das Haus zu verlassen. Sie selber durchmaß mit ihrem gemächlichen würdevollen Schritt Warschau von einem Ende zum anderen auf der Suche nach Menschen, die Rat und Hilfe brauchten.

Durch Frau Jadwiga kamen Janka und Jasia zu uns.

* Stefania Beylin, geb. 29. August 1906. Sie war Absolventin der polnischen und deutschen Philologie. Kinematographische Publizistin und Übersetzerin dänischer Literatur (u. a. Andersen). Schwester von Karolina Beylin. Gest. 24. Juli 1989 in Warschau.

Janka war vier, als man sie mit einem Bündelchen Sachen zu uns brachte und sagte: »Das ist die Janka von Frau Giga.« Das Kind sah mich mit seinen großen schwarzen Augen an und sagte: »Stimmt gar nicht! Ich bin Judyta D., mein Papa und Mami sind tot.« Es brauchte etliche Tage, um der Kleinen einzuprägen, daß sie Janka, nicht Judyta ist, da die Leute, die sie zu sich nahmen, Angst hatten, die Nachbarn könnten den wahren Stand der Dinge erraten. Janka war schon ein großes Mädchen, folglich war es leichter, für sie ein »Ersatzelternhaus« zu finden, schlimmer stand es um die kleine Jasia.

Jasia war anderthalb. Beide Eltern waren Anwälte gewesen. Nach der Liquidierung des Gettos abtransportiert, sprangen sie nachts aus dem Zug. Die Mutter, die mit dem Kind auf dem Arm in eine Schneewehe gesprungen war, tötete die Kugel der deutschen Zugbegleitmannschaft. Bevor in der Dunkelheit der Nacht der Vater den Leichnam seiner Frau und sein schwache Lebenszeichen von sich gebendes Töchterchen gefunden hatte, waren der Kleinen die Händchen erfroren. Irgendwie schlug er sich bis nach Warschau durch und gab Jasia in die Obhut von Frau Jadwiga, die die Kleine in einem Kinderkrankenhaus unterbrachte. Bevor Jasia das Krankenhaus verließ, lebte ihr Vater schon nicht mehr: Er war während einer Razzia der Gestapo aus dem vierten Stock gesprungen, weil er die Hausbewohner nicht in Gefahr bringen wollte, die, wenn man einen Juden dort gefunden hätte, allesamt »umgelegt« worden wären. Frau Jadwiga brachte das Kind bei ihrem früheren Dienstmädchen unter, für eine gepfefferte Summe. Bald darauf setzte jedoch Jasias Pflegerin, die in Gettonähe wohnte, erschreckt von den fortwährenden Suchaktionen nach Juden, die sich versteckten, die Kleine, nur in eine Decke gewickelt, vor der Tür von Berta L., einer Cousine von

Frau Jadwiga, aus. Vom Weinen des Kindes irritiert und von der Situation (sie selber versteckte sich zusammen mit zwei Söhnen) verstört, beschloß sie, das Kind, als einen Findling von der Straße, einem Polizisten zu übergeben. Die Methode war erprobt – ein solches Kind brachte man im Haus von Pfarrer Baudouin* unter, dort war es vor deutschen Repressionen sicher, viele jüdische Kinder überdauerten den Krieg im Findelheim.

Berta hatte nicht die Kraft, das Kind von Freunden in die Hände eines Polizisten zu geben, sie flehte also ihren älteren Sohn an, sich der Sache anzunehmen. Jurek bat seinen Freund Paul um Hilfe, einen englischen Offizier, der sich nach der Flucht aus der Gefangenschaft bei uns versteckte, in der Organisation arbeitete und, da er fließend Deutsch sprach sowie deutsche, natürlich gefälschte, Papiere hatte, als Deutscher galt.

In der Dämmerung fuhr vor unserem Gärtchen eine Lastrikscha vor (Paul war manchmal zu verschiedenen Zwecken Rikschafahrer), von der man ein Bündel herunterhob. Paul und Jurek trugen es ins Haus und in mein Zimmer, legten es auf dem Sofa nieder – das Bündel bewegte sich! Mein erster Gedanke war, daß sie außerhalb von Warschau gewesen waren und dort ein Ferkel »organisiert« hatten! Doch Paul brachte mich unverzüglich von meinem Irrtum ab. Die tränenfeuchten Augen abwendend, sagte er in seinem gebrochenen Polnisch: »Mamuscha, du nicht böse sein auf Pawelek. Wir haben sollen kleines Mädchen ›Blauen‹ geben. Aber kleines Mädchen fest halten Pawelek bei Hand, daß Pawelek nicht konnte. Pawelek denkt, Mamuscha lieben kleine Kinder, da nehmen, nicht? Haben dir mit Jurek Kindchen gebracht, aber du nicht

* Gabriel Baudouin (1689–1768): franziskanischer Missionar, Begründer wohltätiger Einrichtungen. (Anm. d. Übers.)

böse, du zufrieden?« »Sehr zufrieden« war ich nicht, weil das Haus vom Keller bis zum Boden voller »trejfener« Leute war, doch was sollte man machen – das Kind war so klein, so lieb, und Paul und Jurek drückten mich so herzlich zur Abbitte, daß ich zu unserm Paul sagte: »Ich kenne keine anderen Engländer, ich weiß nicht, wie die sich verhalten hätten, doch du hast gehandelt wie ein guter Pole!« Er war sehr angetan von diesem Lob.

Sogleich setzten wir Frau Jadwiga von Jasias Abenteuer in Kenntnis, auf der Stelle offerierte sie Hilfe – sie brachte einen schönen Brillantring, damit die Bedürfnisse der Kleinen durch seinen Verkauf gedeckt werden konnten. Aber Paul und Jurek sorgten für ihren Liebling, und auch meine Mutter teilte ihre Vorräte mit ihm, daß Hilfe nicht nottat. Weil Frau Jadwiga den Ring nicht zurücknehmen wollte, beschlossen wir, ihn für Jasia, wenn sie größer wurde, aufzuheben. Ein paar Monate lang war Jasia unser aller Augapfel, doch leider mußten wir uns von ihr trennen – eine Familie, bestehend aus drei alleinstehenden Frauen, hatte sich gefunden, die Jasia ein richtiges Zuhause geben wollte; sie adoptierten die Waise und schenkten ihr ihre ganze Liebe.

Es war dies die Periode, da die Deutschen beschlossen hatten, mit einem weiteren Schwindel aus den Juden die letzten Reserven herauszupressen – sie priesen amerikanische Papiere an, die man bei der Gestapo für eine dicke Summe Bargeld erwerben und damit ins Ausland in luxuriöse Lager für Ausländer fahren konnte, wo das Überdauern des Krieges garantiert wäre. Frau Jadwiga entschied sich, ebenfalls Rettung in der amerikanischen Staatsbürgerschaft zu suchen. Mann und Sohn sträubten sich gegen dieses Projekt, doch sie, die als einzige von ihnen sich in der Stadt bewegte und Kontakt mit Menschen hatte, traf die Entscheidung für sie alle. Als sie zu mir kam, um sich zu verabschieden, weinte sie herzzerreißend, das Gesicht in den Händen, und wiederholte eins ums andre Mal: »Bitte, sagen Sie mir, ob ich gut daran tue, daß ich sie der Befreiung zuführe und nicht in den Tod treibe! Bitte, sagen Sie es mir!«

Leider war es der Tod für die Ihren wie für sie selbst, doch wer hätte das damals voraussehen können …

Mütter

Berta und Maria

Wenn ich aus der Schar mir bekannter Mütter diese zwei auswähle, um über sie zu schreiben, dann deshalb, weil sie unter den guten die besten, unter den aufopfernden die aufopferndsten, unter den tragischen die allertragischsten, unter den mir nahestehenden, die allernächsten waren.

Berta war die Tochter eines Philanthropen, der, sehr bescheiden lebend, den größten Teil seiner Einkünfte aus der Werkstatt, deren Besitzer er war, für soziale Zwecke zur Verfügung stellte, jüdische wie polnische, hauptsächlich für die Hilfe an Häftlingen und deren Familien. Berta (von ihrem Mann geschieden) hatte zwei Söhne, die sie mit einer blindwütigen Liebe liebte. Beide waren sie überdurchschnittlich intelligent und begabt – der ältere, der neunzehnjährige Jurek, war ein talentierter Graphiker, der fünfzehnjährige Jaś versprach ein großes dichterisches Talent zu werden. Die Jungen ähnelten sich nicht – Jaś war ängstlich und nervös und ließ im buchstäblichen Sinne die Hand der Mutter nicht los, Jurek – tapfer, mutig, tatkräftig, errettete bereits im Getto durch seinen Mut, seine Bravour und Tüchtigkeit eine Reihe Personen vor dem Tod. Jurek lebte schlichtweg auf im Angesicht der Gefahr.

Berta, die schüchtern war und verschreckt und sich auf der Straße unsicher nach allen Seiten umschaute, war viele Male erpreßt worden. Die Erpresser beraubten sie sowohl des Geldes als auch des Schmucks; um sich, den alten Vater, die Söhne zu erhalten, nähte sie also Handschuhe, fertigte Taschen und künstliche Blumen, bemalte Sofakissen. Diese Gegenstände veräußerte sie mit meiner Vermittlung. Die Einkünfte waren nicht besonders, doch man konnte bescheiden davon leben, zumal Jurek auf dem Bahnhof Schilder machte von der Art wie: »Ausgang«, »Zum Buffet«, »Für Damen«. Wir amüsierten uns königlich über diese »verantwortungsvolle« Tätigkeit, doch sie brachte ein bißchen was ein, und, was wichtiger war, Jurek hatte das Recht, eine Eisenbahnermütze zu tragen, was ein gewisses Gefühl von Sicherheit verlieh.

Berta zog andauernd um, getrieben von ewiger Angst und davon, daß Jaś, der in jedem Menschen, den er traf, in jedem noch so leisen Geräusch eine Gefahr sah, ihr ewig in den Ohren lag. Alle paar Wochen, während sie auf der Suche nach einem neuen Schlupfwinkel war, wohnte Berta bei uns. Jaś ging nach oben zu Marysia, und Berta schlief mit mir zusammen. Sie schmiegte sich an mich und sagte: »Nur bei dir und mit dir fühle ich mich ruhig und sicher, doch ich weiß ja, daß das nicht für lange so geht.« Lange in der Nacht erzählte sie von sich, ihrem verpatzten Leben, der Kindheit ihrer Söhne. Sie »redete sich satt« für all die Wochen, in denen sie mit niemand frei und offen reden konnte. Bei Tage drückte sie sich in den Ecken herum, sie wollte sich nicht den Leuten zeigen, obwohl alle in einer ähnlichen Lage waren wie sie, sie war entsetzt über die Empfänge, das spielende Grammophon, das Singen und Lachen, doch schließlich mußten wir vor den Deutschen in der Nachbarschaft irgendwie eine große Anzahl von Personen auf Besuch simulieren.

Jaś ging nie allein auf die Straße, auch mit der Mutter zusammen fürchtete er sich, aber wenn die Mutter Material für ihre Arbeit kaufen mußte, heulte er buchstäblich vor Verzweiflung und Unruhe, womit er Berta noch mehr in der ringsum drohenden Gefahr festhielt. Endlich entschied sie, daß das sicherste für ihre Jungen sein würde, wenn sie sich in irgendein Provinznest verkröchen, und sie ließ sich irgendwo bei Warschau nieder. Jurek konnte die Atmosphäre ewig geschlossener Fensterläden, des heimlichen Aus-dem-Haus-Schlüpfens nach Einbruch der Dämmerung nicht ertragen und kehrte nach Warschau zurück. Schnell gelangte er mit meinem »englischen Söhnchen« ins Einvernehmen und trat der Diversionsabteilung bei. Mehrfach entwaffnete er (mit bloßen Händen) Deutsche und lieferte so der Abteilung Waffen, seine Aktionen waren außergewöhnlich, und er wurde in Kürze zum »Hirn« der Abteilung und zum Chef der Liquidationszelle.

Als Berta erfuhr, daß Jurek der Organisation beigetreten war, war sie völlig niedergeschmettert. Unter Tränen warf sie ihm vor, freiwillig zusätzliche Gefahr auf sich zu nehmen. Doch als wir unter uns waren, sagte sie: »Weißt du, vielleicht ist es ja gut, daß das mit der Organisation gekommen ist – Jurek wird umkommen, denn umkommen wird er gewiß, aber im Kampf, und nicht einen erniedrigenden Tod sterben.«

Und so geschah es auch. Jurek fiel Herbst 1943 auf dem Plac Zbawiciela in einer Aktion gegen einen der Henker des Gettos. Seinen Leichnam holte Blaue Polizei von der Straße. Nachts stahlen ihn die Jungs von der Abteilung, und sie setzten ihn auf dem Friedhof in Bródno bei. Unter Schwierigkeiten fanden wir nach dem Krieg, gemeinsam mit seinem Vater, der mit der Volksarmee (AL) von der Oka kam, den kleinen Grabhügel an der Friedhofsmauer. Wir brachten ein Täfelchen an mit dem richtigen Namen: »Jerzy Leder. Ein Held«. Doch von all dem erfuhr Berta, seine tragische Mutter, schon nichts mehr. Als die Sache mit den »amerikanischen Papieren« aufkam, die die Gestapo-Beamten verkauften, beschloß sie, mit Jaś wegzufahren. Sie war im Zweifel, fragte alle, ob sie gut daran täte. Und was hätte man ihr antworten sollen? Hier war niemand weder des Tages noch der Stunde sicher, niemand rechnete damit, daß er die Freiheit noch erleben würde ... Vielleicht würde man noch ein Jahr, vielleicht ein paar Tage leben ... Und wenn jenes dort die Wahrheit war, wenn jenes eine Chance bot? Schließlich wußte keiner damals, daß es sich dabei um eine weitere Methode der Vernichtung handelte. Berta und Jaś mußten, so wie alle, die diese Papiere gekauft haben, umgekommen sein, denn sie sind verschollen. Bertas Familienname war Lederowa.

*

Maria war eine schlanke, mittelgroße Brünette. Sie hatte einen Ehemann, ein kluger Mensch, Jurist, und einen neunjährigen Sohn. Beide Eltern hatten das sogenannte gute Aussehen, der Junge hingegen ein unerhört semitisches. Zudem war er wahnsinnig lebhaft, war sich absolut nicht der ihm drohenden Gefahr bewußt. Ständig mußten sie daher den Aufenthaltsort wechseln. Einmal ließen sie den Kleinen, ehe sie die nächste Unterkunft gefunden hatten, bei uns. Er langweilte sich tödlich, an den Sessel angebunden, konnte er nicht einmal ans Fenster gehen – gegenüber gab es eine Abteilung SS, man hätte ihn bemerken können, und das Unglück wäre dagewesen!

Eines Abends ging ich auf die andere Seite unseres Sträßleins hinüber, um mir von Freunden ein Ei zu borgen, dabei ließ ich leichtfertigerweise die Tür unten

212

offen. Zu Hause war meine zwölfjährige Tochter*, die das Abendbrot machte, und unsere Großmütter. Plötzlich ging die Küchentür auf – im Türrahmen standen zwei deutsche Soldaten mit irgendeinem Papier in der Hand, fragten die Kleine nach einem ihr unbekannten Namen, sie schüttelte den Kopf … die Soldaten stießen sie beiseite und gingen in die Wohnung hinein. Das Mädchen erstarrte! Die Soldaten sahen zwei alte Frauen in ihren Betten, machten kehrt … und gingen. Ich sah sie aus unserer Pforte kommen. Ich rannte, so

* Die Rede ist von Halina Dębicka-Ułłowicz, der Mitverfasserin von *Das Haus in der Orzechowska-Straße,* Tochter von Zofia und Ludwik, Schwester von Barbara, Mutter von Andrzej. Geb. 9. Mai 1926 in Warschau. Vor dem Krieg Grundschule in Warschau und Poznań, während des Krieges, kurz vor dem Aufstand Abitur an der Jankowska-Spodkowska-Handelsschule. Gleichzeitig war sie Austrägerin von Presseerzeugnissen und Waffen in der AK-Gruppierung »Dzik«, nahm am Warschauer Aufstand teil. Eine Zeitlang im Lager Pruszków. Nach der Freilassung wohnte sie in Piastów und wurde Sanitäterin im Polnischen Roten Kreuz, aktiv in der ganzen Wojewodschaft. Die Jahre 1945–1948 verbrachte sie in Stargard Szczeciński als Referent für Landumsiedler. Nach ihrer Rückkehr nach Warschau zur kranken Mutter nahm sie die Tätigkeit im Außenministerium, Departement Naher und Ferner Osten, auf. Von Juni bis Dezember 1949 war sie verhaftet (ohne Angabe von Gründen). Vom 15. Dezember 1950 an arbeitete sie beim Polnischen Rundfunk in verschiedenen Redaktionen und studierte gleichzeitig (1954 schloß sie ihr Journalistikstudium ab). 1958 Wechsel zum Fernsehen, wo sie Beiträge für die Tagesschau machte (»Kulturkaleidoskop«, »Kulturchronik«, und auch »Städteturniere«). 1967 erhielt sie für ihre Leistung den Goldenen Bildschirm. Von 1976 bis zur Rente 1990 arbeitete sie in der Redaktion des »Pegaz«. Gest. 3. Nov. 1994. 1991 gemeinsam mit der Mutter mit der Medaille »Gerechter unter den Völkern der Welt« ausgezeichnet. (Wird von der israelischen Gedenkstätte Yad Vashem in Jerusalem vergeben. Von etwa 8000 so Geehrten sind ungefähr die Hälfte Polen. – d. Übers.)

schnell ich konnte … Stürzte in die Küche; die Tochter lehnte kreidebleich an der Wand, dicke Kullertränen rannen ihr übers Gesichtchen, sie schaute mich an und flüsterte: »Mamachen, wie ich mich gefürchtet hab, wie ich mich gefürchtet hab, aber was hat dieser Junge gemacht, wo hat er sich versteckt, daß sie ihn nicht entdeckt haben?« Wir stürmten beide ins Zimmer, und der kleine Bursche saß zusammengerollt und wie mit der Lehne verwachsen in dem großen voltairianischen Sessel, der mit der Rückseite zur Tür stand … »Als ich das Kauderwelsch gehört habe«, sagte er, »hab ich gerad noch geschafft, den Sessel umzudrehen und hineinzuspringen, als sie ins Zimmer kamen, aber sie haben nirgends nachgeguckt …«

Wir sagten Maria nichts davon. Auch so lebte sie immerfort in Anspannung. Sie liebte den Sohn abgöttisch, sie konnte keine Kinder mehr bekommen. Ein paar Tage später holten sie den Jungen ab. Bis zum Aufstand versteckten sie sich irgendwie alle drei. Der Junge kam im Aufstand um – er war einer der tapfersten Kuriere der AK – flink, pfiffig, flog er buchstäblich zwischen den Kugeln hindurch, doch am Ende traf ihn doch eine.

Er starb als ein Held! Frau Maria konnte bis ans Ende ihrer Tage den Tod des Sohnes nicht verwinden.
Wie sie in Wirklichkeit hießen, weiß ich nicht, sie benutzten den Namen Rapaczýnski. Den behielten sie übrigens auch nach dem Krieg bei. Herr Rapaczyński war einige Jahre Delegierter Polens bei den Vereinten Nationen.

Warschau, 1990

In Radom und Umgebung

Der Krieg 1939 verschlug meine Eltern nach Radom, denn bis August 1939 haben wir in Katowice gewohnt, wo mein Vater, Ryszard Niwiński, in der Zygmunt-Hütte in Łagiewniki als Ingenieur arbeitete. Im Januar 1940 zogen wir in die Wohnung meiner Tante, Kiliński-Straße 21 in Radom. Nach kurzer Zeit reiste Tante in das benachbarte Jedlina-Zdrój, wo sie ein Häuschen besaß.

Ein paar Tage nach der Ankunft in Radom traf meine Mutter auf der Straße eine Schulkameradin aus Stanisławowo, mit der sie vor dem Ersten Weltkrieg das Gymnasium besucht hatte. Diese Dame, Mala Huber, war am jüdischen Gymnasium tätig gewesen, das die Deutschen zu diesem Zeitpunkt bereits aufgelöst hatten und das sich ebenfalls in der Kiliński-Straße, Nummer 15 oder 13, befand.

Durch Frau Mala Huber freundete sich meine Mutter mit der Familie des Direktors jenes Gymnasiums, Hurwicz, an, die in der Sienkiewicz-Straße wohnte.

Direktor Hurwicz, der vor dem Krieg mit den Kommunisten sympathisierte, war 1939 gemeinsam mit seinem Schwager in die Sowjetunion geflohen. In Radom ließ er seine Frau zurück, die damals etwa vierzig war, den zehnjährigen Sohn Paweł und seine Schwester Blanka, etwa fünfundzwanzig, dreißig Jahre alt. Nach Einrichtung des Gettos unterhielt Mama mit dieser Familie weiterhin nahen Kontakt. Anfangs war das Getto nicht hermetisch abgeriegelt. Durch das Durchgangstor in der Rwańska-Straße und dann über den Hof gelangte man in die Wała, die sich im jüdischen Viertel befand. Im Tor legte man die Armbinde mit dem Stern an und ging ruhig weiter. Zwar war der Aufenthalt von Polen im jüdischen Viertel streng verboten, doch wenn man erwischt wurde, drohten nur »ein paar in die Schnauze«, wovon sich mein späterer Mann überzeugen konnte, als er auf mich vor einem Haus wartete, in das ich hineingegangen war.

In dieser Zeit, d. h. in den Jahren 1941/42, machte mein Vater durch die Vermittlung seiner Schwestern, die in dem obenerwähnten Jedlina-Zdrój lebten, allerlei Dinge zu Geld, die ihm diese jüdische Familie gegeben hatte, und erstand dafür Nahrungsmittel, die wir selber ins Getto schafften. Später, als das Getto schon völlig isoliert war, kam ein jüdischer Polizist, um sie zu holen. Er war der Sohn von Bekannten meiner Mutter und wohnte mit den Hurwiczs zusammen (sie starb Anfang 1942 an Flecktyphus, und ihr Sohn Jurek wurde während der Liquidierung des Gettos ermordet). Ich weiß noch, daß die Hurwiczowa und die übrigen Bekannten sich wunderten, daß es meinem Vater immer gelang, so hohe Preise beim Verkauf der Sachen zu erzielen, dabei gab er einfach nur die gesamte Summe ab, die er erhalten hatte.

Sommers 1942 nahm mein Vater Kontakt mit einem früheren Bekannten, Jan Konopczyński, und seiner Frau, die in Warschau lebten, auf und auch mit dessen Cousin Zygmunt Konopczyński, der während des Krieges in der Straße Przeskok in Warschau eine kleine Kneipe führte, in der sich das »Künstlervölkchen« traf.

In der großen Mehrzimmerwohnung von Jan Konopczyński, die sich irgendwo in der Nähe der Marszałkowska-Straße befand, war die »Transitstelle«, wo sich die Juden in Erwartung neuer Papiere aufhielten. Mein Vater fuhr ziemlich häufig nach Warschau und erzählte, daß sich dort immer etliche Personen von sehr charakteristischem »nichtarischem« Aussehen aufhielten.

Im Sommer desselben Jahres beschloß die Mutter von Pawełek Hurwicz, nachdem meine Eltern ihr wieder und wieder zugeredet hatten, ihn auf die polnische Seite hinüberzuschmuggeln. Man vereinbarte, daß er nach Warschau gebracht würde, und von dort, nachdem man ihn mit einer polnischen Geburtsurkunde ausgestattet hätte, weiter aufs Land. Pawełek, der damals zwölf war, hatte kein semitisches Aussehen und sprach, in der polnischen Kultur aufgewachsen, Polnisch akzentfrei. Der schon erwähnte jüdische Polizist Jurek (seinen Nachnamen erinnere ich nicht), brachte Pawełek aus dem Getto und zu unserer Wohnung. Er blieb bei uns ein paar Tage, die ganze Zeit hinter den Schränken hockend, mit denen das von unserer Familie bewohnte Zimmer geteilt war, denn die zwei übrigen Zimmer wurden von Deutschen eingenommen. In einem wohnte ein Hauptmann des *Baudienstes*, Hilmar Bauer, Mitglied der NSDAP, im anderen ein Angestellter des *Arbeitsamtes*, Fischer. Die Situation wurde immer gefährlicher, weil der Hausmeister etwas zu ahnen begann und etliche Male unter x-beliebigem Vorwand bei uns vorbeischaute. Die bei uns wohnenden Deutschen interessierten sich kaum dafür, wer sich hier aufhielt, und wir verabredeten untereinander, daß wir, sollten sie sich nach Paweł erkundigen, sagen würden, daß er der Sohn meiner Tante aus Jedlina sei, der in Radom einen Arzt aufsuchen müsse.

Mir wurde die Aufgabe übertragen, Pawełek nach Warschau zu bringen. Ihm wurde eingebleut, daß ich vorneweg gehe und er mir im Abstand von zehn, zwölf Metern folgt. Ich steige als erste in den Zug ein, er folgt mir ins selbe Abteil. Wir kennen uns nicht. In Warschau begeben wir uns in der gleichen »Formation« zu jener Kneipe von Zygmunt Konopczyński, wo mein Vater wartet, der ihn in Jan Konopczyńskis Wohnung bringt, wo er auf die polnische Geburtsurkunde warten soll. Glücklich gelangten wir nach Warschau. In unserem Zug fuhr im Nachbarabteil mein künftiger Mann mit, der für den Fall, daß wir geschnappt würden, oder einer Menschenjagd, meinen Vater benachrichtigen, und wenn ich bei der Menschenjagd »eingesammelt« würde, Pawelek an den verabredeten Ort führen sollte. Als Angehöriger des *Baudienstes* brauchte er die »Menschenjagden« nicht zu fürchten. Die Adresse von Jan Konopczyński kannte aus Sicherheitsgründen keiner aus unserem Terzett.

In Warschau hielt sich Paweł rund zwei Wochen auf, da sich die Lieferung der Geburtsurkunde verzögerte. Unterdessen hatten die Deutschen in Radom bekanntgegeben, daß die Juden gegen angemessene Bezahlung nach Palästina ausreisen könnten. Pawełs Mutter glaubte den Versprechungen, und zusammen mit Frau Huber meldete sie sich für die Ausreise. Pawełs Tante beschloß zu bleiben, weil sie die ganze Sache für eine List seitens der Hitlerfaschisten hielt. In dieser Situation forderte Pawełs Mama die Rückkehr des Sohnes ins Getto. Diesmal holte ich ihn allein aus Warschau nach Radom. Zur Verzweiflung von Pawełs Mutter war die Ausreiseliste für Palästina bereits geschlossen. Nach ein paar Tagen wurden Busse bereitgestellt. Der Hurwiczowa gelang es, ihren Sohn mitzunehmen. Die Busse fuhren nur ein paar Kilometer über Radom hinaus, wenn ich nicht irre, in die Gegend von Szydłowiec, wo man die Passagiere erschoß. Paweł blieb am Leben, weil er nicht auf der Liste stand und die Mutter vor dem Tod darum flehte, ihm das Leben zu schenken, ja, und weil *Ordnung muß sein* und die Zahl der Ermordeten mit der Liste übereinstimmen mußte, wurde Paweł nicht umgebracht. Man transportierte ihn zusammen mit der Kleidung der Ermordeten (sie hatten sich vor dem Tod entkleiden müssen) und warf ihn ins Getto. Des Halbbewußtlosen nahm sich Tante Blanka an. Sie arbeiteten beide im Shop, und nach der völligen Liquidierung des Gettos in Radom wurden sie in ein Arbeitslager im Kielcer Land (den Namen der Ortschaft erinnere ich nicht) abtransportiert. Von dort flohen sie. Sie wohnten bei Warschau, irgendwo bei Wał Miedzeszyński, und zwar bis Dezember 1944. Zwei Wochen vor der Befreiung kam eine Militärpatrouille zu dem Häuschen, Frau Blanka hielt es nervlich nicht aus und sagte ungefragt, daß sie Juden sind. Man erschoß sie hinter der Hausecke. Über ihr Schicksal seit der Zeit ihres Abtransports aus Radom erfuhr mein Vater bestimmt von Dr. Fastmann, der Vorsitzender des Ältestenrats in Radom war. Seine Frau und Tochter wurden mit einem der ersten Transporte nach Treblinka gebracht. Er selber war vermutlich in demselben Lager wie Frau Blanka und Paweł. Nach dem Krieg lebte er in Wałbrzych. Vielleicht hatten die Konopczyńskis sie mit Dokumenten versorgt, doch das ist nur meine Vermutung.

Im Jahr 1942 holte mein Vater mehrfach Dokumente für Juden aus Warschau. Ich erinnere mich, daß ich sie einmal zu einem gewissen Anwalt tragen und persönlich aushändigen sollte. Mein Vater erklärte mir genau, um wen es sich handelte, ohne jedoch den Namen anzugeben. Dieser Anwalt wohnte sehr nah Ecke Żeromski- und Witold-Straße. Ich sollte den Dienstbotenaufgang von der Witold-Straße her benutzen und sagen, daß ich die Medikamente für … (an den Namen erinnere ich mich nicht, wahrscheinlich handelte es sich um eine Parole) bringe. Die Dokumente waren im doppelten Boden einer Schachtel mit Spritzen verborgen. Nach Jahren, rein zufällig, erfuhr ich den Namen jenes Anwalts. Im Nachbarhaus in Wrocław wohnte nämlich ein wissenschaftlicher Mitarbeiter der Technischen Hochschule Wrocław, Janusz Lindeman. Es stellte sich heraus, daß sein Vater jener Rechtsanwalt gewesen war, dem ich die Dokumente hingebracht habe.

Eine der Personen, für die mein Vater die Papiere holte, war die Radomer Zahnärztin Frau Rakoczowa. In dieser Angelegenheit kam zu meiner Mama eine sehr vornehm aussehende ältere Dame, die sich als Gutsbesitzerin, die man aus dem Gebiet um Poznań ausgesiedelt habe, ausgab. Auf welche Weise die Rakoczowa aus dem Getto herausgekommen war, ist mir nicht bekannt, auf jeden Fall gelangte sie glücklich nach Warschau und später nach Podlasie, wo sie aufgrund ihrer falschen Papiere eine Arbeit als Zahnärztin aufnahm. Ihr Sohn war jüdischer Polizist und sollte sich ihr anschließen, wenn sie in Sicherheit war. Das Warten auf die Papiere zog sich in die Länge, und alle waren sich klar darüber, daß dem Getto die letzte Stunde geschlagen hatte. Die jüdischen Polizisten wurden in einem Lager außerhalb des Gettos zusammengezogen, nahe beim Bahnhof in Radom. Endlich wurde Rakoczy benachrichtigt, daß anderntags an einem bestimmten Ort ein Kutscher auf ihn warten und ihn zu einer Bahnstation außerhalb von Radom fahren würde, außerdem teilte man ihm mit, wo er die Dokumente entgegennehmen könnte. Leider nahm am Vortag der Flucht der deutsche Kommandant der jüdischen Polizisten ihnen die Mützen ab, mit denen sie in die Stadt gingen. Das bedeutete, daß sie in der Nacht oder anderntags liquidiert würden. Er wagte das Risiko und floh aus dem Lager. Vom polnischen Stadtteil und den befreundeten Häusern trennte ihn das deutsche Viertel (neben der Waffenfabrik und dem Militärkrankenhaus). Die Polizeistunde nahte. Unweit des deutschen Krankenhauses war ein Ambulatorium, ebenfalls für Deutsche. Er ging hinein, nur eine Sanitäterin, eine Polin, war anwesend. Er sagte ihr, wer er ist. Sie versteckte ihn. Morgens kam sie früher, vor den anderen Mitarbeitern, und ließ ihn hinaus. Glücklich gelangte er zu der vereinbarten Stelle. Seine Mutter und er überlebten die deutsche Okkupation. Zu dem Namen Rakoczy kehrten sie nach dem Krieg nicht zurück. Im Februar 1945 fuhr nach Radom erneut jene »Gutsbesitzerin« aus dem Gebiet Poznań, auch sie eine sich versteckende Jüdin. Sie übermittelte meinen Eltern den Dank für die Hilfe, die sie den Rakoczys während ihrer Flucht hatten zuteil werden lassen. Außerdem teilte sie mit, daß die Rakoczys weder zu ihrem Namen noch zu ihrer Nationalität zurückgekehrt seien. Sie seien heimisch geworden in jener Ortschaft, wo sie sich verborgen gehalten hätten, und sie bäten darum, sie nicht zu demaskieren.

Ich erinnere auch andere Momente aus der Okkupationszeit.

1. Das Jahr 1940. Im Haus in der Kiliński-Straße, wo wir wohnten, hielt sich eine Frau mit zwei Töchtern auf, die ein wenig älter waren als ich. Alle drei waren sie von sehr angenehmem Äußeren, und sie hatten keine semitischen Züge. Der Familienname war polnisch. Als das Getto eingerichtet wurde, redete ihnen meine Mutter zu: »Geht nicht ins Getto. Fahrt in eine andere Stadt, wo euch niemand kennt.« Doch die Mutter dieser Mädchen glaubte nicht, daß das Einschließen der Juden im Getto für sie den Tod bedeutete. Sie kamen alle drei um.

2. Ich erinnere das Gespräch meiner Mutter mit drei Brüdern, Bauarbeitern, im Jahr 1941. Die Frau des einen war Schneiderin, und wir gingen mit unserem »Nähkram« zu ihr ins Getto. Mama fragte: »Warum habt ihr euch einschließen lassen? Warum flieht ihr nicht, die machen euch doch hier fertig.« Und sie dar-

auf: »Ach, wissen Sie, wir haben nicht, wofür und wohin wir fliehen könnten. Wir sind einfache Arbeiter. Um auf der polnischen Seite unterzutauchen, braucht man Dokumente, und Dokumente muß man kaufen, und wir haben nichts.«

3. Die Deutschen waren auch verschieden. 1941/42, so um die Wende, kamen täglich zur Mittagszeit zwei jüdische Kinder zu uns, ein ungefähr fünfjähriges Mädchen und ein kleiner zweijähriger Junge. Geschwister. Sie bekamen Suppe und ein Stück Brot. Einmal fragte sie meine Mama, ob sie denn keine Angst hätten, aus dem Getto hinauszugehen, weil hier die Deutschen doch auf euch schießen. Und die Kleine: »Dort gibt's nichts zum Essen, und hier geben die Leute was und wir bringen's Mama.« Eines Tages, als die Kinder auf der Treppe ihre Suppe aßen, kam unverhofft der bei uns einquartierte, schon erwähnte Hauptmann Bauer. Er warf einen flüchtigen Blick auf mich und die Kinder und bemerkte: »*Ach, was für jüdische Augen haben diese Kinder*« und ging in die Wohnung. Später erwähnte er niemals etwas davon, und er unterhielt sich oft mit meiner Mutter, die gut Deutsch konnte.

4. Ungefähr in der gleichen Zeit erkannten auf der Straße nahe bei unserem Haus Jungs von der Hitlerjugend einen ihrer Altersgenossen (sie waren so um die zwölf Jahre alt) als Juden. Ein Schrei: *Jude! Jude!* Der Junge rennt weg. Sie fangen ihn ein. Rufen einen eben vorbeikommenden uniformierten Deutschen (in gelbbrauner Uniform) von ungefähr fünfundzwanzig herbei. Der führt das gefangene Bengelchen zum Haustor (Nummer 15 oder 17 in der Kiliński-Straße) und tötet es mit einem Pistolenschuß.

5. Das Jahr 1943. Ich arbeitete damals als Zahnarzthelferin bei der Zahnärztin Anna Wencel in Radom. Als Dienstmädchen war in diesem Haushalt eine Frau

beschäftigt, die aus einem Dorf stammte, das von Radom nicht weiter als zwanzig, fünfundzwanzig Kilometer entfernt lag. Im Sommer (vielleicht im Juli, vielleicht im August) ging sie an ihrem freien Tag morgens zu Fuß zu ihrem Dorf. Ich glaube, Richtung Iłża. Sie kehrte noch an demselben Tag gegen vier Uhr nachmittags zurück, ganz verweint und völlig verstört. Wir fragen sie (die Zahnärztin war Polin), warum sie schon zurück und was denn passiert sei, und sie: »Dort im Wald liegen Ermordete.« Wir fragen: »Wer? Wo?« »Im Wald, Männer, Frauen, Kinder. Juden.« »Und wer hat sie umgebracht? Die Deutschen?« »Nein, die Wäldler« (d. h. Leute aus dem Waldgebiet, Polen).

6. In Kozienice, unweit von Radom, gab es ein Altersheim. Die Leiterin dort war eine Cousine meines Vaters, Zofia Machetowa. Das Haus befand sich dort am Rande des Städtchens, nahe der Warschauer Chaussee. Hinter der Chaussee begann der Wald. In dem Heim gab es neben einem guten Dutzend alter Leute beiderlei Geschlechts ein paar jüngere Invaliden und ein paar geistig behinderte Personen. Es gab keinerlei Personal. Die Pensionäre verrichteten alles selber. Es war sehr sauber, und die Machetowa trieb auf wundersame Weise für ihre Schützlinge Lebensmittelzuteilungen auf. Die Deutschen warfen nie einen Blick in dieses Heim.

Es gab dort auch einen jungen Mann, der einen geisteskranken oder zumindest geistig stark behinderten Eindruck machte. Er sah aus wie der Christus von einer Ikone. Was seine Nationalität anlangte, gab es keinerlei Zweifel. Wie er in das Heim gekommen war, welche Papiere er hatte, welchen Familiennamen, wußte wohl nur die Machetowa. Vielleicht hatte sie ihm beim Pfarrer, mit dem sie befreundet war, irgendeinen Taufschein »organisiert«? Das blieb ihr Geheimnis.

Die Heiminsassen gingen manchmal ins Städtchen, zur Kirche. Auch Józef, so wurde er gerufen, wollte gehen. Die Machetowa verbot ihm den Ausgang, die Heimbewohner warnten ihn: »Geh nicht, die bringen dich um.« Er schien nicht zu begreifen, was ihm drohte. Er folgte den Warnungen nicht. Vielleicht begriff er ja tatsächlich nicht, was um ihn herum vor sich ging. Er schlug die Warnung in den Wind und verließ das Heim. Er ging immer über die Chaussee in den Wald. Ein, zwei Tage blieb er weg. Schmutzig und stoppelbärtig kam er wieder. So ging das 1941 und 1942. Einmal, es war schon das Jahr 1943, ging er wieder hinaus und stieß gleich auf der Chaussee auf Deutsche. Die hatten hinsichtlich seiner Abkunft keinerlei Zweifel. Er rannte nicht weg. Sie erschossen ihn auf der Stelle. Niemand meldete, daß er aus dem Heim war.

Das Jahr 1942. Die Liquidierung des Gettos.

7. Aus dem Getto transportierten sie auf offenen Wagen die Ermordeten. Auf einem der Wagen, auf einem Leichenberg, der die Kozieniecka-Straße entlang zum Kirkut fährt, sitzt weinend ein zweijähriges Kind.

8. Eine Kolonne von Juden wird durch die Żeromski-Straße zur Rampe auf dem Bahnhof geführt, wo die Waggons bereit stehen. Ein alter Mann hält nicht Schritt. Ein Schuß. Die Kolonne marschiert weiter. Der Leichnam bleibt auf der Straße zurück. Gesehen hat dies mein Ehemann.

9. Während der Aussiedlung der Juden brachte ein Bewohner des Nachbarhauses in der Witold-Straße ein kleines Mädchen mit nach Hause. Das Kind begann zu weinen und auf Jiddisch nach seiner Mama zu rufen. Die Frau des Mannes erhob ein Geschrei: »Ein Judenkind herzubringen! Die Deutschen bringen uns um!« Die Nachbarinnen eilten herbei. Der Mann wickelte das Kind in ein Tuch und ging in die Welt hin-

aus. Bis zum Ende der Okkupationszeit kehrte er nicht zurück.

Der Name meiner Eltern lautet Jadwiga und Ryszard Niwiński. Der meines Mannes Józef Domagała. Sie alle sind bereits tot. Ich wurde 1926 geboren und war dreizehn, als der Krieg ausbrach.

Wrocław, 1993

JERZY (VEL JEHUDA-BER) FLAJSZMAN

Das werde ich nicht vergessen

Das erstemal in meinem Leben, im März 1940, ich war noch nicht ganz dreizehn Jahre alt, sah ich, wie man Menschen schlägt. Schlägt und tritt, mit Holzknüppeln und Nagelstiefeln, Menschen, die auf dem Kopfsteinpflaster der Franciszkańska-Straße in Łódź liegen, wegzukommen versuchen. Eine Bande von Deutschen in braunen Uniformen mit Hakenkreuz am Ärmel (vielleicht waren das ja frischgebackene Lodscher Volksdeutsche). Sie schlugen und traten die Liegenden, so wie's gerade traf: in den Bauch, auf den Kopf, den Rücken, mit den Knüppeln über die Beine, über die Köpfe ...

Ich stand am Fenster im dritten Stock, in der Wohnung von Nachman Strykowski. Neben mir stand sein Sohn Szmulek, mein bester Freund vom Hof und aus der Schule. Vom Fenster dieses düsteren Mietshauses Jerozolimska-Straße 9 sah man die Kreuzung der Straßen Franciszkańska-Smugowa-Jerozolimska. Auf dieser Kreuzung hatte man ein primitives Tor errichtet, das das im Entstehen begriffene Getto von Łódź vom Rest der Stadt trennte. Eben nahte die damals noch dort verkehrende Straßenbahn. Die aus der Stadt ins Getto umgesiedelten Juden drängten sich darin. Plötzlich tauchte brüllend ein faschistischer Sturmtrupp auf. *Juden raus, schnell, schnell, raus, raus!* Sie zerrten die Juden aus der Straßenbahn, und das Massaker begann. Sie schlugen und traten, wie es sich traf, und jeden, der es nicht schaffte, durchs Tor zu rennen. Die Geprügelten versuchten mit den Armen den Kopf zu schützen, lagen in Blutlachen. Und die schlugen, traten, prügelten mit Knüppeln, traten und schlugen.

Wir, starr, entsetzt, standen am Fenster. Szmuleks Vater strich mir irgendwann über den Kopf und sagte leise: »Dein Tate hat klug daran getan, daß er rechtzeitig nach Rußland geflohen ist. Schade, daß ich nicht mit ihm gegangen bin. Hier kommen alle Männer um!«

Nachman Strykowski, der kluge und belesene Schneider aus der Jerozolimska-Straße Nummer 9 in Łódź irrte sich. Nicht nur alle Männer kamen um. Ermordet wurden Nachman und sein Sohn Szmulek, seine Tochter Chajele und seine Frau Masza, und seine ganze nahe und ferne Verwandtschaft sowie die nahe und fernere Verwandtschaft seiner Frau. Im Jahr 1942 wurden sie aus Łódź hinaustransportiert und dort, in speziellen zu diesem Zweck konstruierten Lastwagen, mit Auspuffgasen erstickt. Auch sein Geselle kam um, der Bügler Abram, zusammen mit seiner Verlobten, der Tochter des Hausbesitzers, des bärtigen Uszer Kuszer. Alle Bewohner des Mietshauses Jerozolimska 9 in Łódź kamen um, außer mir, meinem Vater, der »klug und nach Rußland geflohen war«, und dem Vater meines anderen Kameraden, Heniek (dessen Nachnamen ich nicht erinnere). Doch mein Vater war nicht wegen seiner Klugheit geflohen. Er floh aus Łódź, aus Polen, weil meine Mama es ihm befohlen hatte.

»Die Deutschen sind ein Volk mit Kultur. Es ist Krieg, folglich wird man natürlich die Männer internieren. Aber den Kindern, Frauen und Greisen wird man nichts tun. Daß es Juden sind, na und? Das ist alles bloß Propaganda.« So redete man unter den Nachbarn in unserem Mietshaus. So redete man überall.

Meine Mutter, Chawa Flajszman geborene Diament, war eine energische Frau. Seit frühester Jugend hatte sie in der Strumpffabrik in der Pomorska-Straße bei Herrn Profesorski gearbeitet. Niemandem drängte sie ihre Meinung auf, doch wenn man sie fragte, riet sie, wie es der gesunde Menschenverstand gebot. Zu uns kam eine Menge Leute, überwiegend Arbeitskolleginnen, um sich in ihren Frauenangelegenheiten mit ihr zu beraten. Jetzt zeigte sie sich aufmüpfig. Zum erstenmal sah ich sie so verbissen und unversöhnlich. »Ich packe dir, Symche«, sagte sie zum Vater, »heute noch den Koffer, und morgen fährst du nach Siedlce (dort lebte eine Tante mit Familie), und von dort weiter nach Białystok und nach Rußland. Wenn du in Rußland bist, türme, so weit wie möglich. Wenn es sich hier beruhigt, komme ich mit den Kindern zu dir.« So also war die Klugheit meines Vaters die Klugheit meiner Mutter. Seine bestand darin, daß er auf sie hörte. Aber auch Mama irrte sich. Hier beruhigte es sich nicht. Die Ursache dafür, daß sie an Ort und Stelle blieb, war eine andere:

Großvater Icie-Majer

Wir bewohnten Stube und Küche. Mein Papa, der Vater meiner Mutter, Mama, eine Tante, meine Schwester und ich. Der *zajde** kannte sich nicht nur in den heiligen Büchern aus. Genauso häufig schaute er in weltliche. Solide eingebundene religiöse Bücher in hebräischer Sprache nahmen die Nische in der Wand ein, die durchs halbe Zimmer reichte, vom Fußboden bis zur Decke. Nur die unteren zwei Regale waren mit dem sorgfältig verpackten Pessachgeschirr belegt, das einmal im Jahr zum jüdischen Fest Pessach benutzt wurde.

All diese Bücher wurden später, zusammen mit den Dielenbrettern, Regalen, Bettgestellen und sämtlichen

---

* (jidd.) Großvater

228

anderen geeigneten Gegenständen, die hölzerne Uhr von Beginn des 19. Jahrhunderts ausgenommen, zur Hauptquelle unseres Brennmaterials. Bei jedem heiligen Buch, und es waren dies Gebetbücher, die Fünfbücher *(Chimusch)*, die Psalmen, Kommentare u. ä., das verbrannt werden sollte, bat Mama den Allmächtigen um Vergebung, obschon: »Er selber«, wie sie sich rechtfertigte, »gesagt hat, daß alles erlaubt ist, um ein Menschenleben zu retten. Sogar Arbeit am Schabbat.«

Mein Großvater arbeitete kurz vor Kriegsausbruch als Graveur (ein solcher Handwerker nannte sich auf Jiddisch *a mecejwe kracer*) von Grabdenkmälern, die auf dem jüdischen Friedhof in Łódź aufgestellt wurden. Er gravierte in die Marmorplatten oder gewöhnliche aus poliertem Stein Inschriften, Symbole und andere Zeichen, je nach Bestellung. Ganze Tage hieb er mit dem Holzhammer auf den Steinmeißel ein, unter dem hebräische Buchstaben, Davidsterne, Blattwerk und Ölbaumzweige erblühten. Mein *zajde* roch nach feuchtem Stein, frischem Kies und Sand.

Mit Kriegsausbruch ging die Arbeit für ihn zu Ende. Im Oktober 1939 wurde Großvater krank. Er konnte weder stehen noch sitzen. Der Durchfall ließ sich durch nichts beheben. Alle paar Stunden wechselte ihm Mama die Bettwäsche. Wusch sie unermüdlich am Brunnen im Hof. In der Wohnung herrschte ein unwahrscheinlicher Mief, obwohl die Fenster ständig weit geöffnet waren. Der Feldscher kam, der bei Krankheit immer geholt wurde. »Wir können nur beten«, sagte er. Mama wollte ihren Vater nicht zurücklassen. Darum fuhr sie nicht mit ihrem Mann, meiner Schwester Chaja-Sara und mit mir nach Rußland, so weit wie möglich weg von den »kulturellen« Deutschen. Großvater starb Anfang 1940. Er war 71 Jahre alt.

Für die Ausreise nach Homel war es bereits zu spät. Im übrigen – wer hätte sie bezahlen sollen. Der

Schmuck meiner Mutter: der Trauring und ein Schmuckring mit einem ovalen dunkelblauen Stein, diese einzigen goldenen, für eine schwarze Stunde aufbewahrten Gegenstände, wurden in der Tat in einer schwarzen Stunde unseres Lebens genutzt. Mama tauschte sie in vierzehn Glas Milch um, die für mich zwei Wochen lang der Sohn der Nachbarin, ein Dieb vom Bałucki-Markt, brachte. Die Milch war nur für mich, weil ich nach dem Bauchtyphus 1942 kaum noch piepsen konnte. Man rettete mich, damit der einzige Sohn in der Familie den Krieg überlebte.

Tante Dina

Die jüngere Schwester meiner Mutter, Regina, Tante Dina, war nicht besonders hübsch. Während der Schulzeit galt sie als die beste Schülerin. Doch für weitere Ausbildung war kein Geld dagewesen. Sie befaßte sich mit dem Haushalt. Kümmerte sich um mich, um meine Schwester, den Großvater. Sie wollte ebenfalls nicht fliehen. Man kam überein, das seit Jahren angesparte Geld, für die Aussteuer bestimmt, unter dem Strohsack hervorzuholen, dafür »Material« zu kaufen (hauptsächlich Bettwäsche) und es zur Aufbewahrung an einen sicheren Ort zur Familie in Łowicz zu schicken. Man mietete ein Fuhrwerk und schickte die wertvolle Ware auf den Weg. Dicht bei Brzeziny, ein paar Kilometer hinter Łódź, wurde das Fuhrwerk ausgeraubt. Von wem? »Ach, wissen Sie, Frau, irgendwelche Knechte sind da über mich hergefallen und haben alles ratzekahl gemacht. Sie haben noch gesagt, daß es jetzt erlaubt ist, den Jiden alles abzunehmen«, erklärte der Spediteur, der gekommen war, um sich entlohnen zu lassen »für den Weg, den ich ja schließlich gemacht hab«. Keiner verzweifelte ob des geplünderten Geldes, es würde ja ohnehin an Wert verlieren.

Tante Dina heiratete nicht. Sie starb in Auschwitz, im Oktober 1944.

Angst

Wir nannten diesen Zaun, der uns im Getto einschloß, »druty«, »Drähte«. Man sagte: »hinter den Drähten« (auf der »arischen« Seite also); »bei den Drähten« (man hatte also irgendwen »bei den Drähten« umgebracht) usw. Die Drähte verliefen unter anderem die linke Seite der Fahrbahn entlang, von der Północna-, der Franciszkańska-Straße, beim Gehweg zur Smugowa, wo sie eine Kurve machten und sich bis zur Nummer 14 hinzogen, wo sie uns den Weg in Felder und Wiesen versperrten, die im Frühling so herrlich dufteten. Mein Haus war vom Draht an der Ecke so an die zweihundert Meter entfernt. Beim Gettotor, das schon zu nichts mehr diente, weil es dicht geschlossen war, standen Tag und Nacht bewaffnete Posten. Ihre Gewehre waren oft in Gebrauch. Zum Opfer fielen hauptsächlich Kinder, die auf der Jerozolimska- und Franciszkańska-Straße spielten. Die Jagden hörten mit der Zeit auf, doch es herrschte Angst, sich den Deutschen auch nur von fern zu zeigen. Ich arbeitete in der Smugowa 12. Nie ging ich an den Drähten entlang zur Arbeit und wieder nach Hause, obwohl es buchstäblich zwei Schritte waren. Ich machte einen Umweg über den Hof des Klosters der Mariawitenschwestern in der Franciszkańska (in der ersten Zeit des Gettos befand sich in diesem Riesengebäude die Schule), über die Höfe der Św.-Jakub-Straße, manchmal der Wolborska, bis zum Tor Jerozolimska-Straße 8, vis-à-vis von Nummer 9. Das Überqueren der Fahrbahn dauerte eine halbe Minute. Wenn ich um sechs Uhr morgens von der Nachtschicht zurückkehrte, war mir fürchterlich zumute. Dort an der Ecke stand ein Bandit mit einem Karabiner, und ich allein hier, starr vor Angst, bin seiner Laune ausgeliefert. Ich stehe also in diesem Haustor Nummer acht und warte, bis der Deutsche sich abwendet, beiseite tritt, vielleicht ins Schilderhaus geht (einer arglosen kleinen Vorkriegskneipe, die jetzt den Mördern dient). Doch er rührt sich nicht. Steht und glotzt, als ob er auf mich gewartet hätte. Satt steht er da, bestimmt mit dem Gedanken beschäftigt, wie gut es ihm hier geht, weil er nicht an die Front muß, solange er mich, den Todfeind Deutschlands und der deutschen Kultur, bewacht. Ich bin voller Angst, weil ich schon von seinen Kugeln zerfetzte Kinderkörper gesehen habe. Mama wunderte sich, daß ich von der Arbeit nicht gleich nach Hause kam. Doch sie fragte nicht. Eines Morgens sah ich sie auf der anderen Straßenseite in unserem Tor. Sie wartet auf mich, macht mir mit ihrer Gegenwart Mut. Wartet mit mir, bis sich der Deutsche irgendwohin verzieht, daß ich den Sprung hinüber auf die andere Seite wagen kann. Uns trennen an die zehn, fünfzehn Meter, und es scheint die ganze Welt. Das war später. Vorher waren

Meine ersten Ferienkolonien

1939/40. Zu Hause herrschte schreckliches Elend. Nichts war mehr da, das man hätte versilbern oder gegen Lebensmittel eintauschen können. Zum Glück nahm sich die im Aufbau begriffene Gettoadministration unter anderem der Armen an. Als »Halbwaise« und noch dazu aus einer Familie ohne Unterhalt, nahm man mich in die Kinderkolonie in Marysiń auf.

Ich wohnte in einem Häuschen zusammen mit einer Dreißigpersonengruppe von genauso ausgehungerten Halbwüchsigen, wie ich einer war. Leiter und Erzieher dieser kleinen Gruppe von Kindern war Henryk Krakowski. Er hatte in der Schweiz studiert. Auf der Rückreise nach Polen wurde er in Deutschland verhaftet und ins Getto Łódź geschickt. Den Leiter liebten alle. Herr Henryk war ein stattlicher Jüngling mit hübschem Gesicht. Und obwohl rothaarig, nahm doch niemand daran Anstoß. Er war bezaubernd, gütig, klug, nie hob er die Stimme, auch wenn er oft genug Grund dazu gehabt hätte. Nicht ein einziges Mal erteilte er einen Befehl. Und dabei war diese Kolonie, das Lieblingskind des Herrn Präsidenten Rumkowski*, nach Pfadfindervorbild organisiert, paramilitärisch, mit dem typischen Drill und Exerzieren, Morgenappellen und Zapfenstreichen, Märschen im Rhythmus kollektiven Gesangs. Bei den Appellen sangen wir in Habachtstellung *Techezakne* (das Lied irgendeiner zionistischen Gruppierung) und manchmal *Hatikve*, heute die Hymne des Staates Israel. Diese Pfadfinderbeschäftigungen ließen zum Teil den Hunger vergessen. Herr Henryk bestrafte nicht ein einziges Mal einen von uns. Er besaß eine echte, uneingeschränkte Autorität. Man schlief auf einer hölzernen Gemeinschaftspritsche. Es war fürchterlich kalt. Zum Samstag durfte man heimgehen. Wenn mich meine Mama Samstagabend bis zur Marysiński-Straße zurückbegleitete, übers Feld zu den Häuschen der Ferienkolonie mußte ich dann schon allein, weinte ich bei jedem Mal sehr. Ich wollte zu Hause bleiben, obwohl ich mich durchaus wohl fühlte in der Kolonie und ich nicht so furchtbar hungerte, und ich sehnte mich auch ein bißchen nach Herrn Henryk, der so schön von allerlei interessanten Dingen

* der Vorsitzende des Judenrates im Getto Łódź. (Anm. d. Übers.)

233

in der Welt erzählte. Ich freundete mich dort mit Szwajcer an, einem Jungen in meinem Alter, der ein genialer Zeichner war. Nach einer gewissen Zeit in dieser Kolonie begann man die Kinder zu Arbeiten in den von Präsident Rumkowski eingerichteten Ressorts, der auf diese Weise Juden und Kinder retten wollte, anzuwerben. Herr Henryk besorgte mir und Szwajcer Arbeit im Metallressort in der Smugowa-Straße 12, damit ich es nicht weit nach Hause hatte. Ich freute mich, denn Szwajcer zeichnete für mich eine Serie kleiner Bildchen, die eine phantastische Geschichte erzählten. Alle diese herrlichen Zeichnungen sind verlorengegangen. Auch der von mir so bewunderte Kamerad aus der Kolonie, Szwajcer, kam um. Kam auf blöde Weise um. Ein Fuhrwerk, das sich aus dem Fabrikhof zurückzog, zerquetschte ihm den Kopf. Zum erstenmal weinte ich um einen Kameraden, einen, den ich wie einen Bruder geliebt hatte.

Nach dem Krieg suchte ich Herrn Henryk Krakowski. Doch ihn hatten die Deutschen in irgendeinem Lager ermordet.

Zum erstenmal im Leben geschlagen

August/September 1944. Zum Glück ist der Keller in der Marysińska-Straße, in die wir umgezogen waren aus der von den Deutschen bereits »liquidierten« Jerozolimska (damals Rubensstraße), voller roher Rüben. Ich verstecke mich mit Mutter und Schwester vor der Menschenjagd und vor dem Abtransport aus dem Getto. Sie wollten sich gar nicht verstecken. Doch die Leitung meiner Organisation, der sogenannten »Lewica Związkowa« (Verbandslinken – d. Übers.), hatte die Meinung vertreten, daß man sich nicht abtransportieren lassen sollte, »weil die Russen kommen«

und bald hier sein werden, wir folglich gebraucht würden zum Aufbau einer Welt ohne Faschismus. Seit ein paar Wochen schon hatte ich keinen Kontakt mehr mit der Organisation, doch die Anordnung war nicht widerrufen worden, folglich versteckte ich mich, gemäß der Empfehlung meines unmittelbaren Chefs und Abgotts Mosze Checiński*, eisern und zwang auch Mutter und Schwester dazu. Wir liegen in diesem höllischen Keller, essen ausschließlich diese abscheulichen wurmstichigen Rüben. Alles ist rot. Im Keller stinkt es entsetzlich. Schließlich hielten wir es nicht mehr aus. Nach drei Wochen entschied Mama: Wir gehen raus. Nun verstecken wir uns auf dem Dachboden desselben Hauses. Soll geschehen, was will. Hier wiederum gibt's nichts zu essen. Da war es mit den Rüben besser. Unterdessen trennen die Deutschen unter Beteiligung der Getto-Polizei Straße um Straße ab, kriechen in jedes Haus, durchsuchen es und holen die Menschen aus ihren Verstecken. Sie stießen auch auf uns. Zerrten uns vom Boden. Wir stehen in einer Gruppe auf der Straße und warten auf das, was da kommen soll. Wie kommt es, daß wir so viele sind? Ich hatte geglaubt, nur ich bin so schlau, dem Abtransport auszuweichen. Plötzlich gibt ein deutscher Offizier einen Befehl. In der Hand einen Stock. Ein Polizist zieht mich aus dem Gedränge. Ich stehe vor dem Grüppchen verschreckter Menschen. Noch einen ziehen sie aus der Menge. Unvermutet schlägt mich der Deutsche mit dem Stock über den Rücken. Ich begreife gar nichts. Ich spüre keinen Schmerz. Ich kriege noch einen ab und noch einen und wieder einen. Der Polizist schreit: »Beweg dich schon endlich, du Trottel, vorwärts!« Die Gruppe setzt

* Seine Erinnerungen, in denen er auch über mich schreibt (S. 140), erschienen 1994 in Jerusalem: M. M. Checiński, *My father's watch*.

sich in Bewegung, und ich bekomme noch einmal eins mit dem Knüppel ins Kreuz. Ich bin wie betäubt. Mich hat bisher noch nie einer geschlagen. Ich war auch nie an Prügeleien mit Kameraden beteiligt gewesen. Nur einmal bekam ich von Papa einen Klaps. Mit der Hand auf den Po. Ich hatte es verdient. Ein zweitesmal – kräftig eins in die Schnauze. Vom Präsidenten Rumkowski persönlich. Aber mit einem Knüppel übers Kreuz? Wofür? Weshalb übers Kreuz? Und so teuflisch kräftig! Soll ihn doch die Pest holen, dachte ich. Ich werde nicht weinen.

Das erstemal mit der Bahn

Sie liquidieren das Getto Łódź. Uns führen sie ab zu einem Nebengleis in Marysín. Hastig – *schnell, schnell, schnell!* – laden sie uns in Viehwaggons. Jeder bekommt Brot mit auf den Weg. Meine Schwester und ich geben unsere Portionen unverzüglich Mama. Wie während der ganzen Zeit im Getto. Später teilte uns dann Mama kleine Portionen zu, damit es für länger reichte. Dieser Brauch war für uns ganz natürlich, und vielleicht ist es allein ihm zu verdanken, daß wir nicht verwildert sind, wie das oft geschah mit Nachbarn, bei denen es zu wütenden Krächen um ein Stückchen Brot, einen Löffel Suppe, eine Kartoffelschale kam. Uns wäre selbst zu Zeiten größten Hungers niemals in den Sinn gekommen, daß es anders sein könnte. Mama teilt diese Miniportiönchen aus und – basta! Daß sie selber die ihr zustehende Hungerration nicht aufißt, sondern davon ein Bröckchen für mich, manchmal für meine Schwester, abschnitt, war ebenfalls völlig normal. Im übrigen dachte ich nicht darüber nach. So war es eben nun mal. Zusammengequetscht auf den Brettern des Waggons. Der Zug setzt sich nach vielen Stunden endlich in Bewegung. Wir fahren. Wir wissen nicht, wohin. Ich habe Durst. Der Zug rollt die ganze Nacht. Es ist kalt. Der Gestank unerträglich. Die Menschen zu Tode erschöpft. Es ist still. Niemand stöhnt auch nur. Kein Platz, wo man sein Wasser abschlagen oder seine Notdurft verrichten könnte, obwohl man es dringend müßte. Der Zug rumpelt über die Schienen die ganze Nacht. Zum erstenmal im Leben mit der Bahn. Seit damals mag ich keine Züge. Mache um sie einen Bogen, so weit ich nur kann. Jahrzehntelang nach dem Krieg aß ich auch keine Rüben. Das habe ich jetzt überwunden. An eine Fahrt mit der Eisenbahn kann ich mich bis heute nicht gewöhnen.

Auschwitz-Birkenau

In höllischem Tempo trieben sie uns aus den Waggons und trennten uns sofort. Frauen und Kinder, die es in diesem Transport aus dem Getto Łódź kaum gab, nach links. Neben mir ein vom Hunger aufgeschwollener Mann. Deutsche und Kapos allerarten. Die »Kanadier« (das hier »Kanada« genannte Kommando befaßte sich mit der endgültigen Plünderung jüdischer Habe, die für die Deutschen bestimmt war). Eine kurze Information ihrerseits: »Ihr geht ohnehin alle in den Himmel ein, durch den Schornstein da, die Herren«, mit einem Fingerzeig auf den rauchenden Lagerschornstein. »Immer her damit, was ihr versteckt habt. Ihr braucht jetzt nichts mehr.« Unterdessen lenken die Deutschen die einen nach rechts, die anderen nach links. Der aufgeschwollene Mann sagt zu mir: »Du, Söhnchen, bist jung. Wenn Gott will und du überlebst, erinnere, was du hier siehst. Das ist das Gesicht des Faschismus. Das ist der Faschismus! Vergiß es nicht!« Ich habe es nicht vergessen.

Hier starb meine Mama. Hier starb meine Schwester. Und meine Tante Regina Diament, die nicht mehr geschafft hatte, sich zu verehelichen, obwohl sie eine Aussteuer besaß, die ihr irgendwelche Knechte aus der Gegend von Brzeziny bei Łódź weggerafft haben. Als erste starb meine Schwester Chaja-Sara. Sie war neunzehn. Ein schwarzäugiges, fröhliches Mädchen mit langen, dicken, pechschwarzen Zöpfen, die ihr bis an die Waden reichten. Bis heute liegen bestimmt ihre Zöpfe inmitten dieses Auschwitzer Haufens von Haaren, die man den jüdischen Frauen abgeschnitten hat. Mama legte sich auf den Beton der Frauenbaracke neben ihre Tochter. Sie umschlang sie mit beiden Armen und drückte sie an ihren ausgezehrten Leib. Und so, bei ihrem toten Kind, starb sie selber ganz leise. Sie war sechsundvierzig Jahre alt. Ein paar Tage später starb in derselben Baracke Tante Dina. Sie war vierunddreißig. Ich liebte sie genauso wie Mama. Denn sie war es, die uns vom Säuglingsalter an aufgezogen hatte. Bis heute tröste ich mich damit, daß das so vielleicht besser gewesen ist. Besser, daß sie nicht diese Wahnsinnsangst durchstehen mußte während des Erstickens am Zyklon, diesem großartigen Erzeugnis der deutschen chemischen Industrie. Ja, es ist sicher besser, daß ihnen die Gaskammer erspart geblieben ist.

Und mit mir war es in Auschwitz-Birkenau so (ich gebrauche den deutschen Namen, denn für mich wird dieser Ort immer Auschwitz bleiben. Oświęcim bedeutet nichts für mich, diesen Namen assoziiere ich mit nichts, mit keinem Gefühl, keiner Erinnerung. Mit nichts):

Man tätowierte mir keine Lagernummer ein. Offensichtlich war ich zu schnellstmöglicher Vergasung bestimmt. Ich wohnte in der Baracke, aus der man Kinder holte, wenn die »Tagesnorm« fürs Krematorium nicht ausreichte. Numeriert wurde ich erst im Lager Görlitz. *Sieben-und-fünfzig-null-sieben-und-fünfzig,* brüllte man bei den mörderischen Morgen- und Abendappellen – 57057. In Görlitz hatte ich weder Vor- noch Zunamen. Ich existierte nicht. Ich war eine Nummer.

Görlitz (Filiale Gross-Rosen)

Hier kam ich ebenfalls im Viehwagen an. In Auschwitz war ein Repräsentant der Firma WUMAG (Waggon- und Maschinenbau Abteilung Görlitz) erschienen, der Dreher, Fräser und andere Metallfacharbeiter suchte. Es meldete sich eine Menge Unglückseliger. Jeder sagte zu dem fetten Schreibtischtyp, daß er Metallarbeiter sei. Ich drängelte mich ebenfalls zu dem Dickwanst vor. *Ich bin Revolverdreher* – sagte ich. *Wieso?* fragte er. Ich sagte es ihm. Ich habe im Getto fast vier Jahre lang bei einem Revolverdreher gearbeitet. Ich kannte und konnte diese Arbeit. Ich ging nach rechts zu dem Grüppchen, das zur Abreise ausgewählt worden war. Wohin es gehen sollte, war, ganz klar, unbekannt. Hauptsache, so weit wie möglich weg von hier. Ich bemerkte, daß Icek Wolkowicz in meiner Gruppe war, ein Kamerad aus dem Getto, älter als ich, sowie Romek Tuchschneider* mit Vater. Also fühlte man sich gleich besser. Über fünfhundert waren wir. Metallfacharbeiter gab es vielleicht drei. Man

* Die 1993 in Israel geschriebenen *Wspomnienia i refleksje (Getto Łódzkie, Oświęcim, Görlitz, powrót i wyjazd z Polski)* – (Erinnerungen und Betrachtungen [Das Getto Łódź, Auschwitz, Görlitz, Rückkehr nach Polen und Ausreise]), die auf den Appell unserer Gesellschaft hin eingegangen sind, konnten wegen ihres Umfangs nicht in den vorliegenden Band aufgenommen werden.

brachte uns nach Görlitz. Bloß weg von dieser Mörder-
höhle.

Ich arbeitete in der Fabrik in zwei Schichten. Von
sechs Uhr morgens bis achtzehn Uhr die eine Woche,
von achtzehn Uhr bis sechs in der Früh die andere. Sie
gaben uns zweimal täglich zu essen. Früh einen Kanten Brot, eine Plärre, die im Lager Kaffee hieß; mittags
oder um Mitternacht – Suppe in der Fabrik. Diese
Suppe war gar nicht so schlecht, bis die Lagerverwal-
tung protestierte, daß man uns zu gut ernährte. Also
wurde das rasch abgestellt. Im Lager waren hauptsächlich Juden aus Ungarn und aus Polen. Die Ungarn
konnten absolut keinen Hunger ertragen. Sie waren
nicht so trainiert wie wir aus dem Getto Łódź. Unter
ihnen war die größte Anzahl sogenannter »Musel-
manen«. So nannte man die gegen alles völlig abge-
stumpften, dem Hungertod nahen Häftlinge. Doch im
Lager rekrutierten sich fast alle »Kapos«, »Blockältesten« und »Stubenältesten« gleichfalls aus den Ungarn. Das waren Degenerierte, die das Handwerk des
Quälens und Tötens ihrer Mithäftlinge mit echter Ge-
schicklichkeit ausübten, ganz zur Zufriedenheit der
deutschen Vorgesetzten. Unser *Lagerältester* war ebenfalls ein bewährter Krimineller, der einem Deutschen
ganz und gar nicht ähnlich sah. Von zwergenhaftem
Wuchs, die Stimme eines Eunuchen, die sein Gebrüll,
wäre es nicht zumeist einhergegangen mit seiner Lieb-
lingsbeschäftigung, einen auf dem Boden liegenden
Menschen mit einem Stock zu ersticken, einfach nur
lächerlich hätte erscheinen lassen. Jenen Mörder-
zwerg brachten wir nach dem Krieg nach Łódź, wo er
gerichtlich zum Tod durch Erhängen verurteilt wurde.
Das Urteil wurde natürlich vollstreckt. In Görlitz, wie
überall in den Lagern, hungerten sie uns aus. Außerdem wurde diese elende Zuteilung noch brutal bestohlen. Unser Blockältester, ein Verbrecher aus Ungarn,

sowie sein Helfer, ein Friseur aus irgendeinem armseligen Provinznest in Polen, der auch nicht besser war, ein primitiver Rüpel, beklauten uns ungeniert. Sie waren es, die das Essen austeilten. Sie schnitten und gaben das Brot aus sowie die armseligen Zutaten (ein Löffelchen sogenannter Marmelade, ein paar Krümelchen braunen Zucker, manchmal ein Klecksschen Margarine sowie den Kaffeersatz). Alles, was sie gestohlen hatten, konnten sie natürlich nicht auf einmal verzehren. Sie hatten also ihre Vorräte. Aber wo?

Icek Wolkowicz und ich hatten eine gemeinsame Pritsche. Romek und sein Vater waren auch in unseren Block gekommen. Die beiden hatten »goldene Hände«. Aus einem Stückchen Messing und anderen Metallrestchen fertigten sie »Schmuck«. Ringe, Anhänger, Berlocken, Kettchen, kleinen Zierat. Auf Wunsch gravierten sie die entsprechenden Worte, Bildchen, Symbole. Nicht umsonst. Sie nahmen für ihre Erzeugnisse mal ein Stückchen Brot, Suppe, eine Zigarette. Abnehmer waren unsere Schinder. Die hatten genug.

Eines Tages entdeckte Icek (Izaak, wie ihn Herr Tuchschneider zu nennen befahl, denn was ist das für ein Name – Icek?) der Spürhund auf einer unbelegten Pritsche ganz am Ende der Baracke die Lebensmittelreserven des diebischen Blockältesten. Sie lagen gut in einem Sack verpackt. Wir warfen uns auf diesen Sack wie die Wölfe und fraßen, soviel sich nur fressen ließ. Die Beute zu verstecken, davon konnte keine Rede sein. Aus Dummheit schleppte Izaak diesen vielleicht Dreikilosack auf unsere Pritsche. Na, und dann ging's los. Rasch wurde der Verlust entdeckt. Ein Krawall. Es würde eine Durchsuchung stattfinden. Man würde sie ins Gebet nehmen. Prügel. »Nimm den Sack«, sagt Izaak, »und wirf ihn weg.« Leichter gesagt als getan. Doch der Blockälteste verschonte mich aus unerfind-

lichen Gründen. Gottes Gnade wachte über mir. Mit
den Vorräten unter dem Streifendrillich, in den Hosen,
auf dem Bauch, in den Taschen, verlasse ich die Baracke. Niemand hält mich auf. Ich flitze zur Lager-
latrine. Dort futtere ich noch einmal tüchtig. Den Rest
mit großem Bedauern – ins Faulbecken. Ich warte
noch ein wenig ab und gehe dann zur Baracke zurück.
Und dort hat Romek das »Gespräch« – mit der Peitsche! – schon hinter sich. Aus irgendeinem Grund war
der Hauptverdacht auf ihn gefallen. Mich hat es nicht
erwischt. Mich hätten die fünfundzwanzig Peitschen-
hiebe umgebracht, denn schon damals spuckte ich Blut
(Schwindsucht, wie sich später herausstellte). Doch bis
heute habe ich noch immer Gewissensbisse gegenüber
Romek, weil ich mich nicht gemeldet habe. Ich weiß
nicht, wem von uns beiden es leichter fällt zu leben,
mir mit meinen Gewissensbissen oder ihm, der bestimmt schon lange vergessen hat, wie die Peitsche auf
dem nackten Körper schmeckte? Ich nehme an, daß
Romek sie dennoch leichter ertragen hat. Er war erprobt. Schon vordem hatte er ähnlich unverdiente
Prügel bezogen, und zwar in der Fabrik, vom Meister.
Doch das ist eine andere Geschichte.

Oh, Zwangsarbeit …

… ich werd' dich nie vergessen … So sangen sie bei
einer Aufführung, die im Lager Görlitz im Dezember
1944, Weihnachten, stattfand.
  Man trieb uns gleich nach Rückkehr von der Arbeit
in eine Baracke, die neben der Lagerküche, wo ich nie
zuvor gewesen war. In einem großen Raum hatte man
Bänke aufgestellt. Aus der angrenzenden Lagerküche
drang der Geruch gekochter Kartoffeln. Bestimmt für
die Es(s)-Männer (wie man sie im Lager allgemein

nannte), denn ich habe im Lager nie eine ganze gekochte Kartoffel zu Gesicht bekommen. Die Vorstellung begann. Ich weiß nicht, wer auftrat, oder wann das Ganze eingeübt worden war. Eigentlich erinnere ich mich bei diesem Lagerspektakel an nichts, bloß an die beiden ersten Zeilen des Refrains eines, wie man hörte, in allen Zwangsarbeitslagern des Reiches nebst angrenzenden Gebieten populären, zwangsweise gesungenen Liedes. Auch die Melodie ist in meinem Gedächtnis haftengeblieben. Ich kann sie auch noch im Schlaf summen. Und wenn ich nur den Refrain summe, in Gedanken die Worte wiederholend:

»Oh, Zwangsarbeit, ich werd' dich nie vergessen
Weil du mein Schicksal bist …«,

spüre ich in der Nase den Geruch frisch gekochter Kartoffeln, die ich damals ausschließlich in unruhigen Träumen zu sehen bekam.

Die Engländer

Es war fast Ende April 1945. In die Fabrik brachte man uns nicht mehr, weil es da schon nichts mehr zu tun gab. Wir kehrten gerade von der Wanderschaft zurück. Unter starkem Gewehrschutz schleifte eine SS-Einheit uns über Wege und Unwege in der Gegend von Görlitz, Bautzen, bis nach Cottbus und wieder nach Görlitz zurück. Ein paar Leutchen von uns kamen um bei diesem mehrwöchigen Umherirren. Wir schliefen in Scheunen, Ställen, Viehunterständen. Den Schweinen wurden die Rüben geklaut, und die Hofbesitzer waren wütend. Sie beschwerten sich bei der Eskorte. Doch von der wurden sie auch bestohlen, weil die selber nichts zwischen die Zähne kriegten. Uns hielten sie am Leben, obwohl sie den Befehl hatten, alle zu erschießen. Doch nun fürchteten sie sich. Mit uns als

Geiseln hatten sie die Hoffnung, bei den Siegern etwas für sich aushandeln zu können. Tatsächlich sagten sie dann: »Wir haben sie immerhin gerettet.« Wir schleichen durchs Lager. Wir haben es scheint's leichter. Nun, und die liebe Sonne lacht. Frühling. Plötzlich – alles passierte in den Lagern plötzlich, unerwartet, wie ein Schlag vor den Kopf – Sperre. Die Sirene heult, Gebrüll, Antreiben: *Schnell, schnell!* Unverzüglich in die Baracken. Wer sich ans Fenster stellt, wird erschossen. Absolute Stille hat zu herrschen. Es ist Sperre.

In diese plötzliche Stille fahren ein schwarzer Personenwagen und ein geländegängiges Militärfahrzeug auf den Hof. Sie halten vor den Lagerwaschräumen. Dem Auto entsteigen zwei deutsche Offiziere. Sie treten an den Geländewagen. Sie salutieren und bedeuten mit eleganter Geste, die Passagiere mögen doch aussteigen. Ein junger schwarzhaariger Offizier springt herunter. Er reicht einem älteren Kameraden die Hand. Ebenfalls ein Offizier. Engländer. Sicher Kriegsgefangene. Sie salutieren den Deutschen. Kurze Unterredung. Alle gehen zu unserem Waschraum. Sie wollen offensichtlich ein Brausebad nehmen. Die Deutschen haben eine Schwäche für *Waschräume*. Wir gucken durchs Fenster trotz des Verbots, und niemand schießt auf uns. Nach einer gewissen Zeit kommen die Deutschen wieder heraus. Sie steigen in ihre Limousine, und fort sind sie. Ende der Sperre. Der *Lagerkapo* nimmt ein paar Männer mit zum Waschraum. Sie tragen die Engländer heraus. Die Leute treten an die vor der Waschraumbaracke Liegenden heran. Sie liegen da in englischen Fliegeruniformen. Beide haben rote Löcher in der Stirn. Und dabei habe ich mich erst gewundert, weshalb sie, zum Teufel, baden gehen. Man betritt doch am hellichten Tag keine Duschräume? Schon gar keine deutschen …

7./8. Mai 1945. Nachmittag. Tagesanbruch

Icek zieht mich hinter den Lagerzaun. Das Lager wird eigentlich nicht mehr sehr bewacht, doch auf den Türmchen sind Posten. Also weiß man nicht, ob sie die Waffe benutzen. »Jeden Tag können die Russen da sein. Wir werden nicht warten, bis sie uns hier fertigmachen«, sagt Izaak. Folglich den Hügel hinaufgetrabt und in den nahen Wald. Von weitem hört man das wachsende Grollen des Geschützfeuers. Als erschüttere ein Ungewitter den Himmel. Die Erde bebt. Gegen Abend verstärkt sich die Schießerei. Wir hatten einen Geräteschuppen ausfindig gemacht. Wir kriechen hinein. Warten. Und über uns brach die Hölle los. Gott, wie ich mich gefürchtet habe. Bloß nicht jetzt getötet werden, im letzten Augenblick vor Kriegsende! Diese Nacht war furchtbar. Gegen Morgen wurde es still. Es dämmert. Noch dröhnt es im Kopf. Wir treten aus unserer Zelle und da: »Stoi! Job wascha matj! Runter mit euch, aber plötzlich!« Wir liegen da.

Vorsichtig nähert sich uns ein Soldat. Wir auf die Füße und, bums, ihm an den Hals. Und ich küsse diese verschwitzte, unrasierte, schmutzige Visage, die zu einem echten Engel gehört, der uns das Leben bringt. Und die Hände küsse ich ihm, und ich umarme ihn. Jetzt stürzt sich Izaak auf ihn. Und auch er faßt ihn um und drückt und küßt ihn. Der Soldat ist verdattert. »Tschto wy, rebjata! Ist ja gut, ist ja gut! Wißt ihr, ich geh nach Berlin. Totschlagen diese Bestie. Diese Schlangenbrut.«

Doch Berlin war schon gefallen, wovon wir keine Ahnung hatten.

Es war früher Morgen am 8. Mai 1945.

Ich bin im Wäldchen auf dem Hügel. Von dieser Anhöhe blicke ich hinab auf die armseligen Baracken des armseligen Lagers. Des Produkts eines armseligen Systems, das eben verreckt war.

P. S. Auf welche Weise meine Schwester, Mutter und Tante Regina starben, erfuhr ich viele Jahre nach dem Krieg, im Jahr 1959. Die Details kannte meine Cousine Itka, die sich sofort, nachdem sie dem Lager entronnen war, nach Palästina begab und dort ansässig wurde.

Uppsala, März 1994

MICHAŁ GŁOWIŃSKI
Emil

In jener Zeit besuchte ich die Schulstunden von Fräulein Julia und Frau Bronisława, Schwestern, Vorkriegslehrerinnen, die für ein geringes Entgelt eine Gruppe von einem guten Dutzend Kindern unterrichteten. Es war dies nicht mein erster Unterricht, denn zuvor hatten mich die Eltern in die Miniaturschule von Frau Anna geschickt. Wir wohnten zuerst am Rand des Gettos, der zu einem gewissen Zeitpunkt von den Deutschen ausgegrenzt wurde aus dem Gettogelände, wir mußten ausziehen, auch Frau Anna wechselte die Wohnung, und es war nunmehr zu weit, um bei ihr zu lernen, zumal die Straßen des geschlossenen Stadtteils immer gefährlicher wurden, und man nie wußte, was passieren konnte. Das Zimmer, das Fräulein Julia und Frau Bronisława bewohnten, war nicht weit von dem Loch, das jetzt unsere Wohnung war, gleichfalls am Gettorand gelegen, doch diesmal gleich an der Mauer, die man nicht erforschen konnte von der »Traumseite« her. Uns trennten nur einige wenige Häuser, ich erinnere jedoch den Weg, den ich zurücklegen mußte, häufig lagen dort Hungertote, mit grauem Papier zugedeckt, ich erinnere auch die Nähe der Mauer, die den Raum absteckte, in dem alles Lebendige unwiderruflich zum Tode verurteilt war. Ich erinnere viel … Doch mit Bestimmtheit habe ich viel mehr vergessen.

Ich erinnere also das Zimmer, in dem unsere Unterrichtsstunden stattfanden, länglich mit einem großen Fenster, und wenn wir anwesend waren, mit drei kleinen Tischen ausgestattet, damit es wenigstens ein

247

bißchen wie eine Schulklasse aussah. In einer Ecke war ein Kocher installiert, in einer anderen saß für gewöhnlich Herr Mieczysław, Frau Bronisławas Mann, vor dem Krieg Journalist bei einer jüdischen, in Polnisch herausgegebenen Zeitschrift, ein Mann also, der im Getto nicht in seinem Beruf tätig sein konnte, keine Arbeit fand und – viel Zeit hatte. Während unseres Unterrichts las er für gewöhnlich, manchmal hörte er sich aus Langeweile die Lektionen mit an, die uns seine Frau und seine Schwägerin erteilten. Ich erinnere nicht, wie er aussah, ich habe jedoch noch die kleine zerbrechliche Frau Bronisława vor Augen und ebenso Fräulein Julia, die eine extra Beschreibung verdient. Fräulein Julia war hochgewachsen und entsetzlich mager, von dieser pathologischen Magerkeit, wie sie Krankheiten und Unterernährung hervorrufen, und die so charakteristisch für die Menschen im Getto war. Sommers ging sie in einem dunklen Kleid mit kurzen Ärmeln, man sah also die Arme, fahl und abgezehrt, nur Haut und Knochen. Ihr längliches Gesicht mit den hohlen Wangen wirkte fast furchterregend, die Züge hatten eine Schärfe angenommen, die sie in besseren Zeiten bestimmt nicht gehabt hatten. Sie war eine sympathische Person, dem einen oder anderen mochte sie jedoch wie eine Hexe vorkommen oder wie der leibhaftige Tod. Wenn ich diese Frauen erwähne, denke ich an noch etwas anderes: Es ist nicht ausgeschlossen, daß ich der einzige bin, der ihrer gedenkt, der einzige, der sich bewußt ist, daß sie einst gelebt, gearbeitet, sich mit dem Unterrichten befaßt haben und – untergegangen sind, zusammen mit der Welt, deren Teil sie gewesen waren.

Und bestimmt bin ich der einzige, in dessen Gedächtnis die Kameraden fortleben, die Schüler von Fräulein Julia und Frau Bronisława. Ich kenne ihre Nachnamen nicht, ich erinnere Vornamen, und zwar auch nur einige. Vor Augen habe ich Susi, aufgeschossen und ein wenig älter, die wunderlich polnisch spricht, weil sie in Hamburg zur Welt kam, einer Familie entstammte, die die Deutschen schon vor dem Krieg an die polnische Grenze abgeschoben hatten; sehe die hellhaarige, strahlende Mela vor mir, wie sie hingebungsvoll von dem ungewöhnlich frohen Ereignis des Vortages erzählt, als sie zu Mittag Brühnudeln aß; sehe ein kleines schwarzhaariges Mädchen vor mir, das allerdings anonym bleibt, da ich nicht imstande bin, mir ihren Namen in Erinnerung zu rufen, es sammelte Briefmarken; schließlich kann ich mich genau auf Tadzio besinnen, obwohl ich nicht sicher bin, daß er wirklich so hieß, immer agil und ungebärdig, der sich gern mit seinem Vater großtat, einem großartigen Anwalt, wie er behauptete, und mich Giraffe nannte, weil ich seiner Meinung nach so einen komisch langen Hals hatte. Und ansonsten sehe ich keinen mehr aus unserer Schar, obwohl wir viel mehr waren, sind mir nur Fragmente, Bildchen, Überreste von dieser ermordeten Welt im Bewußtsein geblieben.

Geblieben ist allerdings ein Junge, mit dem ich niemals unmittelbar in Berührung gekommen bin, obwohl ich ihn etliche Male sah. Er hieß Emil und war die lebende Legende unserer Schülerschar. Als ich da aufgenommen wurde, war er schon nicht mehr dabei, doch beide Damen erwähnten ihn mit Sentiment, Zärtlichkeit und Bewunderung, die Kameraden mit Sympathie. Er war bestimmt ein lieber Junge (er war nicht älter als neun), genial, wie man sich erzählte. Von Emil sprach man als von jemand Außergewöhnlichem, einem, der uns alle überragte, ungemein begabt war. Der oder jener erzählte, er habe Emil auf einer der Getto-Straßen mit seiner Mutter getroffen, ein anderer sagte, er habe etwas von seinem Schicksal gehört. Wenngleich abwesend, war er jedoch in unserer Mitte stets anwesend. Im Getto war er mit der Mutter, doch auch von seinem Vater sprach man mit Bewunderung und Neugier; als Offizier der polnischen Armee war er Gefangener irgendwo in einem Lager weit weg und – natürlich konnte er sich nicht um Frau und Sohn kümmern. Hin und wieder guckte einer in den Pausen zwischen den Unterrichtsstunden (der Unterricht von Fräulein Julia und Frau Bronisława war der Schule angeglichen) aus dem Fenster, und vom ersten Stock sah er Emil. Bewegung kam auf unter den Anwesenden: »Da geht Emil, Emil geht da.« Man rief: »Emil, komm zu uns!« Emil kam jedoch nicht, er ging weiter mit seiner Mutter durch die vollgestopfte Getto-Straße unweit der Mauer. Sie hatte es aufgegeben, ihn zum Unterricht zu schicken, da ihr Elend, ihre Armut nunmehr so verzweifelt geworden waren, daß sie die geringe Summe für das Schulgeld nicht aufbringen konnte. Wir wußten, daß Fräulein Julia und Frau Bronisława nur zu gern bereit waren, auf jegliche Bezahlung zu verzichten, sie wollten Emil unbedingt unterrichten, Emil, der die Zierde der gesamten Schülerschar und aller Liebling war, umsonst unterrichten. Man wußte, daß sie seine Mutter um ihr Einverständnis gebeten hatten, die wollte jedoch absolut nichts davon hören, obwohl sie wiederholt baten, ja dringend zuredeten. Vielleicht lehnte sie deshalb ab, weil ihr Stolz es nicht anders zuließ, vielleicht befürchtete sie auch, daß ihr Sohn sich, als einziger vom Schulgeld befreit, gedemütigt fühlen könnte, zum Beispiel wenn die Kameraden ihm sein Privileg vorhielten. Nicht ausgeschlossen übrigens, daß es in einem gewissen Maß um etwas anderes ging, daß die Mutter den Unterricht für nicht notwendig hielt, da Emil so begabt war, ohnehin schon soviel wußte und nach dem Krieg, wenn es erforderlich wurde, die Wissenslücken rasch füllen würde. Und so wurde er unser Vorbild und unser Mythos, vielleicht gerade deshalb, weil er beim Unterricht nicht anwesend war. Davon, wieviel über ihn gesprochen wurde, zeugt zumindest, daß ich seine Geschichte so gut erinnere, obwohl seit jenen Ereignissen mehr als ein halbes Jahrhundert vergangen ist.

Ich weiß nicht, was mit ihm geschehen ist, weiß also nicht, ob er die Chance gehabt hat, die Versäumnisse in seiner Ausbildung nach dem Krieg aufzuholen, ich ahne allerdings, daß ihm das nicht gegeben war, daß er umkam wie die meisten. Die Sommerpause begann für uns, so wie in den normalen Schulen, in den letzten Junitagen, und sie sollte niemals mehr zu Ende gehen. Der 22. Juli 1942 kam und mit ihm die letzte Phase der Endlösung: die Abtransporte vom Umschlagplatz. Ich weiß mit absoluter Sicherheit, daß Frau Julia und Frau Bronisława mit Herrn Mieczysław den Krieg nicht überlebt haben, sie kamen in Treblinka um. Ich weiß hingegen nicht, welchen Verlauf das Schicksal meiner Altersgenossen genommen hat. Ich weiß nicht nur nichts über Emil, mit dem ich niemals persönlich in Berührung gekommen bin, ich weiß auch nichts über die strahlende Mela, nichts über Susi, die Polnisch mit deutschem Akzent sprach, weiß nichts über die kleine feurige Brünette mit den traurigen schwarzen Augen, die Briefmarken sammelte (ich tat das ebenfalls, deshalb ist mir dies Detail dermaßen erinnerlich), weiß nichts über den ungebärdigen Tadzio. Um so weniger bin ich mir dessen bewußt, was mit denen geschah, die ich nicht in Erinnerung behalten habe. Ich kenne ihr Geschick nicht, ich weiß nichts, und dennoch komme ich nicht umhin zu denken, daß alle umgekommen sind und daß das, was ich geschrieben habe, ein Gemeinschaftsepitaphium ist. Ich schließe nicht aus, daß nur ich lebe und der einzige von jener Schülerschar bin, deren ältester noch keine zehn Jahre alt war, der sich an ihre Existenz erinnert und etwas zu diesem

Thema sagen kann. Es fällt schwer, an sich selbst als einen einzigen Zeugen zu denken, und noch schwerer, mit dem Bewußtsein zu leben, daß man dieser Zeuge ist. Ich kann schließlich nicht fragen, warum unter den Lebenden ausgerechnet ich bin und nicht der prachtvolle und außergewöhnliche Emil, nicht Susi mit ihrem komischen Polnisch, nicht der ungebärdige Tadzio. Warum, warum … Eine Antwort gibt es auf diese Art von Fragen nicht, man kann nur Betrachtungen darüber anstellen, ob zum Beispiel Emil nicht besser, klüger, kreativer das ungewöhnliche Geschenk, das das Leben ist, genutzt hätte. Das Leben eines Menschen, der bereits in der Kindheit zur Vernichtung bestimmt war.

Warschau, 1994
Veröffentl. in »Arkusz«, 1994/Nr. 7

GENOWEFA JAŃCZARSKA

Der Fuchsbau

Kriegsflüchtlinge

In den ersten Tagen des September 1939 versuchten wir, wie viele andere polnische Familien, in den Osten zu fliehen. Doch wir kamen nicht weit. Die deutschen Panzer waren schneller als unser einspänniges Fuhrwerk, das dazu noch mit Menschen und Hab und Gut überladen war. Wir gelangten nur nach Wolica bei Działoszyce, wo ein Kamerad meines Mannes aus den Legionen*, Aleksy Leszczyński, zu Hause war. Dort machten wir Station. Man nahm uns gastfreundlich auf, wir waren in Wolica nur ein paar Tage. Mit demselben Gespann und denselben Weg kehrten wir nach Wysocice zurück.

Es war dies eine kurze Episode in unserem Leben, aber eine wichtige Episode. Am eigenen Leibe hatten wir nun Mühsal und Bitterkeit der Flucht erfahren, die Angst vor einem Feind, die Ungewißheit des nächsten Tages, das Abhängigsein von anderen Menschen. Das erlaubte uns, später dann das Los der Verfolgten, der Flüchtlinge und Vertriebenen besser zu verstehen. Auch derer, die in Bälde an unsere Tür klopfen sollten.

---

* »Polnische Legionen«; militärische Freiwilligenverbände im Ersten Weltkrieg; mit dem Namen Piłsudskis verbunden. (Anm. d. Übers.)

253

Die ersten Monate der Okkupation brachten wir relativ friedlich zu, gewissermaßen im Abseits der Kriegsgeschehnisse. Wie eh und je betrieben wir unsere Landwirtschaft, mein Mann arbeitete als Forstmann in der Oberförsterei Ojców. Aufgrund seiner Pflichten hielt er sich häufig in Ojców auf, und der Weg dorthin führte durch Skała. Oft begleitete ich meinen Mann auf dieser ein Dutzend Kilometer langen Reise.

Skała war ein kleines Städtchen, das ist es heute noch. Damals war es das Geschäfts- und Handelszentrum für die umliegenden Dörfer. Deshalb fanden sich dort eine Menge jüdischer und »christlicher« Geschäfte, Kramläden und Warenlager. An jedem Mittwoch fanden hier Märkte statt, die die Bauern aus den Dörfern ringsum anlockten. Bei einem bekannten Juden konnte man sich Geld leihen auf Prozent oder Pfand. Hierher fuhr man schließlich zum Arzt und Apotheker. Jeder kannte hier jeden.

Wenn wir durch Skała kamen, erledigten wir dort immer unsere Einkäufe. Am meisten kauften wir bei den Kołataczs, weil hier die Preise anständig waren. Ihr Laden befand sich im Parterre ihres Mietshauses auf dem Markt. Wir kauften ein, was nötig war, und setzten unseren Heimweg fort. 1942 begannen Nachrichten bei uns einzugehen über das Ende dieser kleinen jüdischen Welt in Skała. Die systematische Vernichtung des Gettos setzte ein, Massenerschießungen der jüdischen Bevölkerung, Raub und Plünderung der zurückgelassenen Habe.

Wenige Flüchtige aus dem Getto tauchten in unserer Gegend auf, suchten Unterschlupf und Brot. Ihr Los war im allgemeinen beklagenswert. Es verging kein Tag, da man nicht einen von ihnen ergriff, man

zog die Blaue Polizei da mit hinein, die Gemeindevor-
steher mußten Gespanne zum Transport der Verurteilten stellen.

Wir sahen es hilflos mit an.

Unerwartete Gäste

Das änderte sich Herbst 1942. An einem Herbsttag
spannte ich den Wagen an, um meine Schwester, Ole-
sia Bińczycka, in dem etwa zwanzig Kilometer entfernten Wolbrom zu besuchen. Ich kam mit dem Gespann gut zurecht, mit dem Reiten übrigens ebenfalls.
Das Pferd war ja in jener Zeit das einzige zugängliche
Verkehrsmittel. Der Mann blieb zu Hause, er hatte viel
Arbeit.

Als ich nach zwei Tagen zurückkam, fand ich daheim
die am wenigsten erwarteten Gäste vor. Es war fast
komplett die schon erwähnte jüdische Kaufmanns-
familie aus Skała: der alte Kołatacz, das Familienober-
haupt, seine Frau Bajla sowie drei Söhne, zwei, Adam
und Samuel, heranwachsende Jünglinge, der dritte
schon verheiratet, wegen seines dunklen Haares der
»Schwarze« genannt. Die Frau des »Schwarzen« versteckte sich anderswo, im Nachbardorf Władysław, bei
einem Bauern.

Die Kołataczs flehten uns an, ihnen Unterschlupf zu
gewähren, und sei es auch nur für ein paar Tage. Sie
teilten uns ihr großes Geheimnis mit, daß sie bislang
von einem Bauern aus Skała, Mieczysław Korzonek,
versteckt worden waren, der sein Haus in der Wol-
bromska-Straße hatte. Sie konnten jedoch nicht länger
dort bleiben, weil die Deutschen ganz Skała und die
umliegenden Dörfer systematisch, Haus für Haus,
durchsuchten, die noch übriggebliebenen Juden, die
sie dabei antrafen, liquidierten und ihr Vermögen

raubten. Auch Polen, die Juden halfen, fielen diesen Repressionen zum Opfer.

Wir wußten, die Kołataczs sagen die Wahrheit. Wußten auch, daß sie in tödlicher Gefahr waren. Überrascht von all dem, wußten mein Mann und ich nicht, was wir machen sollten.

Am einfachsten wäre es, jetzt zu schreiben, daß wir die Entscheidung, die Kołataczs zu verstecken, ohne Zögern, von dem Gefühl der Solidarität getrieben, getroffen hätten. Doch das würde nicht stimmen. Die Kołataczs waren nicht unsere Familie, nur Kaufleute, die wir aus Skała kannten, Juden, und für das Verstecken von Juden drohte die Todesstrafe für die gesamte Familie.

Die Entscheidung, die Kołataczs aufzunehmen, fällten wir nach langem Überlegen, mit zwiespältigen Gefühlen und angstvollem Herzen. Denn in Wahrheit entschieden wir ja nicht nur über das Leben dieser Familie, sondern auch über das unsere. Immerhin hatten mein Mann und ich erst vor ein paar Tagen, als wir in Krakau waren, die in allen Straßen ausgehängten Anschläge mit den Namen von Polen, die man für Juden erteilte Hilfe erschossen oder ins Konzentrationslager abtransportiert hatte, gelesen. Selbst wenn es sich bei dieser Hilfe bloß um ein Stückchen Brot für ein jüdisches Kind handelte. Auf einem der Anschläge waren wir auf einen bekannten Familiennamen gestoßen.

Vor allem versuchten wir festzustellen, ob nicht irgendwer den Kołataczs auf der Spur war, sie in der Nähe unseres Hauses gesehen hatte. Denn dann war die Katastrophe für uns alle vermutlich nicht mehr fern. Der Mann erklärte mir, daß während meiner Abwesenheit Korzonek aus Skała die Kołataczs zu uns gefahren hatte, eine Person, die wir kannten und die vertrauenswürdig schien. Er hatte die Juden mit dem

Pferdewagen nachts transportiert, über Seitenwege und später durch den Ściborsker Wald, von wo es zu uns schon ganz nah war. Vor dem langsam dahinzockelnden Gefährt fuhr der um die zwölf Jahre alte Sohn der Korzoneks auf dem Rad voraus, um die Fahrt für das Fuhrwerk zu sichern. Niemand hielt sie an, sie stießen auf nichts Verdächtiges. Sie fuhren ab, so wie sie gekommen waren – nachts.

Noch länger grübelten wir darüber nach, ob wir es schaffen könnten, von einer bescheidenen Landwirtschaft eine so stattliche Anzahl von Personen zu ernähren. Bei dieser Berechnung des Notwendigsten für den Lebensunterhalt mußten wir nämlich außer unserer Familie (fünf Personen) und der ebenfalls fünfköpfigen Familie Kołatacz noch zwei weitere Personen berücksichtigen, die schon früher Obdach in unserem Haus gefunden hatten. Sie waren Aussiedler aus dem Reich (wir gehörten zum Generalgouvernement): Marysia Pytel, eine sanftmütige, arbeitsame Góralin aus Rajcza bei Żywec, die wir sehr gern hatten, sowie Wojciech Kwiatkowski, ein schlesischer Aufständischer, der irgendwo aus dem Kohlerevier gekommen war. Letzterer half uns bei der Arbeit auf dem Hof. In diesen schweren kargen Zeiten mußte jeder für sein täglich Brot arbeiten.

Wenn einer sich nicht klar darüber ist, was es heißt, eine solche Anzahl von Personen zu ernähren, so möge er auf eine Abbildung des Letzten Abendmahls schauen. Genau zwölf Personen hatten wir täglich mit Nahrung zu versorgen.

Vor allem aber grübelten mein Mann und ich hin und her, ob sich unter uns nicht vielleicht ein Judas befinde, der uns verraten werde.

Während dieser Zeit saßen die Kołataczs in einem Zimmer versteckt und harrten unserer Entscheidung. In Wirklichkeit hatten wir jedoch keine Wahl. Die

Kołataczs waren nun einmal da. Sie aus dem Haus zu werfen, wäre einem Todesurteil gleichgekommen. Diesbezüglich hatten wir keinerlei Zweifel. Denn die Kołataczs hatten längst keine Möglichkeit mehr, nach Skała zurückzukehren, sie kannten niemand in der Gegend, waren obdachlos.

Was sollte man machen? Wir sagten den Kołataczs, daß sie bei uns bleiben würden, wenigstens eine gewisse Zeit, wir wußten, daß es bis zum Ende des Kriegs wäre. Sie nahmen unsere Worte mit unverhohlener Freude auf, aber auch mit einer gewissen Skepsis. Sie kannten uns nicht so gut, um uns voll und ganz zu vertrauen.

Das Wichtigste war jetzt das Verstecken der Juden vor unberufenen Augen. Eine Reihe von Monaten weihten wir nicht einmal die beiden kleineren Kinder ein, daß wir zusätzliche Mitbewohner hatten. Bescheid wußte von Anfang an nur der älteste Sohn – Bogdan.

Zum Glück besaßen wir recht gute Möglichkeiten, um die jüdische Familie zu verstecken, nämlich unter der Erde. Um sie zu schildern, braucht es jedoch zunächst ein paar Worte über den Ort, an dem sich all diese Ereignisse abspielten.

Bocieniec

Das Verstecken der Familie Kołatacz wurde durch die Lage unseres Hofes weit weg von anderen menschlichen Behausungen ermöglicht. Wir hatten ihn 1935 von der Gräfin Apolonia Romerowa erworben. Ein denkwürdiges Jahr für uns auch aus einem anderen Grund: Ich gebar damals unser jüngstes Kind – die Tochter Romana, die mein Mann nach den beiden Söhnen, Bogdan (1931) und Eugeniusz (1933), so heiß ersehnt hatte.

258

Die vor dem Krieg erworbene Besitzung bestand aus zwölf Hektar Wald, ohne ein Streifchen Ackerland, aus den Wäldern der Romers in Wysocice ausgesondert. Für eine weitere Immobilie hatten wir nicht das nötige Geld.

Dieser Wald erstreckte sich über ziemlich steile Abhänge zu beiden Seiten eines kleinen sehr malerischen Tals. Es ist schließlich der Rand des Kraków-Częstochowaer Jura.

Hier fehlten nur die Kalkfelsen, aber es fehlte nicht die kleine Quelle mit kristallklarem Wasser und einem aus ihr entspringenden Bach, klein aber mein, der nach ein paar hundert Metern in die reißende Dłubna mündete. Eben jene Quelle entschied über den Erwerb dieser Besitzung.

Der von uns erworbene Landbesitz war außer dem Grundteil von Wysocice im Weiler Bocieniec gelegen. Der Weiler ist so klein, daß man ihn nur auf den präzisesten Karten ausfindig machen kann.

Es war dies ein wunderschöner Ort, und das ist er heute noch, obschon man das kleine Tal durch eine breite Straße verunstaltet hat. Doch es war kein Paradies für uns, zumindest nicht die ersten Jahre. Denn das Wirtschaften begann mit dem Ausroden eines Teils des Waldes, um ein Areal für Ackerland, Weide, Obstgarten – von jedem ein bißchen – zu gewinnen. Schließlich mußten wir von etwas leben.

Sehr arbeits- und kostenaufwendig war das Roden der Stubben und Wurzeln, die Einebnung der gerodeten Waldflächen, das erste Pflügen des Neulands. Jedes Stückchen Feld mußte dem Wald entrissen werden. Aus dem Holzverkauf hatten wir jedoch das Geld, um die Schuld abzuzahlen, die wir bei meinem Bruder Stanisław Makowski aufgenommen haben. Und was das Wichtigste war, wir hatten das Baumaterial für das eigene so ersehnte Haus.

In der Auswahl des Baugrundes halfen uns unbeabsichtigt die Dachse. Mein Mann sah nämlich eine ganze Dachsfamilie im Morgengrauen in einem ausnehmend schönen Winkel unseres Waldes in ihrem Bau verschwinden. An dieser Stelle beschlossen wir, unseren Wohnsitz zu gründen. Die Wahl dieses Platzes erwies sich als Treffer, wie die Zukunft zeigte. Leider nicht für die Dachse, die sich einen anderen Platz für ihre tiefen Höhlen suchen mußten. Wir sahen sie später immer wieder einmal.

Wir waren erst dabei, uns ein Vermögen zu erarbeiten, deshalb brachten wir es bis zum Ausbruch des Krieges bloß zu einem kleinen Holzhaus. Das eigentliche, prächtigere sollte dermaleinst nicht weit von hier stehen. Wie viele andere Provisorien dient das alte Haus noch immer der Familie. Es hat nur jetzt Anbauten überall und ist dadurch viel geräumiger geworden.

Bis zum Krieg schafften wir es auch noch, Kuh- und Pferdestall zu bauen, aus Kalkstein aus dem hiesigen Steinbruch. Über dem Viehstall war eine Scheune eingebaut. Diese untypische Lösung wurde durch das starke Gefälle des Geländes an dieser Stelle ermöglicht. Mit den Erntewagen in die Scheune fuhr man direkt vom Hügel, um den in Schwung gekommenen Wagen auf dem guten Dutzend Metern der Tenne unverzüglich zum Stehen zu bringen. Bei der Ernte fehlte es folglich nicht an Emotionen.

Der Hof wurde auf der Westseite von einem Schuppen begrenzt. Trotz seiner ordinären Bestimmung (er diente als Remise, Holzkammer, schließlich Rumpelkammer) sollte er dann eine sehr wichtige Rolle beim Verstecken der jüdischen Familie spielen. Unter dem Schuppen nämlich befand sich ihr Versteck.

Das, was vor dem Krieg unser größtes Problem gewesen war: die Entfernung von anderen menschlichen Domizilen, die ziemliche Entfernung, die bis zur Wysocier Kirche, der Schule, einem Ladengeschäft zurückzulegen war, erwies sich während des Krieges als die größte Wohltat. Rings um unseren Hof, direkt vor den Fenstern des Hauses, wuchs dichter Wald mit genau so dichtem Unterholz. Von wo aus man sich auch unserm Haus näherte, es zeigte sich erst, gut verborgen inmitten von Kiefern, Eichen, Birken und Eschen, aus einer Distanz von dreißig, vierzig Metern.

Der Wald versteckte unsere Kriegsgeheimnisse, darunter die mit der Familie Kołatacz aus Skała verbundenen, bestens. Von Stunde an waren sie die Kołataczs aus Bocieniec.

Förstereien

Wer jedoch meint, Förstereien seien während der Okkupationszeit ein sicherer, friedlicher Ort gewesen, irrt sich gewaltig.

*

In der Nachbarortschaft arbeitete während der Okkupation der Förster R., ein guter Fachmann, aber ein noch diensteifrigerer Beamter, wessen er sich ständig rühmte. 1942 stieß er im Wald auf ein primitives Versteck – eine Erdhütte mit etlichen Juden. Wie ich hörte, hat ein Landwirt aus Tarnawa ihnen zu essen gebracht.

Aus Angst um die eigene Familie meldete jener Förster auf der Wache seine Entdeckung. Man spürte die unglücklichen Flüchtlinge auf, lud sie auf ein Fuhrwerk, erschoß sie.

Mein Mann hat nie mit Förster R. über dies Thema geredet, aber er hat ihm nie mehr die Hand gegeben.

*

In dem weiter von uns entfernten Trzyciąż arbeitete ein mit uns befreundeter Förster. Wir verkehrten mit ihm und seiner Frau.

Der Förster war Mitglied der AK, im Forsthaus befand sich die Kasse der Abteilung. Eines Tages wurden vor dem Forsthaus zufällig dort vorbeikommende deutsche Soldaten aufgehalten und entwaffnet. Im Morgengrauen näherte sich der Försterei eine Strafexpedition. Der Förster war damit beschäftigt, seine Habe auf einem Wagen zu verladen, er wußte, daß seine Stunden in Trzyciąż gezählt waren, und bereitete sich auf die Flucht vor. Er hatte die Zeit bis zur deutschen Vergeltung falsch eingeschätzt.

Er wurde gleich auf dem Hof erschossen, zusammen mit seiner Frau und dem Fuhrmann, der ihm geholfen hatte. Die Deutschen sorgten noch dafür, daß die Körper der Erschossenen mit dem gleichzeitig erschossenen Hund des Försters vergraben wurden. Das war die zusätzliche Strafe.

Mein Mann und ich waren auf diesem erschütternden Grabhügel. Nach dem Krieg sorgte mein Mann für die Exhumierung. Jetzt ist dort eine verwilderte, nicht mit Wald bepflanzte Brandstätte.

*

In dem kaum zwei Kilometer entfernten Czaple Małe kam es zum Kampf einer Partisanenabteilung der Volksgarde, der des Tadeusz Grochal, des »Weißen«, mit einer anderen, in der Gegend unbekannten Pseudopartisanenabteilung, die in Wirklichkeit aus deutschen Provokateuren bestand. Aus der Abteilung des »Weißen« überlebte kaum einer.

Der Förster Bolesław Żaba hatte mit diesem tragischen Ereignis nichts gemein, bis auf den Umstand, daß es in seinem Forsthaus geschah. Doch offenbar lag jemandem daran, einen unbequemen Zeugen zu beseitigen, denn der Förster fand den Tod, schon nach dem Krieg, unter einer Maschinengewehrsalve in seinem Bett. Bei seiner Beerdigung rief der mutige Pfarrer von Czapłe aus: »Kain, wo ist dein Bruder Abel?!« Ich habe es gehört.

*

Blut floß nur nicht bei uns im Weiler Bocieniec, obwohl es fast dazu gekommen wäre: Die Abteilung des »Weißen« hatte den Tag zuvor in unserem Haus Station gemacht, dann sind sie zur Nachbarförsterei, Czapłe eben, weitergezogen.

Das unterirdische Labyrinth.

In unserem Wald hatten sich Füchse eingenistet. Eine ärgerliche Nachbarschaft, denn immer wieder verschwand ein Federvieh. Doch es waren die Füchse, von denen wir ein ehernes Prinzip der Sicherheit lernten: Jede Höhle, jeder Bau muß mehrere voneinander unabhängige Fluchtwege aufweisen.

Der erste Teil unseres Fuchsbaus war noch während der Septemberkampagne entstanden. Da wir den Verlauf des Ersten Weltkrieges kannten (der Mann hatte in den Legionen gedient), schlossen wir nicht aus, daß sich die Front lange in unserer Gegend halten konnte. Und in diesem Falle war ein solider Bunker für die ganze Familie von Nutzen. Er wurde unter dem bereits erwähnten Schuppen ausgebaut, denn nur dort konnte man unbeobachtet unterirdische Arbeiten ausführen. Es handelte sich um eine Art Keller von $4 \times 3,5$ m, von oben gesichert mit einer Decke aus Lindenholzbohlen, überdeckt von einer dicken Lehmschicht. Das Lindenholz hatte der Mann kurz vor dem Krieg gekauft, in der Absicht, es mit Gewinn weiterzuverkaufen. Im Sägewerk zu dicken Bohlen zerschnitten, stellte es jetzt den Grundbaustoff für die unterirdischen Bunker dar.

Wie ich schon erwähnt habe, hatten wir die ersten Tage des September auf einer mißlungenen Flucht gen Osten verbracht, der Bunker war folglich zu nichts nütze und der Kraftaufwand für seinen Bau scheinbar sinnlos gewesen. Nach Eintreffen der Kołataczs änderten wir die Meinung – der Bunker war eine kostbare Anschaffung. Ich bezweifle, daß wir ohne ihn den verantwortungsvollen Entschluß, den Kołataczs Unterschlupf zu gewähren, gefaßt hätten. Jetzt sollte er ihr Zuhause werden.

Als sie in den düsteren Schacht hinabstiegen, ahnten sie nicht, daß sie dort über zwei Jahre würden verbringen müssen, daß er gewissermaßen ihr Gefängnis würde. Doch eine Umkehr gab es nicht mehr, weder für sie noch für uns.

Wir waren uns ziemlich schnell darüber im klaren, daß der Aufenthalt der Kołataczs bei uns nicht eine Sache von Tagen oder Wochen, sondern von etlichen Monaten, wenn nicht gar Jahren sein würde. Daher mußte man an den Ausbau des unterirdischen Hauses gehen, vor allem aber sich den füchsischen Erfordernissen anpassen. Darum erarbeitete mein Mann einen Plan unterirdischer Gänge, Schlupflöcher und Installationen. Später, 1942 auf 1943, wurde der dann über Wochen mühsam realisiert. Die Ausführenden waren ausschließlich mein Mann und der älteste Sohn Bogdan, der, obwohl er damals erst zwölf Jahre zählte, kräftig und aufgeweckt war. Viele Arbeiten unter Tage führten natürlich die Kołataczs aus, doch das größte Problem war das Beseitigen und Verbergen des geheimen Aushubs. Der in Körben herausgetragene Lehm wurde in Geländevertiefungen geschüttet und sorgfältig mit Blättern und Zweigen maskiert. Den Rest besorgte die Natur, die die Halden mit Gras und üppigem Unkraut überwucherte. Der Bau der Gänge wurde durch den Lößboden sehr erleichtert, nicht allzu hart, aber kompakt, weshalb die Aushübe ohne Seitenverschalung vonstatten gehen konnten. Ähnliche habe ich später in Kiew, in der Petscherskaja Lawra, gesehen, wo sich christliche Mönche versteckt haben – ebenfalls vor Verfolgungen.

Zu Anfang entstand eine mehr als ein Dutzend Meter lange Verbindung des Hauptbunkers mit dem Haus. Es war dies ein schmaler enger Korridor, von dem aus man durch einen entsprechenden Ausstieg unmittelbar ins – Schlafzimmer gelangen konnte, das sicherste Zimmer, weil am weitesten von der Eingangstür des Hauses entfernt. Ein Eingang wurde mit einem leicht verschiebbaren Kleiderschrank maskiert. Selbst wenn jemand Unbefugtes ihn verrückte, bemerkte er nichts – die Bretter des Einstiegs (d. h. des Fußbodens) waren schräg verschnitten, infolgedessen gab es keine vertikale Ritze, die den Durchschnitt entlarvt hätte. Alles war aufs sorgfältigste durchdacht.

Jener Korridor war so angelegt, daß er unweit der Zimmerecke verlief, in der sich der Kachelofen befand. Das ermöglichte die Installation eines kleinen eisernen Ofens unterhalb, der den Bunker beheizte. Seine Gicht hatte er gemeinsam mit dem Kachelofen im Zimmer, also eine Art Doppelstockbrennstelle mit gemeinsamem Kamin. Diese Konstruktion kam uns ein paar Jahre nach dem Krieg wieder in den Sinn, als der Stubenofen wegen durchgefaulter Dielenbretter unter der Erde verschwand.

Den zweiten Gang grub man vom Bunker zum Viehstall und maskierte seinen Ausgang mit dem Stallmist. Wie bereits erwähnt, befand sich über dem Viehstall die Scheune. Man konnte zu ihr hinauf mittels einer Leiter durch die Heu- und Strohrutsche, ohne Öffnen des Scheunentors von außen.

In der Scheune wurde ein kleiner Unterschlupf zwischen Strohbündeln eingerichtet, mit einem entsprechend kaschierten Eingang. Nur hier konnten die Kołataczs von Zeit zu Zeit ein wenig frische Luft schöpfen, die so sehr fehlte in dem unterirdischen Bunker. Doch das ging nicht immer. Sobald etwas Verdächtiges rund um die Hofgebäude geschah, verschwanden die Kołataczs wie die Schatten in ihrem unterirdischen Versteck.

Der dritte unterirdische Gang schließlich führte ungefähr zwanzig Meter nach Westen, an den Waldrand. Der sollte eventuell die Flucht ermöglichen für den Fall, daß das Hauptversteck bedroht war. Zu diesem Zweck war ein spezieller Havariedeckel vorbereitet, der winters von innen mit abgeschrägten Klötzen emporgehalten wurde. Wenn man heftig daran zerrte, sollten diese umstürzen und den Fluchtweg freigeben. Die Chancen bei einer solchen Flucht waren minimal, ehrlich gesagt, null, weil die Deutschen stets sehr sorgfältig ein durchsuchtes Gehöft umzingelten. Doch das Vorhandensein einer solchen Möglichkeit hielt mit Sicherheit den Mut der Kołataczs aufrecht – ihr Versteck war auf diese Weise keine Falle mehr ohne jede Rückzugsmöglichkeit.

Der Korridor diente auch zur Lüftung des Bunkers. Die Öffnung des primitiven hölzernen Ventilators befand sich unter einem großen Reisighaufen, der vorgab, ein Vorrat an Brennmaterial zu sein. Hier setzte sich der aus dem Bunker aufsteigende Wasserdampf ab. Trotz dieser Einrichtung mangelte es im Bunker ständig an Luft, und man konnte schwerlich etwas dagegen tun.

Der Hauptbetriebseingang zum Bunker befand sich im Schuppen unter einem Pferdewagen, der immer hier stand. Der Zugang erfolgte über eine schmale Leiter durch einen entsprechend maskierten Einstieg. Auf diesem Weg wurden die Töpfe mit Essen übergeben und die Fäkalienkübel hinausgetragen.

Auch Sohn Bogdan ersann eine Verbindung mit dem

Bunker für den Fall der Fälle. Es handelte sich um eine vertikal angebrachte Betonröhre von ungefähr zwanzig Zentimetern Durchmesser. Durch sie konnte man an einer Schnur eine Flasche Milch oder ein paar Scheiben Brot den Eingeschlossenen zukommen lassen, wenn die Umstände ein Freilegen des Haupteinstiegs nicht zuließen. Man darf nicht vergessen, mein Mann war Förster, und nicht selten warteten auf unserem Hof von der Morgendämmerung an Landwirte aus den Nachbardörfern, um Holz zu kaufen, oder die zur Arbeit in den Baumschulen Eingestellten.

Und das waren noch nicht alle unterirdischen Bauten. Unter der Scheune wurde ein Reserveversteck ausgehoben, das keine Verbindung mit den vorher erwähnten hatte. Es war so heimlich gebaut worden, daß ich nicht weiß, ob die Kołataczs überhaupt von seiner Existenz wußten. Es ist auch nie benutzt worden. Beim Bau der neuen Scheune wurde es zugeschüttet.

Wer die Schilderung dieses unterirdischen Labyrinths liest, mag unsere Vorsicht für übertrieben halten. Die Wahrheit ist jedoch die, daß, wer in der Zeit dieses grausamen Krieges auf das sprichwörtliche Tüpfelchen Glück vertraute, die Okkupation schlichtweg nicht überlebt hat. Wir wußten darum, und deshalb haben wir überlebt. Und mit uns die Kołataczs.

Die Reise im Korb

Bevor sie zu uns kamen, hatte sich die Familie Kołatacz getrennt. Infolgedessen befand sich ihre einzige Tochter Masza, ein damals vierzehn-, fünfzehnjähriges Mädchen, im von uns an die fünfzehn Kilometer entfernten Ojców bei der Familie Grzybowski. Maszas Unterschlupf war eine schräg mit einem Schrank zugestellte Zimmerecke. Ein sehr provisorisches Versteck, das leicht zu entdecken war, dabei so eng, daß Masza nur in einen Gummistiefel pullern konnte.

Es fügte sich, daß das Haus der Grzybowskis zudem ein Treffpunkt einer Abteilung der Heimatarmee war, und zwar das Zimmer, in dem sich Masza aufhielt, weshalb sie unplanmäßig und ungewollt zur Zeugin konspirativer Beratungen wurde. Als das aufkam, herrschte Betroffenheit: Wurde Masza erwischt, konnten den Partisanen ernsthafte Konsequenzen drohen. Darum suchte man für sie dringend ein anderes Versteck. Um so mehr, da Ojców während der Okkupation ein Erholungszentrum für deutsche Flieger war und aus diesem Grund sich hier stets eine Menge Polizei und Gendarmerie tummelte.

Wer auf den Einfall kam, Masza bei uns zu verstecken, weiß ich nicht. Das kann nur Korzonek aus Skała gewesen sein, denn nur er wußte vom aktuellen Aufenthaltsort der Kołataczs. Was sollten wir tun? Wir entschlossen uns, Masza aufzunehmen – zur Vervollständigung der Familie. Als größtes Problem erwies sich jedoch ihr Transport nach Bocieniec. Wir bereiteten uns darauf sehr sorgfältig vor.

An einem vorher vereinbarten Tag fuhren mein Mann und ich mit dem Pferdewagen nach Ojców. Dort hatten sie Masza in einen großen Weidenkorb gesteckt, und Herr Grzybowski persönlich transportierte sie mit der Schubkarre ein paar hundert Meter weiter dorthin, wo unterhalb der Ojcower Schloßruine unser Fuhrwerk stand. Beim Haus der Grzybowskis vorfahren konnten wir nicht, weil der Weg durch ein deutsches Erholungszentrum führte, die Zufahrt dort war verboten.

Gemeinsam luden wir den Korb auf und machten uns eilends auf den Weg. Der schwierigste Abschnitt war für uns die Fahrt durch Skała. Dort befand sich eine große Polizeiwache, und fortwährend wurde

»Jagd« auf vereinzelte Juden und kleine Lebensmittel- und Tabakhändler gemacht. Deshalb durchsuchten sie fast jedes Fahrzeug. Auch wir wurden angehalten, doch kamen wir um die Durchsuchung herum, weil man meinen Mann hier als Förster kannte, der häufig auf dieser Strecke unterwegs war. Masza hockte die ganze Zeit über, das heißt an die zwei Stunden, im Korb, zusammengekauert wie im Mutterschoß.

So kamen wir also auch glücklich durch Skała. Der weitere Weg war bedeutend sicherer. Wir ließen Minoga und Gołyszyn hinter uns, gelangten bald darauf zu der flachen Furt durch die Dłubna, und von da hatten wir nur noch ein paar Kilometer bis nach Hause. Auf die Weise vereinigte sich die Familie der Kołataczs. Ich muß nicht ausdrücklich betonen, wie sehr wir uns alle über diese Expedition für ein jüdisches Mädchen im Korb freuten.

Wie es das Schicksal wollte, gibt es den Korb heute noch. Vielleicht gleicht er dem Korb, in dem Moses vor Tausenden von Jahren den Wassern des Nils auf Gedeih und Verderben ausgesetzt worden war und mit dem Leben davonkam?

Kost und Logis

Das Grundproblem war die Ernährung. Es gab Tage, da hatte ich bis zu zwanzig Kostgänger, zumal als in Wysocice das Häuflein der nach dem Scheitern des Aufstands ausgesiedelten Warschauer eintraf. Schließlich konnte ich nicht sagen, ich nehme keine aus der Hauptstadt Vertriebenen auf, weil ich schon etliche Juden im Hause hab …

Wenn es nicht anders ging, verkleinerte ich eben die Portionen. Wir aßen alle dasselbe, es gab keine bessere und schlechtere Tafel.

In dieser Situation mußte man sich auf schlichte Kost beschränken. Die Ernährungsgrundlage bildete Brot. Mehl, hauptsächlich Roggenmehl, hatten wir aus eigenem Korn. Alljährlich mußten jedoch ein paar Doppelzentner Getreide von Nachbarn dazugekauft werden. Das war nicht leicht, denn die Deutschen plagten das Dorf mit Zwangsabgaben von Korn, Kartoffeln und Fleisch. Wir selber hatten einen Gemeindebeamten bestochen und lieferten dieses Kontingent nicht. Auf diese Weise gewannen wir zusätzliche Lebensmittelrationen. Nach der Befreiung wurde mit den Pflichtabgaben Schluß gemacht, doch dem neuen Beamten fiel unser Rückstand aus der Okkupationszeit auf, und wir mußten alles, ob man's glaubt oder nicht, bis aufs kleinste Körnchen an die neue Herrschaft liefern!

Das Korn mahlten wir in den Wassermühlen der Umgebung, am häufigsten bei meinem Bruder Bolesław Makowski in Ibramowice, zumal wir durch seine Hilfe die vom Besatzer eingeführte Zwangsregistrierung des Mahlguts umgingen.

Nach Ankunft der Kołataczs buk ich wöchentlich zwölf große Laibe Brot, monatlich über hundert Kilo. Das Brotbacken ging in zwei Etappen vor sich, jeweils sechs Laibe, denn soviel hatten jeweils in dem sogenannten Brotofen Platz.

Das Backen von einem Brot nach dem anderen erlaubte eine bessere Nutzung der Ofenglut, gleichzeitig tarnte es ausgezeichnet die wirkliche Stückzahl an Backwerk.

Hauptzugabe zum Brot war Pflaumenmus. Alljährlich schmorten wir die Pflaumen in einem Riesenkessel, auf halber Flamme, zweimal vierundzwanzig Stunden lang. Man konnte die Masse mit dem Messer schneiden, und sie ließ sich in großen Tontöpfen sehr gut aufbewahren. Eine seltenere Zulage zum Brot waren Käse und Butter, obwohl wir immer zwei, drei

Kühe hatten. Fleisch wurde ebenfalls wenig gegessen, von dem, was man gerade so selbst aufziehen konnte an Hühnern, Gänsen und Kaninchen, und dann noch die zwei, drei Schweine jährlich. Ein paarmal gelang es mir, in der Schlinge gefangene Hasen zu kaufen, der Zweck mußte leider die Mittel heiligen.

Obst und Gemüse hatten wir zum Teil aus der eigenen Wirtschaft, zum anderen kauften wir sie von Nachbarn hinzu. Damit unsere Schützlinge nicht an Skorbut erkrankten, servierte ich häufig Zwiebeln, Sauerkohl sowie Mohrrüben, die ich in rauhen Mengen zubereitete.

Die größeren Kinder sammelten im Sommer Beeren und Pilze, die reichlich schon dicht beim Haus wuchsen und für die allgemeine Nahrungsmittelbilanz ebenfalls nicht zu unterschätzen waren.

Das allergrößte Problem waren Zucker und Salz. Das Salz, das man kaufte, war aus dem nahen Wieliczka herausgeschmuggelt, es gab ständige Lieferanten, die ins Haus kamen. Schlimmer war es mit Zucker. Darum lernte ich, Herbst und Winter in einem Topf auf dem Herdfeuer Zuckerrüben zu Melasse einzukochen. Das war unser Okkupationszeit-Zucker – braun und stark verunreinigt, aber süß.

In der Küche wurde ich von Marysia Pytel unterstützt. Ohne sie hätte ich mir mit all diesen Pflichten vermutlich nicht zu helfen gewußt.

Eine große Hilfe war für uns, daß die Kołataczs gewisse Ersparnisse besaßen und so lange, bis diese erschöpft waren, bestimmte Summen für ihren Unterhalt dazulegten.

Während der ganzen Zeit ihres Aufenthalts bei uns kauften wir für die Kołataczs nicht ein Stück Kleidung oder Schuhwerk. Ihre Sachen wurden nur gewaschen. Die Seife stellte ich ebenfalls selber her – aus Talg, Lauge und Kolophonium, die entsprechend vermischt wur-

den. Die Seife war grau, nicht ganz fest und beißend,
doch sie desinfizierte gut Wäsche und Bettzeug.

Der junge Kamrat

Ein paarmal besuchte ein jüdischer Junge aus Krakau
unser Haus. Er war nur wenig älter als mein Sohn Bogdan, mochte zu der Zeit also fünfzehn, sechzehn Jahre
alt gewesen sein. Er nannte sich Mosze (Mieczysław)
Kamrat.

Anfangs schaute er mit seinem Vater Józef bei uns
vorbei, den wir ein wenig von Vorkriegskontakten her
kannten. Mutter und kleine Schwester verlor er gleich
nach ihrer Flucht aus dem Krakauer Getto. Eine un-
rühmliche Rolle spielte dabei der dienstfertige Schulze
aus dem benachbarten G. Doch auch der Vater des
Jungen wurde in Kürze ermordet und seiner Habe be-
raubt, und zwar von dem Landwirt, der den Kamrats
anfangs Unterschlupf gewährt hatte. Bekam er Angst
vor den Deutschen, war er gierig auf eine armselige
Beute? Nicht an mir ist es, das jetzt zu beurteilen.

Von Stund auf irrte der junge Kamrat mutterseе-
lenallein durch die Gegend. Bei uns sah er nur am
späten Abend vorbei, näherte sich so verstohlen dem
Haus, daß sogar manchmal der Hund nicht bellte.

Es herrschte Not, viel konnten wir dem jungen
Mosze nicht helfen. Er bekam nur eine bescheidene
Mahlzeit und Brot auf den Weg. Nach dem Krieg erzählte er mir, wie sehnsuchtsvoll er auf die Bücher in
unserer bescheidenen Bibliothek gestarrt hat, was ich
damals nicht einmal ahnte.

Im frostigen Winter 1943 gab ich ihm eine kleine
Decke, damit er wenigstens den Rücken vor der Kälte
schützen konnte. Er band sie sich mit einer Schnur
ums Kreuz, und so ging er davon.

Meinem Mann und mir tat dieses jüdische Waisenkind leid, wir kamen also zu dem Schluß, daß wir ihn im Bunker der Kołataczs unterbringen könnten, als sechsten, denn Masza war damals noch nicht da. Doch die Kołataczs lehnten zu unserer Überraschung ab und gaben als Grund dafür die Enge des Bunkers an. Ich mache niemandem Vorhaltungen, will hier auch nicht den Beweis antreten, daß wir gut gewesen sind und andere schlecht. Dieser Krieg brachte es mit sich, daß ein Mensch für den anderen zum Wolf wurde.

Doch der junge Kamrat überlebte, und letztlich hat er erzählt, wie das geschah.

Unterschlupf fand er bei der Familie Szencel im benachbarten Wiktorka. Ihr Haus befand sich unweit des Czapeler Waldes. Der alte Szencel war dafür bekannt, daß er jedwederart Beschädigung der Extremitäten aufs vortrefflichste behob, wobei er sogar Fehler korrigierte, die in Krankenhäusern der Gegend gemacht worden waren. Er hatte das bei einem Schafhirten gelernt.

Im Herbst und Winter versteckte sich der junge Mosze für ein paar Tage in den großen Getreideschobern, die zum Czapeler Gutshof gehörten. Er bohrte sich heimlich tiefe Tunnel hinein und nährte sich von ungemahlenen Weizenkörnern, die er mit Wasser hinunterspülte, von dem er vorsorglich etliche Flaschen mitgenommen hatte. Er tat das, um die Familie Szencel nicht mehr als unumgänglich zu gefährden.

Stefan Szencel, der als einziger noch von der Familie lebt, wurde dank der Bemühungen Kamrats mit der Medaille »Gerechter unter den Völkern der Welt«* ausgezeichnet, hat auch seine Tafel in der Jerusalemer Mauer.

* Die Familie Jańczarski wurde 1994 ebenfalls mit dieser Medaille geehrt. (Siehe auch Fußnote auf S. 210.)

Seit der Okkupationszeit sahen wir den jungen Kamrat 1992 zum erstenmal wieder. Er bedankte sich für die Hilfe, obwohl wir ihm eigentlich am wenigsten geholfen haben. Viel, viel weniger, als es dieser tapfere jüdische Junge verdient hatte.

Die Beschäftigungen der Kołataczs

Furchtbar müssen die langen Stunden, Tage und Monate gewesen sein, die sie im unterirdischen Bunker verbrachten. Nur jeweils für kurze Zeit war der Raum erhellt, in Bocieniec kannten wir damals noch keine Elektrizität, Petroleum und Karbid (für die Karbidlampen) waren schwer zu bekommen. Was noch bedeutsamer war, die Lampen verzehrten den Sauerstoff, der dann zum Atmen fehlte. Die Bunkerinsassen lebten also in der Finsternis.

Trotzdem verloren sie nicht den Mut. Sie machten sich kleine Wachstäfelchen, auf denen man mehrfach schreiben, rechnen und zeichnen konnte. Vor allem aber lernten sie Englisch, damals für uns etwas völlig Exotisches. Als ich davon erfuhr, freute ich mich sehr – es war ein Zeichen dafür, daß die Kołataczs an ihre Errettung glaubten, schon ihr Leben für die Zukunft planten. Das machte auch uns Mut.

Schwere Tage

Es war nicht leicht in den Jahren der Okkupation. Doch 1943 wurde die Lage noch schwieriger. Und zwar deshalb, weil mein Mann damals wegen Zusammenarbeit mit den Partisanen von der Gestapo gesucht wurde. Zum Glück war er vom Abwehrdienst der AK, der seinen »Spitzel« in der Gestapo von Miechów hatte, rechtzeitig gewarnt worden. Von diesem Zeitpunkt an mußte er sich verstecken, er schlief fast nie zu Hause. Verstecken mußte sich auch Sohn Bogdan. Der Grund dafür war, daß er einem bestimmten Schlesier, der vorgab, ein Partisan zu sein (in Wahrheit aber mit der deutschen Polizei zusammenarbeitete) ein paar gefundene Gewehrpatronen offerierte mit dem Vorschlag, damit doch ein paar Deutsche umzulegen … Wir kamen dahinter, als jener angebliche Partisan in Polizeiuniform zu einer Durchsuchung unseres Gehöfts erschien.

Um meinen Mann abzuholen, kamen sie zweimal, zweimal entkam er ihnen unter dramatischen Umständen. Selbst die Polizeihunde, die an der Jagd auf meinen Mann teilnahmen, spürten nichts Verdächtiges unter der Erde auf. Der Bunker mit den Juden erwies sich als nicht entdeckbar.

Wenn Bedrohliches bevorstand, waren auch die beiden jüngeren Kinder gezwungen, unter irgendeinem Vorwand das Haus zu verlassen, für gewöhnlich unter der Obhut der Góralin Marysia. Denn ich sagte den Kindern nie etwas von der Bedrohung. Ich blieb dann im leeren Haus allein zurück, die treuen Hunde nicht mitgerechnet. Die Kołataczs in ihrem unterirdischen Schutzgehäuse wußten von nichts. Das war besser so.

Etliche Male war ich auf das Schlimmste gefaßt, auf das, woran ich nicht einmal zu denken wagte. Doch das Schicksal war uns gnädig. Wir haben alle überlebt.

Nach der Befreiung

Im Januar 1945 wurde Wysocice befreit. Als erstes tauchte bei unserem Haus unvermutet eine mehrköpfige Kundschaftergruppe auf. Die mit MPis bewaffneten Soldaten ließen sich von uns einen Schleichweg ins Dorfzentrum zeigen. Sie gingen durch den Wald davon, jeder mit einem Stück Brot in der Hand.

Anderntags wälzte sich, den Feldweg vom Dorf Władysław her, eine ganze sowjetische Division durch unseren Wald. Sie bewegte sich auf Skała zu, um von dort aus die deutsche Garnison in Krakau in die Zange zu nehmen. Die großen und kleinen Geschütze wurden von kleinen Mongolenpferden mit langem zottigen Fell gezogen, die so erschöpft waren wie die Soldaten.

Die Kołataczs konnten nach über zwei Jahren Versteck endlich hinaus ans Tageslicht. Ich verspürte eine große Erleichterung. Unsere Mühsal war zu Ende.

Die Trennung

Im Januar 1945 wurde Tochter Romana in Miechów am Blinddarm operiert. Als die Front nahte, mußte sie unverzüglich von dort weggeholt werden, die Plätze im Krankenhaus wurden für die verwundeten Soldaten gebraucht. Mein Mann und ich begaben uns, natürlich wie üblich mit dem Pferdewagen, nach Miechów, um die Tochter zu holen.

Als wir mit dem Kind nach Bocieniec kamen, trafen wir die Kołataczs nicht mehr an. Sie waren zunächst nach Skała gefahren und dann nach Krakau. Sie erfreuten sich ihrer Freiheit.

Richtig verabschiedet haben sie sich erst, als sie Polen verließen, zunächst Richtung Aachen, von dort weiter nach Israel und Kanada. Seit der Zeit habe ich sie nicht mehr gesehen.

Noch eine Zeitlang schrieben mir die alten Kołataczs Briefe. Aus diesen Briefen ging hervor, daß es ihnen nicht leicht fiel in der fremden Umgebung und sie in allem bei Null wieder anfangen mußten. Doch auch wir hatten es nicht leicht. 1949 starb mein Mann, und ich blieb mit drei halbwüchsigen Kindern allein zurück. Doch zu den Kołataczs streckte ich meine Hand nicht aus.

Unsere Korrespondenz brach 1963 ab. Von jener Seite kam kein Brief, keine Postkarte, kein Lebenszeichen – fast dreißig Jahre lang. Als wären alle gestorben. Ich mache keine Tragödie daraus, wir rechneten nicht mit Dankbarkeit dafür, was wir für diese Familie getan haben, nicht jeder vermag die Bürde schwerer Erinnerungen mit sich herumzutragen.

Erst 1992 meldeten sie sich wieder, zunächst Sam, dann Masza. Die übrigen lebten nicht mehr.

Sam schrieb von seinem Landsitz in Kanada:

»Wenn ich darüber nachdenke, warum nach dem Krieg unser Kontakt abbrach, dann kommen mir die Nachkriegszeiten in Kanada in den Sinn, die für Emigranten sehr schwer waren, und meine Eltern weinten so manche Träne aus Sehnsucht nach der Vorkriegszeit. Wenn einem das Herz schwer ist, ist er so mit sich selber und dem Kampf ums tägliche Dasein beschäftigt, daß es ihm schwerfällt, sich zu konzentrieren, um mit sehr nahen Personen zu kommunizieren.«

Patronin der Verfolgten

Meine Patronin ist die hl. Genowefa, Fürstin von Burgund, die im 13. Jh. gelebt hat. Wegen angeblichen Ehebruchs von ihrem Mann zum Tode verurteilt, zusammen mit ihrem Säugling, durch den Schergen wunderbarerweise freigelassen, verbrachte sie viele Jahre verborgen in einer Einöde, in einer Grotte, die sie dort fand. Weil sie ihr Kind nicht mehr stillen konnte, nährte es, so will es die Legende, eine zahme

Hirschkuh. Später erlangte sie dann ihre Freiheit und ihre Ehre wieder.

Wenn das keine Analogie zum Schicksal der Kołataczs ist! Unschuldig zum Tode verurteilt, entkommen sie wunderbarerweise den Schergen. Sie verbergen sich im Wald, in einer Grotte, wenn auch einer künstlich geschaffenen.

Gefehlt hat, leider, die nährende Hirschkuh. Man mußte sie durch tägliche Geschäftigkeit an den Kochtöpfen ersetzen.

Ob das nicht meine Patronin gewesen ist, die da die ganze Zeit über uns gewacht hat?

Krakau, 19. März 1993

Die Einzige

... Ich war die Einzige. Mein Vater Natan Kolczycki, Dipl.-Pharmazeut, kam 1944 im Alter von zweiundfünfzig Jahren im Vernichtungslager Auschwitz ums Leben. Meine Mutter Miriam, bedeutend jünger als er, starb entweder in Auschwitz oder im Lager Bergen-Belsen. Sie war siebenunddreißig Jahre alt.

Aus dem Getto Łódź wurden meine Eltern, ich, zwei Schwestern von Vater, Liza und Estera, mit Männern und kleinen Söhnen, sowie meine Großmutter Chana Kolczycka ausgesiedelt. Von diesen neun Personen überlebte ich allein den Krieg. Gerettet worden ist auch noch Vaters Bruder Tadeusz, den während der Okkupation eine Ukrainerin, seine spätere Frau, in Lwów versteckt hielt. Die gesamte Familie von Helena Olga Nestorowicz half unter Lebensgefahr mit bei Tadeks Errettung. Viele Jahre später, schon im Nachkriegspolen, schlief meine ukrainische Tante auf dem Fußboden neben meinem Krankenhausbett in der Orthopädischen Klinik OMEGA in Warschau, um stets bei mir zu sein nach einer Operation des rechten Oberschenkelknochens, davon später. Denn eine Pflegerin zu engagieren, fehlte es an Geld.

Meine Mutter hatte in Zduńska Wola Familie. Alle sind sie umgekommen. Jahre zuvor waren die Eltern meiner Mutter bei einem Pogrom von ukrainischen Banditen ermordet worden. Sie zerrten sie aus dem Zug nach Moskau, wo sie wohnten. Das war 1918. Beide waren über vierzig. Alle Juden in diesem Zug wurden ermordet. Und so wiederholt sich die Geschichte.

Ich hatte ein gutes Elternhaus. Die Familie Kolczycki war eng miteinander verwachsen. Man half sich gegenseitig, wenn's nottat. Im Getto wohnten wir Zgierska-Straße 15 zusammen mit Vaters Schwester Estera Płotkin, ihrem Mann und ihrem Söhnchen Michaś, das jünger war als ich, sowie Großmutter Chana. Tante arbeitete in ihrem Beruf als Zahnarzt. Vater war in der Apotheke Rybna 5 angestellt, und alle übrigen in den Ressorts genannten unterschiedlichen Fabriken. So war das bis 1941. Bis zu dieser Zeit konnte ich noch die Schule in der Marysińska-Straße besuchen. Nachdem die Schulen im Getto geschlossen worden waren, besuchte ich geheime, private Schülergruppen und gab dann als »Lehrerin« mein erworbenes Wissen an Michaś weiter. Der Junge war behindert. Er hatte von Geburt an ein kürzeres Beinchen, und nach vielen mißlungenen Operationen trug er eine sehr schlechte und außerordentlich schwere Prothese. Trotz allem war es ein liebes, heiteres Kind. Kurz vor dem Krieg hatten die Eltern das ältere Söhnchen verloren. Es starb an Gehirnvereiterung. Tante Liza mit ihrem Mann Samuel, einem bekannten Dermatologen, und Söhnchen Marcyś wohnten für sich. Ich erinnere mich an das folgende Begebnis aus dem Getto: Der Getto-Chef Hans Biebow hatte ein Ekzem. Die deutschen Ärzte waren machtlos. Man ließ meinen Onkel Samuel Neumark zur Konsultation kommen. Sie kamen ins Getto gefahren, um ihn in die sogenannte Stadt zu holen. Die Deutschen waren ihm gegenüber ziemlich höflich. Als Honorar erhielt er ein Päckchen Zigaretten. Er hatte die Ursache der Krankheit entdeckt und sie ausgeheilt. Ein Jahr später, als Onkel Sam mit Frau und Kind den Aussiedlungsbefehl erhielt, wandte er sich an Biebow, seinen Patienten, mit der Bitte um Aufschub. Biebow persönlich versicherte ihm, daß er in ein sehr gutes Lager kommen und dort die Funktion des Arztes ausüben werde. Diese Familie wurde, wie alle anderen, nach Auschwitz abtransportiert und dort vergast und verbrannt.

Im Getto herrschten furchtbarer Hunger und Krankheiten. Meine Mama teilte uns die Tagesrationen zu. Ich habe den Verdacht, daß Mama und Großmama Vater und mich zusätzlich fütterten, von ihrer eigenen Ration. Wir hatten auch einen Hund, den uns Tadek dagelassen hatte, als er vor den Deutschen nach Lwów floh. Beim Zubereiten der kärglichen Mahlzeiten tat Großmama oftmals so, als sei ihr die Suppe übergekocht oder etwas zu Boden gefallen. »Na ja, was soll man machen«, sagte sie dann, »soll's schon der Hund fressen.« Ihr passierten die kleinen Unfälle häufig, sie machte das natürlich absichtlich. Sie war eine kluge, ruhige, beherrschte Frau. Ich habe immer geglaubt, daß sie Michaś mehr liebt als mich. Erst später begriff ich, daß sie ihm wegen seiner Behinderung mehr Aufmerksamkeit entgegenbrachte. Ehe sie uns ins Getto »umsiedelten«, beschlossen meine Eltern, wertvollere Sachen (Bettbezüge, Tafelsilber) über den Krieg hinweg bei einem Freund aufzubewahren, einem Polen, ebenfalls Apotheker, der in Piotrków Trybunalski wohnte. Mama transportierte diese »Schätze« mit dem Zug in nur für »Arier« bestimmten Waggons (sie hatte das sogenannte »gute Aussehen«). Sie hatte schreckliche Angst. Bestimmt sah man es ihr an, denn einmal, als sie aus dem Zug stieg, trat ein Deutscher in Uniform auf sie zu, nahm sie beim Arm und sagte: »Keine Angst, mit mir zusammen passiert Ihnen nichts.« Diese Militärperson kam später zu uns nach Hause in die Sródmiejska 58. Er freundete sich mit Vater an, brachte Butter und andere Produkte mit, um die es damals sehr schlecht bestellt war. Das war Herbst 1939. Nach einer gewissen Zeit blieb er weg und ist niemals mehr erschienen. Möglich, daß ihn wer denunziert hat: Kontakt mit Juden ...

Als Kind hatte ich entsetzliche Angst vor dem Zahnarzt. Nicht ohne Grund. Ich hatte immer Kummer mit
den Zähnen, und damals wurde nicht betäubt. Viele
Jahre später, 1944, unterwegs vom Lager zur Munitionsfabrik, in der ich arbeitete, hielt man unsere Kolonne stets zur selben Zeit am Bahnübergang auf. Auf
der rechten Seite stand ein Haus, und an ihm das
Schild »Zahnarzt«. Eine Lampe brannte, und Leute
saßen im Wartezimmer. Für mich war das alles so unendlich fern, eine Unmöglichkeit. Das normale Leben
mit seinen alltäglichen Dingen. Bis zum heutigen Tag
denke ich, wenn ich mich im Zahnarztstuhl nieder-
lasse – was ich leider häufig tun muß – an jenes
Sprechzimmer, und ich sehe dieses Haus am Bahnübergang und mich selbst, durchgefroren, hungrig, abgerissen, sehr unglücklich.

Im August 1944 stand ich in Auschwitz zusammen
mit meiner jungen gesunden Mama vor der Lager-
ärztekommission. Nur mich qualifizierten sie zur Arbeit in Deutschland. Viele Personen haben mir später
erzählt, daß sie Mama nach Bergen-Belsen geschickt
haben. Doch ich habe sie dort lange gesucht und nicht
gefunden. Die Ärztekommission in Auschwitz sah fol-
gendermaßen aus: Nackte Frauen marschieren schnellen Schritts durch ein Spalier uniformierter Deutscher;
einer von ihnen zeigte mit der Reitgerte nach *Rechts*
oder *Links* (zur Arbeit – ins Gas). Nach dem Krieg, als
ich längst in der Klinik II für Innere Krankheiten der
Medizinischen Akademie in Łódź, Sterling-Straße, tätig
war, begegnete ich manchmal auf Ärztekongressen
Professoren und Dozenten aus Deutschland, und ich
konnte dann einfach den Gedanken nicht abschütteln,
ob nicht vielleicht einer von ihnen in dieser »Kommis-
sion« gewesen war …

In Auschwitz starben die Menschen wie die Fliegen.
Es gab Hunger, Schmutz, Läuse, und es herrschte eine

ungeheuerliche Angst. Stundenlange Appelle und fortwährendes Zählen der Lebenden und der Toten stellten eine wahre Tortur dar. Und alles hatte mit deutscher Genauigkeit zu stimmen. In Bergen-Belsen war es ein wenig anders. Wir lebten in riesigen Zelten, hatten mehr »Bewegungsfreiheit«, mehr Luft. Es war damals warm, ein echter »polnischer goldener Herbst«. Der Hunger – grauenvoll. Ich aß dort Heidekraut und Gras. Die Brotration war winzig. Vier sechzehn-, siebzehnjährige Mädchen hielten dort zusammen. Ich erinnere mich, daß wir zum Geburtstag einer Freundin, Sima, eine »Torte« gemacht haben – aus drei hauchdünnen Scheiben Brot, bestrichen mit Rübenmarmelade. Sima starb gleich nach dem Krieg an Schwindsucht. Abends erzählten wir uns den Inhalt einst gelesener Bücher oder von Vorkriegsfilmen, um wenigstens ein bißchen unserer schrecklichen Realität zu entfliehen. Die älteren Frauen hörten gern dabei zu. Ganz gleich welches Thema Film oder Buch hatten, unser Bericht endete stets mit einer Schilderung von Essen. Nichts Luxuriöses, aber immer sättigend. Ich hatte mein Paradestück: die Schilderung eines Nudelauflaufs mit Käse. Manchmal mußte ich auf Wunsch des Publikums eine Zugabe erzählen.

In Bergen-Belsen wurde nicht gearbeitet. Nach etwa zwei Monaten schickte man mich mit dem Transport ins Lager Ellsnig an der Elbe zur Arbeit in einer Munitionsfabrik. Die Arbeit war schwer, zwölf Stunden plus jeweils zwei Stunden Weg hin und zurück. An den Viehwagen, in denen sie uns nach Ellsnig brachten, stand mit weißer Farbe geschrieben, daß wir Kriminelle und Prostituierte waren. Nach ein paar Wochen fragte mich der Meister: »Was hast du denn bloß angestellt, daß sie dich hierher gebracht haben?« Dieser Meister belohnte mich etliche Male für gute Arbeit. Diese Belohnung bestand in einem kleinen Kanten

Brot. Außerdem schickte er mich während der Nachtschicht, wenn ich schon fast auf der Nase lag (Nachtarbeit ist niemals meine starke Seite gewesen, auch nicht später im Arztberuf) zum Saubermachen, wo eigentlich nichts zu tun war. Doch im allgemeinen war die Arbeit mörderisch. Wagen, hochbeladen mit Panzerfäusten, mußten transportiert werden. So einen Wagen zu dirigieren war schwer, besonders wenn er abwärts rollte. Außerdem war uns furchtbar kalt draußen.

Im April 1945 beschlossen die Deutschen, die Spuren ihrer verbrecherischen Aktivitäten und der Ausbeutung von Sklavenarbeit zu tilgen. Sie stopften uns erneut in Viehwaggons und transportierten uns ab. Wir wurden auf der Bahnstation in dem Städtchen Beelitz bei Berlin abgestellt. Am 20. April starteten die Amerikaner als »Geburtstagsgeschenk für Hitler« einen Bombenangriff. Unter anderen wurden ausgerechnet diese Bahnstation und unsere Waggons bombardiert. Ich kam mit dem Leben davon, zog mir nur durch einen Bombensplitter einen Armbruch (Schulterblatt) zu. Von über siebenhundertfünfzig Frauen überlebte damals ein Drittel. Wir flohen in den Wald. Den gebrochenen Arm banden mir Kameradinnen hoch. Aus Kleiderfetzen machten sie eine Art Armbinde. Wir schliefen im Wald, aßen Gras und versteckten uns vor den Deutschen. Am 23. April 1945 eroberten die Russen das Städtchen. Ich kann nicht sagen, wann ich irgendwann später in meinem Leben eine ähnliche Freude empfunden habe. Die Russen nahmen sich sofort unser an. Eine Militärperson fuhr uns zum örtlichen Krankenhaus. Er verlangte, daß man mir den Arm versorgte. Es tat sehr weh. Man legte mir einen Gips an.

Der Russe schrie den deutschen Arzt an und ohrfeigte ihn sogar ein paarmal. »Für das, was ihr den Kindern angetan habt«, sagte er. Die Russen brachten uns in einem verlassenen Haus auf einem Bauernhof unter. Wir waren fünfundzwanzig Frauen und Mädchen. Die älteren kochten. Grütze, Mehl und Zucker lieferten die Russen. Wir wollten unverzüglich nach Polen aufbrechen, nach Hause, doch riet man uns ab, wegen der Kämpfe um Berlin.

Als sie uns, hungrig und abgerissen, im Wald gefunden und ins Krankenhaus gebracht hatten, stellte sich heraus, daß die Deutschen in großer Eile alle ihre Kranken evakuiert hatten. (Das Städtchen erinnerte an Otwock: Krankenhäuser, Sanatorien.) Wir betraten die Küche. Auf den Tischen standen zurechtgemachte Schnittchen für die Patienten – Weißbrot mit Käse. Man warnte uns vor gierigem Essen. Jede von uns stürzte sich jedoch auf die Brote und nahm etliche Schnitten mit, für alle Fälle. Als wir hinaustraten, standen hungrige deutsche Kinder vor dem Haus und baten um Brot. Ich gab einem Kind ein Stück. Andere Jüdinnen taten dasselbe. Oftmals habe ich später daran gedacht. An dieser kleinen Geste entdeckte ich, daß mir trotz allem ein Teilchen Menschsein erhalten geblieben war.

Die russischen Militärbehörden wurden von den Deutschen dahingehend informiert, daß es sich bei dem Städtchen um ein Behandlungs- und Rehabilitationszentrum handele und man darum bitte, es zu schonen. Die leichtgläubigen Russen gingen darauf ein. Am 27. April 1945 gewann eine deutsche Bande sogenannter Werwölfe die Stadt zurück. Viele russische Soldaten fielen. In »unser« Haus drangen verwilderte, grausame und schmutzige SS-Männer ein. Brüllend trieben sie uns zu ein paar kleinen Bahnwärterhäuschen nahe der Eisenbahngleise. Die Häuschen schlossen sie ab und bewarfen sie mit Granaten. Die Wände flogen auseinander. Alles brannte. Die verwundeten, verbrannten Frauen schrien entsetzlich, das Stöhnen der Sterbenden war nicht zu ertragen.

Ich merke, daß ich lebe. Ich renne los, so schnell ich kann, Richtung Wald, über den Eisenbahndamm. Plötzlich trifft mich eine Kugel im rechten Bein. Ich rolle vom Bahndamm. Liege verwundet. Doch der Henkersknecht denkt sich, daß er getötet hat. Er prüfte nicht einmal, ob ich noch lebte. Ihm genügte, was er von weitem gesehen hatte.

Ich weiß nicht, wie lange ich so da lag. Abends kam ein vielleicht siebzehnjähriger Soldat in deutscher Uniform zu mir. Er fragte, wer ich bin. Ich sagte ihm, eine Polin (wie meine Mama hatte ich ein »gutes Aussehen«), und daß ich während der Schießerei verwundet worden bin. Er darauf, daß er Tscheche und zwangsrekrutiert worden ist und daß er mir helfen wird. Er trug mich in einen Bunker, legte mich dort auf eine Matratze und ging. So lag ich dort bis zum 3. Mai 1945, als die Russen zurückkamen. Ich lag reglos in diesem Bunker, in Dreck und Gestank. Zufällige deutsche Soldaten, die sich hier versteckt hielten und sich Zivilkleidung anzogen, gaben mir zu trinken, zu essen, und einer versorgte sogar die Wunden. Zum Glück kamen sie nicht auf den Gedanken, daß ich Jüdin bin. Ich hatte einen Durchschuß im Oberschenkelknochen. Am 3. Mai brachten mich russische Sanitäter ins Krankenhaus. In diesem Krankenhaus waren nur Deutsche: Kriegsgefangene. Von dort brachte man mich ins nächste Krankenhaus. Das Bein war, ohne Röntgen, falsch gegipst worden. Es war jetzt acht Zentimeter kürzer. In diesem Krankenhaus blieb ich bis Ende Juli 1945. Mächtig hinkend, in wunderliche Lumpen gehüllt, mit einem Kochgeschirr und einem Löffel an der Schnur, machte ich mich auf die Reise nach Łódź.

Zwei Tage fuhr ich mit dem Zug, ohne Essen. Im Zug saßen normale Menschen. Normal gekleidet, satt, zufrieden mit sich und dem Leben. Auf dem Kaliszer Bahnhof in Łódź bat ich, zum erstenmal in meinem Leben, nach diesen zwei Tagen absoluten Hungerns eine Bauersfrau, die vor dem Bahnhof frischen Weißkäse, Eier, Butter und andere Artikel vom Lande verkaufte, um etwas zum Essen. Sie gab mir ein Stück Brot und sagte: »*Eure* teilen Suppe aus im Bahnhofssaal.« Zum erstenmal hörte ich nach dem Krieg, daß ich zu den *anderen* gehöre. In Łódź fand ich niemanden von der Familie vor. Nach einem Jahr kam Onkel Tadeusz aus Lwów mit seiner ukrainischen Frau, Tante Helena. Sie fanden mich im Haus des Kindes in Helenówka.

Uppsala, 1995

JERZY MARYAŃSKI

Schwarzes Jahr, schwarze Jahre

Züge

Dieses »schwarze Jahr 1939« ist ein Thema ohne Ende, und mit dem Schreiben* erinnert man sich immer mehr, und zwar so schrecklicher Dinge, daß es vielleicht besser ist, davon zu schweigen? Doch vielleicht ist es ja eine besondere Art Pflicht: zu erinnern, nicht zu vergessen, um zu warnen, abzuschrecken vom Chauvinismus? Zu überzeugen, daß sich Menschen nicht nach Nationalität und Sprache scheiden, sondern in gute und böse, kluge und dumme, empfindsame und brutale. Der Mensch gewöhnt sich an die grauenhaftesten Anblicke und stumpft dermaßen ab, daß er sie später dann – ich will nicht sagen, nicht mehr sieht oder versteht – aber irgendwie aufhört, in sich aufzunehmen, was er sieht. Schließlich war während der ganzen deutschen Okkupation die Sache mit den Juden etwas, das man unmöglich übersehen und auf diese oder jene Art nicht mitempfinden konnte. Anfangs, als man sie zum Tragen der Armbinde zwang, sie auszusiedeln und auf die unterschiedlichste Weise zu bedrängen begann, mochte das manchen, zumal denen, die die Juden noch frisch in Erinnerung hatten, die während der sowjetischen Herrschaft Bürger erster Kategorie waren, Zufriedenheit be-

---

* Auszug aus den Erinnerungen, die für den Wettbewerb »Die Grenzgebiete unter den Okkupationen 1939–1945« eingesendet worden sind; 2. Preis; Manuskript in den Sammlungen des Archivum Wschodnie (Ostarchiv).

288

scheren. Doch als man anfing, sie zu morden, am hellichten Tag und in aller Öffentlichkeit, auf der Straße auf Kinder schoß, aus dem Zug auf Verwundete, die hatten fliehen wollen und es nicht schafften, konnte das kein Pole, der wert ist, einer zu sein, mehr ertragen. Es existiert ja doch in unserer Psyche etwas wie eine Sicherheitsvorrichtung, die ein zu intensives Empfinden schockierender Zustände nicht zuläßt: Wenn die Spannung unerträglich wird, setzt eine gewisse Abstumpfung ein. In solchen Situationen, bei unmittelbarer Bedrohung, scheint sich die Aufregung zu verringern und erlaubt, irgendwie zu leben, wenn das (jener Zustand) länger dauert. Ich habe so viel Grauenvolles vor Augen, daß ich heute nicht begreife, wie ich das habe ertragen können, und dabei habe ich es wie alle irgendwie ertragen, weil ich es mußte. Ich lebte weiter.

Wir fahren mit dem Personenzug von Rawa Ruska nach Lwów, an einem hellen sonnigen Tag. Zu beiden Seiten der Gleise sieht man in gewissen Abständen die Körper von Toten liegen, oder von Verwundeten, die sich nicht erheben können, liegen oder sitzen, überwiegend nicht mehr auf den vorbeifahrenden Zug reagieren. Es sind Juden, die versucht haben, vom Transport nach Bełżec zu fliehen und von den Wachposten niedergeschossen wurden. Wir sehen oft solche Transporte durch Horyniec fahren. Die Türen der Güterwagen verplombt, die Fenster mit Stacheldraht versperrt, und dahinter entsetzensstarre Gesichter und verstörte Augen. Schreie und Rufen nach Wasser, das man nicht reichen darf, weil die Wache ohne Anruf schießt. An den Waggons Kreideziffern, die die Zahl der Erwachsenen Schrägstrich Zahl der Kinder angeben, meist an die hundert, selten weniger. Unter welchen Bedingungen diese Menschen fahren mußten!

Plötzlich hört man in dem Zug, mit dem ich fahre, Schüsse. Die Passagiere des Waggons »Nur für Deutsche«

haben sich einen Zeitvertreib ausgedacht: Sie schießen auf die Liegenden und Sitzenden zu beiden Seiten der Gleise, auf die noch Lebenden. Die Mitreisenden duckten sich, versuchten, nichts zu sehen und nichts zu hören ... Die Abstumpfung durch den langandauernden Horror tat das ihre. Ein Ermordeter sieht nicht so pathetisch aus wie ein normaler Toter im Sarg. Ein Häufchen alter Kleider in einer Blutlache. Manchmal wird man von etwas tiefer bewegt, hin und wieder, sehr selten, kann man mit irgend etwas helfen, aber meistens gibt es da nichts mehr.

Auf eigene Faust

Bisweilen jedoch werden wahrhaft teuflische Habgier und Grausamkeit bei Menschen freigesetzt, die eigentlich längst aufgehört haben, Menschen zu sein, wie diese Bauern, die speziell das Gelände bei den Bahngleisen durchkämmen, um die Verwundeten und Toten ihrer Kleidung zu berauben. In einem benachbarten Weiler hat so ein vorsorglicher Hausvater sich und seiner ganzen Familie den Tod gebracht in Gestalt von Typhusläusen. Die ganze Familie starb aus.

Der Waldhüter Wołodymyr K. hat eine »sportliche« Betätigung gefunden: Auf eigene Faust und zur eigenen Befriedigung spürt er im Wald Juden auf, denen die Flucht gelungen war, liefert sie an die ukrainische Polizei aus und hilft beim Totschlagen. Das Seltsamste ist, daß er davon als von etwas Rühmenswertem, ja sogar Amüsantem erzählt, wie damals, als er zusammen mit zwei Polizisten sieben Juden abführte, aber weil es bald Abend war, hatten sie keine Lust mehr, sie noch weiter zu führen, also wollten sie sie unterwegs umbringen. Doch da – Schwierigkeiten. Nach einem arbeitsreichen Tag hatten sie nur noch drei Gewehrpatronen, folglich kamen sie auf den Einfall, die Verurteilten so aufzustellen, daß eine Kugel jeweils zwei traf. Der Waldhüter gab ihnen aus der Doppelbüchse den Rest. Andererseits konnte man staunen über den totalen Zusammenbruch der Gepeinigten, daß sie weder Widerstand noch Flucht versucht haben, obwohl sie doch nur drei gegen sich hatten und wußten, daß denen die Munition fehlt, ringsum aber Wälder sind mit zu der Zeit schon ersten Partisanengruppen.

Der andere Waldhüter, Michajło B., war ein anständiger Mensch, der keinem ein Leid zufügen wollte, doch als er einen Juden fand in großem Frost mit einem von einer Kugel zerschmetterten Kniegelenk, in bloßer Unterwäsche, weil er von vorsorgenden Bauern ausgeplündert worden war, tat er, trotz dessen Flehen, ihm zu helfen oder ihn zu töten, nichts, weil er ein »mitleidiges« Herz hatte. Die Stumpfheit wirkte.

Am schlimmsten war es im Winter während der sogenannten Aktion. Bereits im Herbst hatte man in Städten und Städtchen die Juden in Gettos gesammelt, und im Winter wurde dann die Aktion durchgeführt, die darin bestand, daß deutsche und ukrainische Polizei das Getto umzingelten, worauf sie tief ins Innere vordrangen und abtransportierten oder an Ort und Stelle umbrachten, wen immer sie trafen. Bei einem solchen System gelang verhältnismäßig vielen Juden die Flucht. Später irrten sie durch Wälder, Felder, auf den Wegen umher, auf der Suche nach jemandem, der ihnen half. Ein kleiner Teil fand Unterschlupf, doch die Mehrzahl eher die Kugel. Die Dörfer ringsum waren ukrainische oder stark gemischte, die Menschen fürchteten einer den anderen, denn es gab Fälle von Denunziation selbst der eigenen Eltern, und die Juden selber waren wie gelähmt und versuchten kaum, etwas zur eigenen Rettung zu unternehmen. Während ich damals meine Dutzend Kilometer durch Feld und Wald fuhr, ging mir immer wieder durch den Kopf, daß sie doch wenigstens versuchen könnten, mich zu überfallen, um mir Pferd und Schlitten zu nehmen, schließlich den Schafspelz oder das bißchen Geld. Doch sie gingen wie die Schlafwandler und baten nicht einmal um irgend etwas. Und im übrigen wußten sie (was der kluge Rebbe aus New York nicht weiß), was einem Polen drohte, der sie verstecken wollte. Ich bin neugierig, ob der Herr Rabbiner genauso bereit wäre, Polen zu retten, wenn ihm und seiner Familie dafür der sofortige Tod drohte? Die Rückkehr war ein Alptraum! Überall, in den Büschen, Gräben, auf den Wegen, die Leichen von Alten, Jungen, Frauen, Kindern … Und eine absolute Ratlosigkeit gegenüber dieser Enormität des Leidens und Verbrechens, denn ich weiß, daß, selbst wenn es mir gelänge, irgendwen nach Hause durchzubringen, in einer Stunde ein Nachbar, ein Passant oder gar mein Wirt mich aus Angst um die eigene Haut denunzieren würde. Auf dem Lande kann man nichts verstecken. Sie könnten noch einen Landsmann schützen, doch einen Fremden niemals.

Eine Art Wahnsinn befiel damals einige Leute, auch weil die Obrigkeit – wie vergänglich am Ende – Verbrechen nicht als Verbrechen ansah, jegliche Ethik und jegliche Moral verwarf. Ich erzähle, was ich später hörte, als ich nicht mehr dort war. Im Oberforstbezirk arbeitete ein junger und sehr starker Jude, Herszko, der stets gut gelaunt und übrigens nicht allzu aufgeweckt war. Dieser Herszko schaffte es, mit einem katholischen Taufschein der Liquidierung des Gettos in Cieszanów zu entgehen. Unklugerweise marschierte er nicht in die blaue Ferne, sondern kehrte ins heimatliche Horyniec zurück und versteckte sich obendrein noch im Schuppen der Oberförsterei, wo er zuvor gearbeitet hatte. Irgendwer erspähte, irgendwer denunzierte ihn. Der damalige Oberförster, der Volksdeutsche J. P., und der ebenfalls volksdeutsche Sekretär F. K. gingen und ermordeten ihn mit der Jagdwaffe. Herszko war sehr stark und konnte lange nicht sterben. Und das taten Menschen, die, wie es schien, so normal wie alle waren. Wie soll man das kapieren?

Bubi

Wilhelm Steinwurzel, Bubi genannt, war mein Korrepetitor, als ich ins Gymnasium in Stanisławowo ging. Der Sohn eines, wenn ich recht erinnere, pensionierten Tierarztes, ein sehr lieber und kultivierter Junge. Sie waren scheint's von der Gattung Jiddisch-Gojim*, d. h. Juden, denen der Geschäftssinn abging und die deshalb auf keinen grünen Zweig kamen. Weshalb sie von Wien nach Stanisławowo kamen, weiß ich nicht, es war immerhin lange vor Hitler. Er war eine Klasse über mir, ein begabter Mathematiker, äußerst pflichtbewußt und, wie ich schon erwähnt habe, sehr lieb, nur rothaarig wie eine Feuerflamme. Nach meinem Abitur verlor ich ihn aus den Augen, um ihm dann in Lwów an der Technischen Hochschule wiederzubegegnen und ihn gelegentlich zu treffen. Während der antisemitischen Vorfälle litt er ein bißchen, hauptsächlich aufgrund seiner Haarfarbe. Ich versuchte ihm damals zu zeigen, daß unsere Beziehungen nicht davon beeinflußt würden. Die Jahre gingen dahin, und der Krieg brach aus. Bubi arbeitete bei der Bahn, er hatte geheiratet und wohnte durch eine seltsame Fügung in demselben Mietshaus in der Lenartowicz-Straße wie Tante Maryńcia Wierzchowska. Sie überdauerten dort

---

* Goj (Pl.: Gojim): jüdische Bezeichnung für »Nichtjude«. (Anm. d. Übers.)

die sowjetische Okkupation, aber als ich kurz nach Einmarsch der Deutschen zu ihnen kam, traf ich sie beide völlig gebrochen und in Verzweiflung an. Es stellte sich heraus, daß man Bubi auf der Straße geschnappt und zusammen mit anderen Juden in die Lącki-Straße zum ehemaligen Sitz des NKWD gebracht hatte, wo sie die Leiber der von den Bolschewiken ermordeten Häftlinge waschen und zurichten mußten. Natürlich schlug man ihn wie alle anderen, und zum Schluß wollte man sie erschießen, weil sich ein Zwischenfall ereignet hatte, bei dem zufällig ein Deutscher mißhandelt wurde. Doch später verzichteten sie darauf, ich denke, sie hatten keine Lust, sich weitere Opfer für diese Arbeit zu suchen. Kein Wunder, daß nach dem Erleben eines solchen Tages, denn man ließ sie erst am Abend frei, beide nur noch von Flucht träumten. Ich sah sie zum letzten Mal, als sie auf das für den Tag darauf bestellte Fuhrwerk warteten, das sie über Stanisławowo nach Rumänien bringen sollte. Ich glaube nicht, daß ihnen das gelungen ist. Zu viele Kilometer durch ein von Deutschen besetztes Land und zu viele ukrainische Dörfer ringsumher, als daß es niemanden nach einer so leichten Beute gelüstet hätte. Ich denke, daß sie nicht einmal bis nach Stanisławowo gekommen sind, zu seinen Eltern. Doch wenn sie geblieben wären, hätten sie ohnehin mit der Zeit Getto und Tod nicht umgehen können, nur daß letzterem Monate der Qual vorausgegangen wären. Schade um so gute Menschen.

Ein Alptraum endete damals oder wurde vielmehr durch einen anderen abgelöst, der neue Probleme, vor allem Hunger, brachte. Angesichts ständiger finanzieller Probleme und auch Sorglosigkeit in solchen Dingen gingen wir in die Kriegszeit ohne Reserven, ohne Vorräte. Schon zu Zeiten der Sowjets lebten wir fast ausschließlich von dem Verkauf häuslicher Gegenstände, doch jetzt, nach Einmarsch der Deutschen, verschwanden sämtliche Möglichkeiten, überhaupt irgend etwas zu kaufen, völlig, wir verkauften die Überbleibsel; Uhren, Kelims, Kleidungsstücke gingen dahin und, am schmerzhaftesten empfunden, die Bücher. Die Bilder verkaufte ich aufgrund der Vermittlung von Frau Helena Dąbczańska, einer in Lwów beinah historischen Gestalt. Bis 1945 gab es schließlich eine Straße ihres Namens. Sie war sehr alt, kannte sich vorzüglich in der Kunst aus, und in Geschäften war sie beinhart. Sie kaufte wohlwollend, hatte mich sogar irgendwie gern, doch auf die Preise wirkte sich das nicht aus. Sie starb bald nach dem Krieg im Altersheim in der Helcelów-Straße in Krakau.

Leon Thaler

Niemand, der den Krieg und die deutsche Anwesenheit nicht miterlebt hat, wird diese Geschichte ganz verstehen. Man kann auch jetzt nur schwer erklären, was es damals bedeutete, Jude zu sein, also etwas, das eigentlich längst nicht mehr existierte, etwas so Vergängliches wie eine Eintagsfliege, etwas, das keinerlei Rechte besaß, vor allem kein Recht auf Leben, Kleidung, Essen ... Leon Thaler war vor dem Krieg Bracker gewesen, und in der Zeit, da ich ihn kannte, existierte er irgendwie im Oberforstbezirk Horyniec, war auch irgend etwas Undefinierbares. Man durfte ihm alles, aber auch alles zu tun befehlen, durfte ihm nichts dafür geben, man durfte ihn treten und prügeln, und er konnte nichts dagegen tun, denn er besaß keinerlei Rechte. Zu jener Zeit saß ich in dem dortigen Oberforstbezirk wie ein Büßer, denn unser Chef wünschte keine Polen als Mitarbeiter und versuchte, sich ihrer, darunter auch meiner, zu entledigen, indem man uns außerstand setzte, etwas zum Essen zu kaufen. Deshalb war ich ständig hungrig, und wie hungrig! Das wird keiner je begreifen, der nicht am eigenen Leibe gespürt hat, was es heißt, an nichts anderes als nur ans Essen denken zu können, immerzu in die Runde zu starren und nach Eßbarem zu suchen und stetig nur von einem vollen Mund und vollem Magen zu träumen. Und so von Tag zu Tag, von Woche zu Woche, früh hungrig aufstehend und genauso schlafen gehend. Irgend etwas kombinierte man, brachte wen dazu, daß er was verkaufte, doch das war immer viel zu wenig. Und ausgerechnet da, als ich einmal zur Arbeit, ins Büro, derart hungrig kam, daß ich kaum gehen konnte, und etwas darüber sagte, vielleicht auch nur entsprechend schlecht aussah, holte Thaler ein in Papier gewickeltes Stückchen Brot aus der Tasche, gab es mir und wollte nichts dafür haben. Thaler – das war nur ein armer, magerer, schon älterer Jude, den jeder, wenn er nur Deutscher war, schlagen, treten, sogar totschlagen durfte, aber er war ein wirklich guter Mensch im besten Sinn des Wortes. Er wußte doch, daß ich ihm nicht helfen kann, und er maß dem, was er tat, keinerlei praktischen Nutzen für sich selber bei. Und dennoch hat er getan, was er tat, er gab Brot, das er von dem eigenen absparte, gab es einem Goj, von dem er wußte, daß der ohnehin in einer soviel besseren Lage ist als er selbst. Es wäre ungeschickt und nicht angemessen zu sagen, ein Jude habe wahrhaft christlich gehandelt, aber es war die Tat eines Engels. Später verschlug es mich nach Nowiny, aber ich sah Thaler von Zeit zu Zeit. Er bat mich noch, in der Sache seiner Tochter etwas zu unternehmen, in dem irrigen Glauben, daß ich etwas bewirken könnte, bat noch einmal um Tabak, und dann brachte man sie alle nach Lubaczów, wo ein Getto eingerichtet worden war. Ein paar Monate später erfolgte die Liquidierung dieses Gettos, das heißt die Ausrottung seiner Bewohner oder ihr Abtransport in ein Vernichtungslager. Und in dieser Sintflut ertrank auch Thaler, ich habe ihn nie mehr wiedergesehen. Aber ich erinnere mich an ihn voller Dankbarkeit.

Der Oberförster und der Waldhüter

Er war Absolvent derselben Hochschule wie ich, nur ein paar Jahre über mir. Damals schrieb er in einem Gesuch um materielle Unterstützung, daß er darum bitte, um »für das Wohl der Erlauchtesten Republik Polen« wirken zu können. Während der deutschen Okkupation war er Oberförster in Horyniec, Thalers und mein Vorgesetzter, nur daß wir nicht im gleichen Grade von ihm abhängig waren, doch er konnte uns einen wie den anderen nicht ausstehen. Er war der Sohn eines Juden und einer Ukrainerin, doch die Machthaber ließen ihn durch ein Wunder oder unter dem Einfluß ukrainischer nationalistischer Kreise ungeschoren. Vorher Sch.-R-ski, dann nur noch R-skyj, war er ein wütender ukrainischer Chauvinist, der ein Vermögen beim Handel mit Lebensmitteln machte, die er für Holz bekam, für das man damals alles erhalten konnte. Es ging ihm prächtig, doch alles war zu wenig, daher überschritt er am Ende das Maß, man verhaftete ihn, und er verschwand in den Abgründen deutscher »Gerechtigkeit«. Besonders grausam ging er mit den Juden um, die ukrainische Polizei auf seine Anweisung hin mißhandelte, um sie zu einer effektiveren Arbeit im Betrieb von Herrn R. geneigt zu machen. Auch ein psychologisches Rätsel. Warum fühlte er so ganz und gar nicht die Notwendigkeit eines irgendwie menschlichen Umgangs mit den Stammesgenossen seines Vaters? Ich denke, daß ihn die Angst dermaßen beherrschte und er um jeden Preis sich zurückziehen wollte aus einer damals so gefährlichen Verwandtschaft. Seine Gier und eben diese Angst stürzten ihn ins Verderben. Er ließ kein gutes Angedenken zurück.

*

Das Revier »Buczyna«, das sind vierzig Hektar reinen Buchenbestandes auf einer hohen Koppe. Besonders schön sieht es im Herbst aus, wenn das Gras noch leuchtend grün ist, aber die Blätter der Bäume schon rotgolden. Vor diesem Hintergrund die silbrigen Stämme der Buchen – ein unvergeßlicher Anblick. Der kann für so manches entschädigen. An genau so einem Tag fahre ich den Waldweg entlang und treffe plötzlich, gleich hinter der Wegbiegung, auf einen Fuchs, der mitten auf dem Weg sitzt und sich mit der Hinterpfote hinterm Ohr kratzt, denn auch Füchse haben Flöhe. Dieses Kratzen macht offenbar ein so lautes Geräusch im Fuchsohr, daß er mein Näherkommen völlig überhörte. Erst nach etlichen Metern gewahrte er mich mit einemmal und streckte die rote Rute wohl einen Meter in die Höhe und sprang ins Gebüsch. Er hatte sich sichtlich aufgeregt. Solche Begegnungen hinterlassen ein Gefühl der Heiterkeit und Freude für den ganzen Tag, der damals zumeist nicht leicht war. Oder eine andere Begegnung – auf der Linie, vor dem dunklen Grün der Fichten, steht ein Reh. Es sieht zu, wie ich anreite, doch es gewahrt nur mein Pferd und ist mächtig neugierig: Der Umstand, daß ich darauf sitze, dringt offenbar nicht zu ihm vor. Es steht und schaut mit seinen wunderschönen Augen und wittert mit dem schwarzen Näschen, und schließlich entfernt es sich mit graziös tänzelndem Schritt. Tiere haben vor Pferden keine Angst, und Rehe sind mächtig neugierig. Ich bin froh, daß ich nie auf sie Jagd gemacht habe, die Anmut und Sanftmütigkeit selbst.

*

Der Waldhüter Stepan Frankiwski ist Ukrainer. Ein stattlicher, hochgewachsener, hübscher Bursche, Anfang bis Mitte zwanzig. Solide und ehrlich, kann man darauf zählen, daß er jede Anordnung genau befolgt. Er ist heiter und irgendwie wohlgesinnt, das spürt man, in den damaligen Zeiten begegnete man dem nicht oft. Freundlich half er auch mir, indem er mir den Rest meiner Sachen nach Lwów nachschickte. Nach ein paar Monaten erfahre ich, daß er tot ist. Ein ukrainischer Schlägertrupp hat ihn ermordet, weil er sich weigerte, an Überfällen auf Polen teilzunehmen. Die Menschen teilen sich wahrhaftig nicht nach der Nationalität auf, sie scheiden sich in gute und böse.

In Lwów

Es gab in der Abteilung *Forstliche Fachkurse* in Lwów eine Sekretärin, eine sehr unscheinbare, nicht eben hübsche Person mittleren Alters. Ein paar Tage war sie schon nicht zur Arbeit erschienen, und schließlich erfahren wir, daß sie überhaupt nicht Rybska hieß, sondern Frau Fischer, und Jüdin war. Das kam bei einer Ausweiskontrolle während einer Menschenjagd auf dem Platz der hl. Zofia heraus. Sie zeigte die gefälschten Papiere vor, doch der Polizist nahm ihr die Handtasche weg und darin fand er ihren alten Ausweis auf den Namen Fischer. Man habe sie an Ort und Stelle umgebracht, wurde erzählt. Unbegreiflich, weshalb sie die Dokumente von früher mit sich herumtrug, hing sie so sehr an ihrer alten Identität? Mir ist es sehr peinlich, denn mir fällt ein, daß ich vor ein paar Tagen in ihrer Gegenwart etwas Abfälliges über Juden gesagt habe. Doch ich hab's ja schließlich nicht gewußt.

*

Für diesen höllischen Winter ist es noch erträglich, aber es ist auch so ein Dreckwetter, von morgens an Schnee und Sturm. Gerade haben wir erfahren, daß in der Stadt, irgendwo in der Nähe des Halicki-Platzes aus dem Kanaleinstieg zwei Juden gekrochen sind, ein Anwalt aus Lwów und seine Frau. Wie sie noch haben mitteilen können, hatten sie elf Monate in der Kanalisation verbracht. In Lumpen gewickelt, dreckbeschmiert, ausgezehrt, menschenunähnlich. Sie haben gesagt, daß sie jetzt am Ende sind und sterben wollen. Man hat sie auch auf der Stelle umgebracht. Ich finde es ein Ding der Unmöglichkeit, sich vorzustellen, wenigstens in ganz geringem Maße, was diese Menschen durchgemacht haben, es übersteigt das normale menschliche Vorstellungsvermögen. Doch genauso unmöglich ist es, sich eine Strafe für diejenigen auszudenken, die ein so unvorstellbares Leiden über andere gebracht haben. Welch ungeheuerlich Böses existiert ganz dicht in unserer Nähe und offenbart sich gelegentlich der Welt! Wir leben in seiner unmittelbaren Nachbarschaft und sind uns dessen nicht bewußt. Wie man hört, haben sich die Gaffer über das Aussehen dieser Unglücklichen, die da aus dem Kanal stiegen, lauthals amüsiert.

Einer von den ukrainischen Polizisten hat von der Liquidierung eines Zigeunerlagers erzählt: Sie haben es abends umzingelt und ganz einfach alle bei den Feuern erschossen, bei der Zubereitung des Abendessens. Er fand es lustig, daß die kleinen Kinder nach den Schüssen ins Feuer fielen. Dieser selbe Polizist, ein gewisser B-ch, hat behauptet, ein so mitleidiges Herz zu haben, daß er beim Judenerschießen immer die Augen zumacht, weil

er nicht mitansehen kann, wie sie umkommen, infolgedessen litten seine Opfer um so vieles länger. Er schloß
auch da die Augen, als er einer alten Jüdin befahl, hin
und zurück ein Brett entlang hoch über dem Strom zu
gehen, und als er auf sie schoß und sie verfehlte. Eine
Zeitlang. Nicht alle Menschen sind Menschen.

Horyniec 1942

Zum Glück habe ich das nicht selber mitangesehen,
sondern ein Eisenbahner von der Station in Horyniec
hat es mir erzählt, der nach dem, was er erlebt hatte,
einfach nicht zu sich kommen konnte. Es war der
Sommer der verstärkten Abtransporte nach Bełżec,
und durch die Bahnstation fuhren und fuhren endlos
die Züge, die Waggons dicht verschlossen, mit verdrahteten Fenstern, ausgefüllt mit verzweifelten, halb
wahnsinnigen Gesichtern. Man hat ihnen gesagt, daß
sie zur Arbeit in die Ukraine fahren, doch sie wissen
bereits, daß sie »ins Gas« fahren. Verzweifelte Mütter
versuchten hin und wieder, ihre Kleinkinder hinaus-
zustoßen in der Hoffnung, daß ein Wunder sie erret-
tet, sie Schutz finden, sich jemand ihrer erbarmt …
Manchmal gelang das sogar, doch bis zur Rettung war
es noch weit … Auch jener Mutter auf der Bahnstation
in Horyniec war es gelungen, während der Zug hielt.
Das Fensterchen des Güterwagens ist sehr hoch oben,
und schon das allein ist gefährlich. Das Kind verletzte
sich ziemlich und weinte lange, doch nach einer Zeit
beruhigte es sich und begann mit Steinchen im Sonnenschein zu spielen. Es war ein kleines Mädchen mit
blonden Haaren, die in der Sonne leuchteten, wie der
Erzähler sich erinnerte. Und da erspähte es dieser ge-
wissenhafte SS-Mann. Der Zug war lang, und er befand sich auf der anderen Seite von dem Kind. Er hatte

keine Lust, hinüberzugehen, also versuchte er es unter dem Waggon hindurch mit seiner Pistole zu erwischen. Das war unbequem, und nach etlichen Versuchen hatte er es nur verwundet. Das Kind schrie vor Schmerz immer lauter, also quetschte er sich endlich fluchend unter dem Waggon hindurch und erschoß es direkt. Er soll sich selber dabei aufgeregt und nervös Zigaretten geraucht haben. Der Tod der kleineren und größeren Kinder – damit kann man sich am schwersten abfinden, und so viele sind mir in Erinnerung geblieben! Kleine Kinder mit ermordeten Müttern in Straßengräben, zugeschneit, an den Bahngleisen liegend, erschossen im Augenblick der Flucht aus dem Waggon, im Straßenstaub wie ein Bündelchen alter Lumpen, auf dem städtischen Bürgersteig, mitleidig mit einer Zeitung zugedeckt … Es waren so viele, und dabei ist das doch nur ein kleiner Bruchteil derer, die umgekommen sind. Wann und wie wird die Vorsehung mit diesen »gewissenhaften Henkersknechten« abrechnen, die es nicht über sich gebracht haben, auch nur einmal wegzusehen?

Der Zug nach Horyniec

Am typischsten für die Erlebnisse aus der Kriegszeit oder der Okkupation scheinen mir nicht die dramatischen oder schrecklichen Begebnisse, obwohl es die natürlich gegeben hat. Alltags war das graue Leben. Anscheinend passierte nichts Besonderes. Schwer und unangenehm genug war schon das Existieren an sich. Nun, nehmen wir eine so gewöhnliche Sache wie eine Reise. Wer mit dem Zug nach Horyniec wollte, mußte in Rawa Ruska umsteigen. Schon eine Fahrkarte zu erwerben, gehörte nicht zu den leichtesten Übungen: man mußte meist sehr lange Schlange stehen. Doch nicht das Warten selber war so unangenehm, sondern die von der Polizei oder den Gendarmen von Zeit zu Zeit aus unmöglich voraussehbaren Gründen durchgeführten Ausweiskontrollen und Überprüfungen. Dergleichen fand unter Gebrüll, dem Gekläff der Polizeihunde und manchmal unter Knüppelschlägen statt, die Reisekandidaten verabfolgt wurden. Das brachte Abwechslung in die Warterei und ließ Langeweile erst gar nicht aufkommen. Später blieb nur noch die Frage, wie man in den Waggon hineingelangte, und des Durchstehens in stundenlangem Gedränge. Der Fahrplan sah so aus, daß man in Rawa Ruska abends, kurz vor der Polizeistunde, eintraf, und der Zug nach Horyniec erst in den frühen Morgenstunden fuhr. Man wartete in der Bahnhofshalle, in der Finsternis, bei eingeschlagenen Scheiben, meist in großem Gewühl, so daß nicht alle auf ihren Bündeln sitzen konnten. Und wieder war es kein ruhiges Warten, denn von Zeit zu Zeit kam der *Bahnschutz* mit Hunden herein und suchte sich einen heraus, der ihn interessierte. Dann – o Wunder – wurde es in dieser drangvollen Enge auf einmal beinah luftig um einen herum. Morgens wurde dann der Lokalzug eingesetzt, und diejenigen, die man nicht bei den nächtlichen Überprüfungen herausgepickt hatte, setzten die Fahrt fort, etwas bequemer sogar, weil es eine Nebenlinie war. Bei all den Ärgernissen jener Zeit machte sich eine wunderbare Sache bemerkbar, die durchhalten und alle Verfolgungen und Repressionen überstehen ließ – unsere polnische Solidarität. Man konnte sich damals an jeden, sofern er Pole war, um Hilfe wenden – und niemand verweigerte sie. Wie viele Male habe ich es in den unterschiedlichsten Situationen selber erfahren. Nur, warum funktioniert dieser wunderbare Mechanismus allein in Zeiten der Bedrohung, während er in normalen, friedlichen Zeiten nicht vorhanden scheint? Wie gut ließe es sich mit dem Bewußtsein leben, von Freunden, Menschen guten Willens, umgeben zu sein!

Der letzte Okkupationswinter

Die Front rückte immer näher, und die Okkupation ging deutlich spürbar ihrem Ende zu. Der Winter naht, es wird kälter, die schweren Wolken hängen tief, hier und da schneit es. Die Leute schützen sich so gut sie können vor dem Eingezogenwerden zu Schanzarbeiten. Den Förstern gelingt es, bei der Holzgewinnung für die »stelunki« beschäftigt zu werden. Wir gehen in den Wald und erhalten sogar etwas bessere Lebensmittelkarten für uns selbst und die Arbeiter. Unter Bergbedingungen in den Wald zu gehen, ist reichlich beschwerlich, doch dafür herrscht ein gewisser Friede, und es ist sicherer im Wald. Entsetzlich leiden die vielen Menschen, die man von weit her, vornehmlich aus Städten, zusammengetrieben hat, nicht angemessen beschuht und bekleidet, wie sie sind, unter der Kälte. Ich erinnere ein junges Mädchen, das vor Freude weinte, als es Holzpantinen bekam, denn es ging zuvor barfuß durch den ziemlich hohen Schnee, die Füße fast violett vor Kälte. Wir gaben uns Mühe, die guten Baumbestände zu schonen und die gesunden Bäume, allerdings mit bedrohlichen Folgen. Eines Tages ruft uns der Aufseher von der Organisation Todt und fragt, ob sich unserer Meinung nach ein solches Holz zur Errichtung von Befestigungsanlagen eignet. Er führt uns zu einem Stapel Langholz, das wir gewonnen hatten, und die Haare stehen uns zu Berge, fast alle Stücke sehen aus wie Abflußrohre – von innen morsch und ausgefault. Eine Folge des Löcherpilzes: Wir hatten ehrlich kranke Bäume ausgesucht. Etliche Tage laufen wir voller Angst umher, doch eines Tages ist die deutsche

Gendarmerie verschwunden. Noch selbigen Tages will uns die Organisation Todt mit sich nehmen, doch gewarnt, entkommen wir. Wir gehen über Berge, machen Umwege nach Hause, um nicht den Deutschen zu begegnen. Zu Hause stellt sich jedoch heraus, daß noch Proviant ansteht, der abgeholt werden muß. Ich mache mich auf mit Koffer und Stock, doch den Laden gibt es bereits nicht mehr. Als ich nicht weit von »Lwigród« entfernt zurückkehre, höre ich hinter mir Schritte und *Halt!* Es ist dunkel, und sie sind drei, ein Deutscher und zwei »Kalmücken«. Sie zielen mit ihren Gewehren auf mich. Sie hatten meinen Stock für eine Waffe gehalten. Zum Glück stellt sich heraus, daß sie auf Warschauer Jagd machen, und als sie feststellten, daß der Stock nur ein Stock und der Koffer leer ist, lassen sie mich gehen. Welch eine Erleichterung!

Nikolai Michailowitsch und Olga Iwanowna

Sie waren der Herkunft, Nationalität und Kultur nach Fremde. Sie stammten aus einem anderen Land. Sie waren jedoch Menschen von einer Güte, die so groß war, daß sie alle Unterschiede aufhob. Sie waren so einfach und natürlich, und dadurch ungezwungen, daß sie selbst an einen Königshof gepaßt hätten. Sie wirkten unscheinbar, beide waren sie klein, eher häßlich, mit deutlich mongolischen Zügen, schon älter und sehr ärmlich gekleidet. Allerdings war Krieg, doch offenbar war es ihnen auch vorher nicht gut gegangen. Nikolai Michailowitsch Bogosławski und seine Frau Olga Iwanowna geb. Artjomjewa (sie unterstrich stets voller Stolz ihre Kosakenabstammung: eine Kubankosakin und *dwarianka**). Freundschaft verstan-

* dworjanka (russ.): Adlige

den sie buchstäblich, auf eine ganz und gar uneuropäische Weise. Für Freunde war ihrem Verständnis nach kein Opfer zu schwer, keine Mühe zu groß.

Ich erinnere mich an einen Märzabend in Zakopane, kurz nach dem Verlassen Lwóws, da ich krank mit irgendwelchen Grippebeschwerden daniederlag, draußen der Wind heulte und Schneeregen herantrieb. Ein völlig unerwartetes Klopfen an der Tür, und auf der Schwelle steht Nikolai Michailowitsch mit einer Petroleumlampe in der Hand, hinter ihm, eng in ein Umschlagtuch gewickelt, Olga Iwanowna mit einer großen Tasche. Beide durchgefroren und völlig durchgeweicht. Sie waren Kilometer durch Finsternis und Sturm gegangen, um mir Schröpfköpfe zu setzen, weil sie erfahren hatten, daß ich krank bin. Außerdem – wieviel Dienste sie uns leisteten! Und sie taten das auf so schlichte und natürliche Art, als reichten sie einem Reisenden Wasser oder böten ein Nachtlager irgendwo in der Steppe.

Olga Iwanowna liebte Tiere. Sie führten sie mit sich auf diesen Kriegswanderschaften, ein paar Hühner, doch beileibe nicht, um sie zu essen! Diese Hühner waren dazu da, daß man sie beschützte und fütterte, etwas wie adoptierte Kinder, die man im Krieg aufgelesen hat. Eine Wunderlichkeit, gewiß – aber wie schön!

Das letzte Mal sah ich sie 1945 im April, wie sie Krynica verließen. Sie täuschten sich nicht hinsichtlich dessen, was sie erwartete, und nahmen ihr Los mit gleichsam asiatischem Fatalismus auf sich. Nikolai Michailowitsch erwartete nicht, das Gefängnis zu überleben, das ihm, wie er vermutete, nicht erspart bleiben würde für die Überschreitung der Grenzen der UdSSR, obschon diese gegen seinen Willen (aus Trägheit, wie er betonte) erfolgt war. Die Deutschen hatten ihn ganz einfach von Poltawa nach Kiew evakuiert, doch ehe sie dort angekommen waren, hatte sich die

Situation an der Front so sehr geändert, daß ihr Transport direkt nach Lwów weitergeleitet wurde. Hier, unter fremden Gegebenheiten und in einem fremden Milieu, verloren sie sich ganz und gar, und es trug sie davon wie der Wind im Herbst. Zu welchem Ende hin, habe ich schon nicht mehr erfahren.

»Ein sehr ehrenwerter Bürger!«

Ein Abend im Herbst. Der Wind pfeift in den Schornsteinen im alten Rymanower Herrenhaus, das nunmehr ein Schulungszentrum für die Staatswälder ist. Eine höllisch langweilige sogenannte Kurskonferenz schleppt sich hin, also redet man an den Abenden mit irgendwem über irgendwas. Heute sind Erinnerungen an Kriegs- und Okkupationserlebnisse dran. Sehr beredt ist Herr Z., ein Förster aus »gesellschaftlichem Aufstieg«, früherer Waldhüter. Ein alter Praktikus, über fünfzig, kräftig graumeliert, ein sogar recht sympathischer dörflicher Klugscheißer und »Saufbruder«. Er erzählt, wie er sich während der deutschen Okkupation in der Ortschaft T., wo er übrigens bis heute wohnt, zu helfen wußte. Er erzählt, wie während der Ausrottung der Juden die Deutschen mit Hilfe ukrainischer Polizei eine jüdische Familie aufgriffen, die neben oder nicht weit von ihm entfernt wohnte und die er seit Jahren kannte, wie sie sie in den Wald führten und dort ermordeten, und zwar an einer Stelle, die nicht weit von seiner Siedlung entfernt war. Dort ließen sie sie zurück und gingen. Den Erzähler trieb die Neugier dorthin, und er stellte fest, daß die Exekution unordentlich ausgeführt worden war und daß eine alte Jüdin noch lebte und um Hilfe flehte. Weil er meinte, ihr nicht helfen zu können, ging er in aller Ruhe heim. Es war jedoch nicht weit, und die

307

Schreie der sterbenden Frau drangen deutlich herüber und ließen ihn nicht einschlafen. Weil das unangenehm war und enervierend, rief er die deutsche Gendarmerie an, damit da was unternommen wurde, immerhin mußte er ausgeruht sein, wenn er morgen zur Arbeit ging. Der Anruf zeigte seine Wirkung – nach einer gewissen Zeit herrschte Ruhe. Nach dem Krieg, nach Jahren kam irgendwo aus dem Ausland der Sohn dieser Jüdin zu Besuch, er ging zu dem ehemaligen Nachbarn und Bekannten, um etwas über die letzte Stunde der Eltern zu erfahren und ihre Gräber zu finden. Sicher reiste er eingenommen von der Freundlichkeit und dem Mitgefühl seines Gesprächspartners wieder ab. Herr Z., ein guter Pole und bestimmt ein guter Katholik, und wie jeder polnische Bauer ein Pragmatiker, fand sich vollkommen in Ordnung, schließlich konnte er diese Juden nicht retten, und die alte Frau mußte ohnehin sterben, ihrem Sohn brauchte man da nun wirklich nicht alle Details zu erzählen. Also worum geht es eigentlich? Und dennoch ist an diesem ganzen Pragmatismus etwas ungemein Abscheuliches.

Und wieder Züge ...

Gleich nach dem Krieg suche ich Arbeit in den Westgebieten und fahre eben mit dem Zug nach Wrocław. Man reise damals unter Bedingungen, die sich schwer beschreiben lassen: auf Trittbrettern, Dächern, Puffern. Unfälle, sogar sehr schwere, sind an der Tagesordnung. Es ist längst Nacht, als ich in Świdnica aussteige, wo ich ein paar Stunden auf den nächsten Zug warten muß. Ich gehe hinunter und warte in der Bahnhofshalle unter den vielen anderen Reisenden, halb vor mich hin dämmernd, als plötzlich Bewegung in die Menge kommt. Eine größere Gruppe betrat die Halle, einige von ihnen in verschiedenerart deutschen Uniformen, ich erinnere mich, daß einer Partei-, ein anderer Eisenbahneruniform trug. Auf der Brust und auf dem Rücken hatten sie Papptafeln hängen mit Aufschriften, die verkündeten, daß sie deutsche Verbrecher und SS-Männer seien. Zivilpersonen mit Knüppeln umringten sie, die auf sie einschlugen und -traten. Die ganze Gruppe wälzte sich durch die Halle und die Treppen hinaus auf die Perrons, und ich wartete weiter, schlummernd und fröstelnd, denn die Nacht war kühl. Nach einer gewissen Zeit setzten sich alle in Bewegung, denn der Zug sollte eintreffen, ich ging also mit den anderen auf den Bahnsteig. Der Zug war noch nicht da, aber auf dem Nachbargleis stand irgendein anderer Wagensatz und bei ihm eine Menge Gaffer, etwas war dort im Gange, man hörte Schreie und eine Rauferei. Ich ging dichter heran. In den unbeleuchteten Waggons prügelte man jene Deutschen, auch andere Deutsche taten mit, Antifaschisten, wie sie sich vorstellten. Widerwärtig ist das Gebrüll eines massakrierten Menschen, und Schläge mit dem Knüppel klingen, als würde Fleisch zerhauen. Doch ich mußte warten, weil der Zug jeden Moment kommen sollte, und der Menschenmenge entkam man nur schwer. Irgendwann schienen die Henkersknechte ermattet, und sie wendeten sich an die Wartenden auf dem Perron, riefen Freiwillige zum Weiterprügeln auf. Weil ich in der Menschenmenge Unterhaltungen über von Deutschen erfahrenes Leid und Unrecht aufgeschnappt hatte, war ich sicher, daß sich da so manch ein Freiwilliger melden würde. Indessen – nein! Es meldeten sich nur ein sowjetischer Militärangehöriger und ein Zivilist, der ebenfalls russisch sprach. Und da empfand ich Erleichterung und sogar etwas, das man Nationalstolz nennen könnte. Wir sind, wie wir sind, voller Fehler, und auch Schändlichkeiten kommen vor, doch Schinder gibt es, Gottlob, wenige unter uns.

*

Die Kirche in Niepołomice ist im Jahre 1374 von Kazimierz dem Großen gestiftet worden. Die Kirchenschwelle ist aus einem riesigen Felsen gehauen, wovon ihre Breite und die Seitenteile zeugen, die nicht abgewetzt sind. Der Mittelteil ist bis auf das Niveau der Fußbodenplatten abgenutzt. Wie viele Füße müssen darüber hinweggegangen sein, mikroskopisch winzige Steinteilchen mit sich forttragend. All diese Frommen, die die Schwelle überschritten, dachten etwas, wünschten etwas, fühlten etwas, sorgten sich um etwas, freuten sich an etwas …

Millionen und Abermillionen von Schädeln auf den Friedhöfen, die heute Erde füllt, bargen einst Gehirne. Diese Menschen durchlebten die gleichen Zweifel, Freuden, Verzweiflungen und Hoffnungen wie wir. Was ist davon geblieben? Was gestern morgen war, wird morgen der gestrige Tag sein. Sind unsere Angelegenheiten tatsächlich so wichtig?

Krakau, Juni 1992

MARIAN LIWA

Ein Brief an die Mutter

Liebes Mamachen!
Fünfzig Jahre sind es jetzt her, seit ich das Getto verließ! Ein halbes Jahrhundert, und das ist sehr viel, denn Jahrhunderte hatten wir in dieser Ära bisher nur knapp zwanzig. Kindern kommen alle Vorfälle »normal« vor: Sie kennen kein anderes Leben, können nicht vergleichen … Dagegen heute diese Zeiten, diese Bilder ins Gedächtnis rufen – schwer, und manchmal grenzt es an Schmerz. Heute ist für mich jener Moment wie ein zweites Auf-die-Welt-Kommen. Der Junge, der damals auf die »andere Seite« überwechselte, war nur wenige Jahre älter als das Kind, dessen Photographie neben Deinem Bett steht. Dieser kleine Junge steht, wenn auch ungern, in einem Sommergarten, mit Eltern und Großeltern, die ihn in einer Pose umgeben, aus der unschwer zu ersehen ist, daß sie ihn lieben und beschützen. In der Schlußphase des Gettos, in der Nowolipie-Straße, in dem Zuhause, das Du aus diesen zwei von zehn Personen bewohnten Zimmern schufst, war ich immer geliebt und beschützt. Natürlich war die Landschaft eine andere – dort war kein Sommergarten, aber ich war glücklich, weil Kindern alles »normal« vorkommt. Selbst die schrecklichsten Ereignisse, unter der Bedingung, daß die Eltern bei ihnen sind.

Ich bin mir des Datums nicht sicher (wohl der 8. März), erinnere nicht den Wochentag. Ich weiß nur noch, daß mich am Vortag, am späten Nachmittag, Papa mit auf einen Spaziergang über die Nowolipie-

Straße nahm. Es war dunkel, und nur der nicht geräumte Schnee erhellte den Weg, auf der Fahrbahn und den Trottoirs lagen weggeworfene Sachen – »Sachenleichen« nannte das später ein Schriftsteller. Nach Verlassen des Tores bogen wir links ein, Richtung »Wache«, die an der Straßenecke war. Das Klappern nicht geschlossener Fenster in den verlassenen Wohnungen begleitete uns. Diese im Winter offenen Fenster – schwarze Augenhöhlen dessen, was einstmals gelebt hat – boten einen unheimlichen und ergreifenden Anblick. Auf Posten stand eine Gruppe Gendarmen, ein Feuer brannte, und eine Frau, die ich nicht sah, schrie und schrie. Wurde sie geschlagen? Gefoltert? Dieser grauenvolle Schrei einer Unbekannten schloß meinen letzten Spaziergang mit Papa ab … Doch warum hat er diesen Spaziergang unternommen? Wollte er mich mit dem Weg vertraut machen, den ich anderntags gehen sollte? Oder wollte er ganz einfach einen Spaziergang mit dem Sohn machen, von dem er allein wußte, daß es für immer der letzte sein konnte? Papa war damals gerade mal eben achtunddreißig …

Tags darauf, aber ich weiß nicht mehr die Tageszeit, rief mich Papa, damit ich mich von Großvater verabschiedete. Ich spielte damals mit anderen Kindern auf dem Hof, als sei das ein gewöhnlicher Tag … Kinder auf dem Hof gab es damals schon wenig, doch der Moment, da die Kameraden verschwanden, hat sich meinem Gedächtnis nicht eingeprägt, das gehörte zu den Normalitäten. Ich erinnere nicht, wann ich aufhörte, einen Freund, einen älteren Jungen, zu sehen, der eine Brille und Knickerbocker trug. Bei ihm in der Wohnung (Eingang links, zweites Tor) klebte er mit der ganzen Familie Kuverts. Davon ernährten sie sich. Eines Tages sah ich ihn mit beinah kahl rasiertem Kopf. »Das ist jetzt Mode, weißt du«, erklärte er mir. Ich weiß nicht, wann ich ihn aus den Augen verlor, und jetzt freue ich mich, daß ich mich an dieses Kind erinnere, das so würdevoll mit Anforderungen der Mode, mit Ästhetik also, erklärte, was nur ein Schutz gegen Läuse und Typhus war.

Ich hörte also auf, mit den Kindern zu spielen, ohne zu ahnen, daß das ein paar Jahre dauern würde, und lief, um mich von Großvater zu verabschieden, ich wußte nicht, daß es für immer war. Die Zeit muß knapp gewesen sein, denn ich sagte Großvater »über die Schwelle« Lebewohl, doch sein gutes, liebevolles Gesicht, das sich herabbeugt, um mich zu küssen, ist mir unvergeßlich geblieben. Alles weitere lief sehr schnell ab, so schnell, daß ich die Einzelheiten nicht mehr zusammenbekomme. Ich sehe mich zwischen der Mauer und einem abgewandten Gendarmen rennen: Immer noch sehe ich seinen breiten Rücken in grüner Uniform. Jene paar Meter, die ich so rasch wie möglich hinter mich bringen mußte, waren wie ein Sprung in den Abgrund, und ich erinnere das entsetzliche Gefühl der Angst und der Verlassenheit, das mich überkommen hatte, noch genau. Heute denke ich an diesen Augenblick wie an ein erneutes Auf-die-Welt-Kommen: eine brutale Abkehr von der Kindheit, Eintritt in die Einsamkeit – auf das alles war ich ganz und gar nicht vorbereitet. Denn der Junge, der allein an dem Gendarmen vorbeirannte, war nicht viel älter als das Kind, dessen Photographie neben Deinem Bett steht.

… Im Tor gegenüber, schon »auf jener Seite«, wartete auf mich, wie verabredet, ein mir unbekannter Mann. Wie man mich gelehrt hatte, zog ich rasch den nach innen gesteckten Pelzkragen meines Mäntelchens heraus, den zu tragen mir noch vor wenigen Minuten verboten war. Doch wie man mir dringlich aufgetragen hatte, sagte ich nichts von der kleinen Uhr, die mir – ähnlich wie den Pelzkragen – Tante Saba tags zuvor eingenäht hatte … Und ich war damals knapp sieben – ein Alter, in dem Kinder in die erste Klasse gehen, in Schulschürzchen und weißen Krägen.

Mit dem mir unbekannten Herrn ging ich zum Tor hinaus und eine Straße entlang, an deren Namen ich mich nicht erinnere. Da war ich nun »auf jener Seite«, und das erste Objekt meiner Ver- und Bewunderung waren Frauen mit Hüten! Als nächstes fand ich mich in einer Wohnung, wo bald darauf eine unbekannte Dame erschien, die mir, als vereinbartes Zeichen, Deine Photographie zeigte. Dieses kleine Stück Papier beruhigte mich auf wunderbare Weise: ein Eindruck, daß ich nicht mehr allein bin, daß ich wieder zu Hause, geliebt, beschützt bin … Die Dame und ich verließen die Wohnung, um uns zu einer Straßenbahnhaltestelle zu begeben. Was ich damals gesehen und an was ich gedacht habe, daran erinnere ich mich nicht. Vielleicht dachte ich unter dem Eindruck Deiner Photographie an einen unserer gemeinsamen Spaziergänge? Es muß das Jahr zuvor gewesen sein, wir gingen durch die Orla-Straße Richtung Leszno. Auf den Stufen eines Lebensmittelladens saß ein kleines, vom Hunger gezeichnetes Kind. Ohne Zögern gingst Du in den Laden und kamst mit einem Brötchen wieder heraus, das Du diesem Kind gabst. Doch das Kind aß das Brötchen nicht. Ich erinnere noch den Schmerz in Deiner Stimme, als Du sagtest: »Es kann schon nicht mehr essen …«

In der Straßenbahn setzte sich die Dame auf eine Bank, und mich stellte sie mit dem Gesicht zum Fenster. Die Mitfahrenden sollten mich nicht sehen, schließlich war ich »ähnlich« und »hatte das Aussehen«. Brav und gehorsam wie immer drehte ich mich zum Fenster, und ich war zu verstört und zu klein, um mich zu fragen, warum man wie das Gesicht eines

Ungeheuers das Gesicht eines Kindes verbergen mußte, das erst vor ein paar Stunden dieser gütige Weiße Großvater geküßt hatte. Und von diesem Augenblick an wurde ich der Sklave dieses »Aussehens«: Zuerst drohte es mir mit dem Tod, und später mit Aussonderung, realer oder eingebildeter. Ich befreite mich von ihm erst zwanzig Jahre später, aber um was für einen furchtbaren Preis! Erneutes Verlassen von Haus und Familie, und ich verließ Dich, Mamachen …

Doch an jenem denkwürdigen Märztag neunzehnhundertdreiundvierzig, vor einem halben Jahrhundert also, fuhr mich jene denkwürdige Straßenbahn in die Nähe der Chłopicki-Straße, wo ich Dich wiederfand.

Seitdem haben wir uns im Verlauf dieses furchtbaren halben Jahrhunderts mehrfach getrennt, um uns später stets wiederzufinden.

Ich küsse Dich innig

Dein Marian

Paris, März 1993

MARIAN TURSKI

Eine Szene, die ich nicht vergessen kann

»Wir wenden uns an die, die sich noch an die ›Zeiten der Verachtung‹ erinnern können: Beschwört Szenen und Bilder aus dem Gedächtnis herauf! Wir wenden uns an die Polen, die teilhatten an der Rettung von Juden, an polnische Zeugen der Judenverfolgung und -vernichtung, an die, die ein jüdisches Kind für eine Nacht, auf eine Stunde und auf länger hereinließen, auch an die, die aus Angst um das Leben ihrer engsten Angehörigen vor ihnen die Tür zuschlugen. Wir wenden uns an die polnischen Juden, die damals in Gettos eingeschlossen, auf der ›arischen Seite‹ versteckt waren, an die Häftlinge der Konzentrationslager, an die ›Kinder des Holocaust‹ und an diejenigen, die dem Widerstand angehörten.

Die Geschichte unseres Jahrhunderts, der Schatten des Holocaust, eine Epoche der Öfen definierte die Dramatik der Szenen, die man nicht vergessen kann. Es geht um Berichte über Ereignisse, selbst solcher, die die Berichtenden lieber vergäßen, um niemals zu ihnen zurückzukehren.«

Mit diesen Worten appellierte die Redaktion der »Polityka« anläßlich des fünfzigsten Jahrestages des Aufstands im Warschauer Getto an die Leser, dazu inspiriert von der »Vereinigung der Kinder des Holocaust« in Polen. Die vor dem Krieg oder während des Krieges Geborenen, zu beiden Seiten der Gettomauern, sind die letzten Teilnehmer und Zeugen der Geschichte. Ihre, unsere – denn ich gehöre zu dieser Generation – biologische Zeit läuft ab. Sie haben also (wir haben also) die Pflicht, die Erinnerung an die Vernichtung für die künftigen Historiker, die nach uns kommenden Generationen zu erhalten. Wir haben dazu aufgerufen, Szenen, wie die »Polytika« das nannte, aus dem Gedächtnis heraufzubeschwören, die nicht vergessen werden können.

Aufgrund der Gewichtigkeit des Themas nannten wir unseren Appell nicht einen Wettbewerb. Jedem Wettbewerb liegt eine Hierarchie zugrunde (und eventuelle Auszeichnungen); Zeugnisse über die Zeiten der Vernichtung, Aussagen über die Vernichtung sollten aber nicht einem traditionellen Wertungssystem unterworfen werden.

Im Endeffekt erhielten wir 225 Einsendungen: rund 65 aus Warschau, die übrigen von außerhalb der Hauptstadt, davon 25 aus dem Ausland. 80 davon haben wir in diesem Band (»Czarny rok ... czarne lata« [Schwarzes Jahr ... schwarze Jahre], Warszawa 1996 – d. Übers.*) veröffentlicht. Ich möchte den Verfassern noch einmal im Namen der Organisatoren danken. Sowohl denen, die eine Szene oder Szenen schilderten, die sich ihnen vor einem halben Jahrhundert ins Gedächtnis eingegraben haben, sowie denen, die unser Appell dazu veranlaßt hat, einen Abriß ihres Lebens während der Okkupation niederzuschreiben, wie schließlich auch denen, die uns (mit Sicherheit früher geschriebene) ausführlichere Erinnerungen übersandt haben.

Warum haben viele unserer Respondenten fast ein halbes Jahrhundert gewartet, um Zeugnis abzulegen, um zu bekennen, was sie bekannten?

Sicher gilt: Wieviel Fälle, soviel einzelne Ursachen. Von mir selber kann ich sagen, daß ich nach dem Aufenthalt in Auschwitz und ein paar anderen Orten

---

* Im vorliegenden Band erscheinen 30 dieser Beiträge.

dieser Art fünfzehn Jahre lang von einer Amnesie betroffen war, aus der ich erst auftauchte, nachdem mir mein Freund und Unglücksgenosse aus den Lagern eine gewisse drastische Episode in Erinnerung gerufen hat, bei der ich eine wesentliche Rolle gespielt habe. Die Psychologen haben nachgewiesen, daß wir – ebenfalls, und manchmal vor allem aus Selbsterhaltungstrieb, oft übrigens unbewußt – grausame, schmerzliche Szenen, Szenen, die unser Schuldgefühl hervorrufen (sehr oft unbegründet), ins Vergessen abdrängen. Ich bin überzeugt, daß unser Appell, »Szenen« zu schildern, »die man nicht vergessen kann«, vielen Menschen geholfen hat, Schmerz, Qual, verborgene Gedanken, das obenerwähnte Schuldgefühl, mit dem die Autoren sich belasten, aus sich herauszuholen, freizusetzen.

Einer von den Autoren nimmt an, daß seine Eltern nicht den Mut aufgebracht haben, um das Kind von jüdischen Bekannten zu verstecken. »Fünfzig Jahre lang habe ich mit keinem über diese Sache gesprochen. Die Eltern haben wohl auch nicht darüber geredet. Ich habe sie nie vergessen. Sie blieb bis heute lebendig, beschämend, brennend …« Ein anderer bekennt in Erinnerung an eine grausame Szene, auf die er übrigens keinen Einfluß hatte, haben konnte: »Ich erinnere mich nicht, ob mich das damals besonders gekümmert hat, obwohl ich heute mit zugeschnürter Kehle daran denke. So war es ganz einfach.« […]

Ich bin überzeugt, daß die Veröffentlichung ein halbes Jahrhundert lang in uns verborgener Zwiespältigkeiten, Empfindungen und Zweifel (in bezug auf die eigene Haltung oder das Verhalten unserer Nächsten) – ein Element der Katharsis darstellt, wie sie wohl jedem von uns nottut, die das Abwerfen der seit Jahrzehnte (oft unbewußt) niederdrückenden Last erleichtert. Zugleich aber kann man nicht umhin, den

Mut derjenigen anzuerkennen und zu bewundern, die sich entschlossen haben, der Öffentlichkeit ihre geheimsten Gedanken zu offenbaren. [...]

Und nun ein anderer Aspekt, der sich brutal auf den Seiten dieses Buches zeigt: »Gingen die Juden wie die Schafe zur Schlachtbank?« [...]

Die Leser erinnern sich vielleicht an den Film *Metro*: Zwei Strauchdiebe terrorisieren ein paar Dutzend Fahrgäste in einem Wagen der New Yorker U-Bahn. Die beiden Banditen hätten keine Chance, wenn es alle Fahrgäste wagen würden, sich ihnen entgegenzustellen. Doch der Bandit, der Terrorist, richtet die Pistole gegen e i n e Person, und keiner will das erste Opfer sein. Und das ist die Quintessenz des Terrors: die Einschüchterung einer ganzen Gemeinschaft ...

Wieviel mehr gilt das erst, wenn in dieser Gemeinschaft ganze Familien sind! Die Angst um die Frau, die Kinder, den alten Vater, die alte Mutter lähmt die Bewegungen. Das Verlangen, bis zum l e t z t e n Augenblick mit ihnen zusammenzusein, gewinnt die Oberhand über den natürlichen Reflex der Selbstverteidigung und das Bedürfnis, sich der Gewalt entgegenzustellen. Und im übrigen – das ist sehr wichtig! – w i r wissen h e u t e, daß das s c h o n der l e t z t e A u g e n - b l i c k war, die Schlußetappe der »endgültigen Lösung der Judenfrage«. Aber haben das die Leute aus Hrubieszów, Nieśwież, Pińsk d a m a l s gewußt? Waren sie sich schon d a klar darüber?

Ich gebe hier nur Stichworte, obwohl ich lange den Stand des Wissens der Juden im Prozeß der *Endlösung* erforscht habe. Vor allem haben die Menschen lange nichts gewußt. Als sie vom Holocaust, von der Vernichtung erfuhren, wollten, konnten sie nicht daran glauben. Der Informationsfluß war nicht der von heute. Die ersten, die etwas erfuhren, waren die mit der Konspiration Verbundenen, diejenigen, die mit der

Außenwelt, das heißt mit dem polnischen Untergrund, Kontakt hielten. Später – oder auch gleichzeitig – drangen die Nachrichten zu den Behörden (den Beiräten, der jüdischen Administration, der jüdischen Polizei) durch, die die ihnen unterstellte Gemeinschaft in so großer Ordnung und Ruhe wie möglich halten wollten. Doch wann erfaßte das Wissen die g e s a m t e Getto-Gemeinschaft, und geschah das überhaupt? Wie viele Tage oder Stunden, bevor sie in die Gaskammern getrieben wurden? Vor dem Auftauchen des Exekutionskommandos?

Es waren natürlich viele Faktoren, die die Entschlossenheit zum Kampf abschwächten. Ich habe die Familienbande (im übertragenen und buchstäblichen Sinne) schon erwähnt. Es ist schrecklich, was ich behaupte, aber der Aufstand im Warschauer Getto wurde möglich, als die Greise und Kinder fast vollständig fehlten, die Familien nach Treblinka abtransportiert waren. Nur die Jungen, verhältnismäßig Starken und Gesunden, die Alleinstehenden und Entschlossenen (und Verzweifelten) waren – physisch und psychisch – in der Lage, den Kampf aufzunehmen. [...] Sicher war in zahlreichen Fällen ein Sich-Dreinschicken in die Fügungen der Vorsehung Ursache der Passivität. Die jüdische Tradition kennt den *Kiddusch Haschem** – der in gewissem Grad die Anforderungen eines Brandopfers gemäß dem Göttlichen Willen erfüllt ... Hier ist nicht der Ort für einen erschöpfenden Vortrag über die Ursachen der Passivität – ich berühre oberflächlich nur ein paar. Eines darf jedoch auf keinen Fall vergessen werden! Das, wovon normale Menschen, satte oder zumindest nicht ausgehungerte Menschen, weder Ahnung noch Vorstellung haben können. Es ist die H u n g e r k r a n k h e i t (notabene beschrieben von einem

* (hebr.) Ihm – Gott –, Seinem Namen, opfern. (Anm. d. Übers.)

Ärzte- und Wissenschaftlerkollegium im Warschauer Getto unter der Leitung von Dr. Milejkowski; nur zwei von den zwanzig Forschern überlebten den Krieg), die den Menschen physisch oder psychisch vernichtet, ihn zwingt, seine Bewegungen zu verlangsamen und zu reduzieren, ihn in einen Zustand völliger Passivität und Apathie versetzt. Es ist kein Zufall, daß nur besser genährte Menschen in den Gettos und Lagern den Kampf aufnahmen ...

[...] Vielleicht noch eines zum Schluß. Der Leser findet in diesem Buch viele verwickelte, komplizierte Gedankenfäden über die polnisch-jüdischen Beziehungen. Erinnern wir uns an das denkwürdige Wort des deutschen Antifaschisten und Ex-Kanzlers Willy Brandt: »Selbst wenn wir zur Kenntnis nehmen, daß in Polen die Juden auf Antisemitismus gestoßen sind – sollten wir nicht vergessen, daß die Nazis Deutsche waren.«

Zu den Autoren*

WIESŁAW ANTOCHÓW, geb. 11. November 1928 in Na-górzanka Kr. Czortków, Wojewodschaft Tarnopol; Magister für Körpererziehung. 20 Jahre lang wissenschaftlicher Mitarbeiter der Schule für Körpererziehung in Poznań.

STANISŁAW W. ARONSON, Pseudonym »Rysiek«, geb. 6. Mai 1925 in Warschau; nahm am Warschauer Aufstand teil.

ZYTA BACHURSKA-KRUK, geb. 24. Oktober 1935 in So-kołów b. Brześć Kujawski; war Sängerin im Ensemble »Ma-zowsze«.

WŁADYSŁAWA BEDNAREK, geb. 25. Dezember 1929 in Czeberaki b. Parczewo in der damaligen Lubliner Wojewodschaft; war Lehrerin.

ELŻBIETA CIELECKA, geb. 1925; während der Okkupationszeit Abitur in geheimen Unterrichtsgruppen; wohnt bis heute in Laski Warszawskie.

ADAM DETYNA, geb. 1929 in Stanisławowo; Doktor der Wirtschaftswissenschaften; lebt in Warschau.

ZOFIA DĘBICKA (1900–1970); soziales Engagement vor und während des Krieges (u. a. in der »Żegota«).

* Nicht über alle Autoren gelang es uns Informationen einzuziehen. Einige Briefe kehrten mit dem Vermerk »Empfänger verstorben« zurück, andere mit »Empfänger unbekannt verzogen«. Etliche Autoren haben auf unsere Fragen nicht geantwortet. (d. Hrsg. d. poln. Ausgabe)

HALINA DĘBICKA-UŁŁOWICZ (1926–1994); geheimer Schulunterricht in Warschau, gleichzeitig Zugehörigkeit zur AK, Teilnahme am Warschauer Aufstand; nach dem Krieg Abschluß eines Journalistikstudiums.

JADWIGA DOMAGAŁA, geb. 30. Mai 1926 in Warschau; Absolventin der Universität Wrocław, Doktor der Humanwissenschaften; arbeitete in der staatlichen Verwaltung.

HALINA DROHOCKA, geb. 1909, pens. Schauspielerin.

JERZY FLAJSZMAN (Jehuda-Ber), geb. 18. November 1927 in Łódź; Absolvent der Hochschule für Sozialwissenschaften, Journalist; lebt seit 1969 in Schweden.

GIZELA FUDEM, geb. 1924 in Tarnów; war Landbauingenieur.

MICHAŁ GŁOWIŃSKI, geb. 4. November 1934; Literaturhistoriker, Professor an der Akademie der Wissenschaften, Autor etlicher Bücher.

MICHAŁ WIESŁAW HAJDO, geb. 27. September 1908 in Ostrowiec Swiętokrzyski; während der Okkupation Mitglied u. a. der AK; war mit der »Żegota« verbunden. Teilnehmer am Warschauer Aufstand; aus dem Lager kehrte er am 12. August 1945 zurück. Magister für technische Wissenschaften, Verfasser von Erinnerungen.

GENOWEFA JAŃCZARSKA, geb. 2. Februar 1907; Landwirtin, lebt im Wechsel in Krakau und in Bocieniec.

ZOFIA KOLCZYCKA-FLAJSZMAN, geb. 4. Januar 1928 in Łódź; Absolventin der Medizinischen Akademie Łódź; Dr. med.; seit 1968 in Schweden ansässig.

BARBARA KRONICZ, geb. 1928 in Słonim; war Rund-funkjournalistin. Die Mutter, von der sie in ihrem Bericht schreibt, »hat überlebt«, wie die Autorin in ihrem Brief mitteilt, »dank der Fürsorge eines großartigen sowjetischen Frontarztes blieb ihr die Wundinfektion erspart. Die Kugel blieb in der Brust.« Sie starb 1975.

MARIAN LIWA, geb. 14. August 1935 in Warschau; Architekt; lebt seit 1968 in Paris.

MARIA MAJEWSKA, geb. 17. September 1929 in Różan-Koszary; erste Gymnasialklasse im geheimen Unterricht; 1949 Abitur; Geschichtsstudium; arbeitete 1952 bis 1986 als Geschichtslehrerin; lebt in Sulechów.

JERZY MARYAŃSKI, geb. 1910 in Nagórzanka b. Buczacz; Absolvent der Technischen Hochschule Lwów; Förster, Landwirt und Pferdezüchter; lebt in Krakau.

JANINA OKĘCKA, Schwester von Elżbieta Cielecka, schreibt über ihren Lebensweg: »Einen richtigen Beruf, das heißt ein Hochschulstudium nach dem während der Okkupation abgelegten Abitur konnten wir beide nicht erwerben, weil wir nach der Verhaftung und dem Abtransport unseres Vaters nach Rußland und unserer Exmittierung aus dem Haus nach der Bodenreform sämtlich (Mutter, zwei Großmütter und sieben Kinder) ohne Mittel zum Leben und ohne Dach über dem Kopf zurückblieben. Mutter, den beiden Großmüttern und den drei jüngeren Brüdern bot die Blindenanstalt in Laski ein Zuhause. Die zwei ältesten gingen einer staatlichen Arbeit nach, die nicht viel einbrachte, und wir zwei begannen in der Weberei zu arbeiten. … Ich hatte auch eine Beamtenzeit, war Kassiererin usw. Der Wahrheit am nächsten ist der Handwerker. Dadurch konnten wir übrigens den jüngeren Brüdern helfen, eine Hochschulbildung zu erlangen.«

PRZEMYSŁAW SADOWSKI, geb. 21. September 1918; technische Ausbildung; war im Bauwesen tätig; lebt in Radom.

MARIA SCHAECHTER, gest. in Israel; der Text wurde von der Familie eingeschickt.

LEOKADIA SMOLICZ, geb. 9. Mai 1927; siebenklassige Grundschule; Mutter von fünf Kindern, denen sie allen eine Ausbildung hat zukommen lassen. Lebt in Jastrowie.

JÓZEF SZELĄG, geb. 1914; Absolvent einer Handelsschule, 25 Jahre im Außenhandel tätig gewesen; lebt in Warschau.

JERZY TOMASZEWSKI, geb. 8. Oktober 1930 in Radomsk; Ökonom, Historiker, Professor an der Warschauer Universität; Autor zahlreicher Arbeiten über nationale Minderheiten in Polen.

MARIAN TURSKI, geb. 26. Juni 1926 in Drusgieniki; lebte im Getto Łódź, war Häftling in Auschwitz und anderen Lagern; hat nie über seine Erlebnisse geschrieben, hingegen etliche Bücher über den Holocaust herausgegeben (1996 *Losy żydowskie* [Jüdische Schicksale]). Mitglied des Internationalen Auschwitz-Komitees, Publizist, Leiter des Historischen Ressorts der Zeitschrift *Polityka*.

ZENOBIA WIKŁO, geb. 29. Juni 1931 in Warschau; von Beruf Büroangestellte; lebt in Warschau.

Inhalt

RECLAM-BIBLIOTHEK

Winfried Seibert
Das Mädchen,
das nicht Esther heißen durfte
Eine exemplarische Geschichte

309 Seiten. Mit 16 Abbildungen. RBL 1572. 24,– DM
ISBN 3-379-01572-5

Seibert hat mehr als nur einen – vergleichsweise – harm-
losen Fall sorgfältig rekonstruiert. Er rollt das Dritte Reich
sozusagen von innen nach außen auf […].
In Seiberts Buch fließt kein Blut, niemand wird umgebracht oder gefoltert. Es geht nicht einmal um Juden. Seibert führt den ganz normalen Betrieb des Dritten Reiches
vor, wie er mit Hilfe der Justiz organisiert wurde […].
Indem Seibert den Alltag und nicht Auschwitz zum Maß-
stab der praktizierten Barbarei nimmt, stellt er die Pro-
portionen des Schreckens wieder her.

Henryk M. Broder in: Die Woche

Der akribische Bericht, noch jede Anmerkung lesenswert,
gibt im kleinsten Ausschnitt das große Bild der diszipli-
nierten Verwüstung, des Debakels der bürgerlichen Institutionen, der pedantischen Niedertracht, die Deutsche
zwölf Jahre getragen, ertragen haben.

Johannes Gross in: Frankfurter Allgemeine Magazin

Henryk Grynberg
Kinder Zions

Dokumentarische Erzählung

Aus dem Polnischen übersetzt von Roswitha Matwin-
Buschmann.
216 Seiten. Mit 13 Abbildungen und zwei Karten.
RBL 1524. 19,– DM. ISBN 3-379-01524-5

Am 18. Februar 1943 trafen 871 jüdische Kinder per Schiff
in Palästina ein und waren gerettet, waren endgültig dem
Zugriff der deutschen Vernichtungsmaschinerie und dem
schleichenden Tod in sowjetischen Lagern entronnen.
871 Kinder von, nach Schätzungen der Historiker, 5000 bis
6000, mit denen sie über große Strecken das Schicksal geteilt hatten. Als sie das rettende Ufer erreichten, lag eine
Odyssee hinter ihnen.
Henryk Grynberg, geb. 1936, selbst als Jude mit »arischen
Papieren« in Polen dem Holocaust entronnen, seit 1967 in
den USA lebend, ist in seinem literarischen Werk von Anfang an jüdischem Schicksal nachgegangen. Grynberg benutzt hier aus dem Dokument der »Palästina-Protokolle«
73 Aussagen jüdischer Kinder zu ihrem langen Weg ins
»Gelobte Land«; diese Stimmen fügen sich zu einer Aus-
sage von erschütternder Kraft.
Das Schicksal polnisch-jüdischer Kinder vor dem Hinter-
grund deutscher und sowjetischer Großmachtpolitik zu
Beginn des Zweiten Weltkrieges und einer tatenlosen
Weltöffentlichkeit.

RECLAM-BIBLIOTHEK

Gedächtnisbilder

Vergessen und Erinnern in der Gegenwartskunst

Herausgegeben von Kai-Uwe Hemken
366 Seiten. Mit 37 Abbildungen. RBL 1546. 28,– DM
ISBN 3-379-01546-6

Erinnern hat Konjunktur.
Obgleich ein uraltes Menschheitsthema und seit langem in verschiedenen Wissenschaftszweigen erforscht, gewinnen die kulturellen Phänomene VERGESSEN und ERINNERN immer größere gesellschaftliche Bedeutung. Die Beschreibung von Geschichte, ihre Interpretation gelten nicht mehr nur als Angelegenheit der Wissenschaften, sondern sie sind eine wichtige künstlerische Position. Was bedeutet ERINNERN, was VERGESSEN für die heutige Kunst? Wissenschaftler und Künstler reflektieren über diese Zusammenhänge. Die Beiträger sind prominent: Jean-Christophe Ammann, Aleida Assmann, Peter Burke, Hans Haacke, Jürgen Habermas, Hans-Ernst Mittig, Wolfgang Pehnt, Christian Boltanski, Jochen Gerz, Nikolaus Lang, Anne und Patrick Poirier u. a.

Reiner Wimmer
Vier jüdische Philosophinnen

Rosa Luxemburg, Simone Weil,
Edith Stein, Hannah Arendt.

397 Seiten. Mit 4 Photographien.
RBL 1575. 24,– DM
ISBN 3-379-01575-X

Biographie, Ideengeschichte und Zitate wechseln sich in
jeder der vier Abhandlungen ab, so daß die Lektüre so un-
terhaltsam wie informativ und empfehlenswert sowohl
als Lebensabriß wie auch als philosophische Einführung
zu vier bedeutenden Frauen ist.

Dialog (Internet)

Spannungsreich und vielschichtig wird Wimmers Buch
durch die geschickte und kontrastierte Mischung von historischen, biographischen und philosophischen Texten.

Stuttgarter Zeitung

RECLAM-BIBLIOTHEK

Wenn ich dein vergesse, Jerusalem

Bilder jüdischen Stadtlebens

Herausgegeben von Joachim Schlör
399 Seiten. RBL 1534. 26,– DM
ISBN 3-379-01534-2

Von der Sehnsucht nach Heimat, nach Zugehörigkeit ist in den hier versammelten Texten ebenso die Rede wie vom stets drohenden Verlust. In keinem der Texte ist die Sehnsucht ohne den möglichen Verlust zu denken, und nirgendwo – an keinem Ort – ist die kurzfristig erreichte Zugehörigkeit wirklich selbstverständlich.
Was ist Heimat? Was bedeutet Heimatlosigkeit, welches sind ihre psychischen, sozialen, kulturellen Folgen? – Große Autoren antworten auf diese Fragen: Heinrich Heine und Ludwig Börne, Scholem Alejchem und Scholem Asch, Maxim Gorki, Elias Canetti, Joseph Roth, Stefan Zweig und Isaak Babel, Alfred Döblin, Walter Benjamin, Henry Roth und Dorothy Ruth Kahn, György Konrád, David Grossman und viele andere.

Mendele Mojcher Sforim
Fischke der Lahme

Bettlerroman

Aus dem Jiddischen übertragen und herausgegeben
von Hubert Witt.
236 Seiten. Mit 12 Radierungen von Anatoli Kaplan.
RBL 1496. 18,– DM
ISBN 3-379-01496-6

Mojcher Sforim erzählt herzzerreißend lustig und ster-
benstraurig und ohne eine Spur Sentimentalität. Seine
Bettler sind nicht edel, sondern arm. Und ihre Armut ist
kein großer Glanz von innen, sondern eine große Gewalt
von außen. Die Juden sind weder Shylocks noch Nathans,
sondern ganz normale Juden; nicht einmal der Bösewicht,
der selbstverständlich auch vorkommt, trägt diabolische
Züge – er ist einfach nur gemein. ... Ob Alter seine ver-
lorene Tochter wiederfinden wird, steht in den Sternen,
nicht in diesem Roman. So bleiben Witz und Melancholie,
Tragik und Komik schön in der Schwebe. Immerhin ist am
Schluß noch ein wenig Hoffnung übrig – nein, nicht das
apokalyptische philosophische Prinzip, sondern die gewöhnliche, niedrige Hoffnung auf *a schtikl glik*, die uns
Menschenkindern zusteht.

Hannes Stein in: FAZ